世界液化天然气(LNG)
工业发展概览

张周卫　杨嘉琪　李重阳　何铭轩　著

石油工业出版社

内 容 提 要

本书主要讲述了世界液化天然气(LNG)发展历程,以及全球大型LNG工厂及LNG接收站的建设情况,重点介绍了其投资背景、生产能力、年均产量、市场行情、销售渠道、对经济的支撑作用、对世界LNG贸易的影响等。

本书可供从事液化天然气相关工作的科研人员、技术人员及管理人员参考使用,还可供高等院校相关专业师生阅读。

图书在版编目(CIP)数据

世界液化天然气(LNG)工业发展概览 / 张周卫等著. 北京:石油工业出版社,2024.11. -- ISBN 978-7-5183-7247-8

Ⅰ. F407.22

中国国家版本馆CIP数据核字第202429ZP03号

出版发行:石油工业出版社
　　　　　(北京安定门外安华里2区1号　100011)
　　　　　网　　址:www.petropub.com
　　　　　编辑部:(010)64523687　图书营销中心:(010)64523633
经　　销:全国新华书店
印　　刷:北京中石油彩色印刷有限责任公司

2024年11月第1版　2024年11月第1次印刷
787×1092毫米　开本:1/16　印张:16
字数:380千字

定价:80.00元
(如出现印装质量问题,我社图书营销中心负责调换)
版权所有,翻印必究

前　言

自20世纪60年代液化天然气(LNG)工业化生产以来，世界LNG产量和贸易量迅速增加，LNG逐渐成为全球能源市场的新热点，在能源供应中的比例逐年增大，且以每年12%的速度高速增长，并成为近代全球增长最迅猛的新能源之一。2000年之后，伴随着LNG能源装备与液化技术的规模化发展，LNG的需求增长强劲，大部分国家加大了LNG工厂及接收站的建设与开发力度，LNG相关产业取得了长足发展并呈现出了巨大的发展潜力。作为一种清洁能源，LNG已成为21世纪全球主要能源之一，在城镇管网调峰、区域燃气供应、交通工具燃料、LNG发电等领域应用广泛，其清洁能源优势、远洋输运功能及大规模管网气化增压调峰能力等已被全球用户认可。

本书共7章，主要讲述了世界LNG发展历程，以及全球大型LNG工厂及LNG接收站的发展现状、产业现状、进出口贸易及气化液化能力等，包括其投资背景、生产能力、年均产量、市场行情、销售渠道、支撑作用及对世界LNG贸易的影响等。

第1章简要讲述了LNG的百年发展历程，主要包括研发及尝试、示范及开启、实施及规模、发展及成熟、优化及提升、奋进及跨越等阶段，包括大型LNG液化装置的建设、大型LNG远洋船舶的建造、大规模LNG远洋贸易及大规模商业化输运历程等。

第2章重点讲述了欧洲大型LNG工厂及LNG接收站的分布及生产建设现状，主要包括英国、俄罗斯、法国、意大利、西班牙、葡萄牙、波兰、荷兰、比利时、希腊、立陶宛、挪威、德国等主要欧洲国家相关情况。

第3章重点讲述了亚洲大型LNG工厂及LNG接收站的分布与生产建设现状，主要包括日本、韩国、印度尼西亚、卡塔尔、印度、土耳其、阿拉伯联合酋长国、泰国、文莱、新加坡、孟加拉国、巴基斯坦、约旦、以色列、科威特、阿曼、马来西亚、中国等主要亚洲国家相关情况。

第4章重点讲述了大洋洲大型LNG工厂及LNG接收站的分布与生产建设现状，主要包括澳大利亚相关情况。

第 5 章重点讲述了南美洲大型 LNG 工厂及 LNG 接收站的分布与生产建设现状，主要包括哥伦比亚、秘鲁、巴西、智利、阿根廷等主要南美洲国家相关情况。

第 6 章重点讲述了非洲大型 LNG 工厂及 LNG 接收站的分布与生产建设现状，主要包括尼日利亚、阿尔及利亚、安哥拉、埃及、利比亚、赤道几内亚、莫桑比克等主要非洲国家相关情况。

第 7 章重点讲述了北美洲大型 LNG 工厂及 LNG 接收站的分布与生产建设现状，主要包括美国、墨西哥、加拿大、多米尼加、巴拿马、牙买加等主要北美国家相关情况。

本书第一、二、三、四章由张周卫负责撰写；第五、六、七章由杨嘉琪、李重阳、何铭轩负责撰写，张周卫整体统稿，汪雅红整体审校。此外，曹可伟、韩泽昊、李超、徐甜甜在本书编写过程中进行了资料收采、编辑、校对等工作。

本书受甘肃省拔尖领军人才项目（编号：6660030203）、甘肃省高等学校产业支撑计划项目（编号：2020C-22）、甘肃省重点人才项目（编号：26600101）等支持，在此表示感谢。

由于笔者水平有限，书中难免有不足之处，敬请广大读者批评指正。

目　　录

第1章　绪论 ……………………………………………………………（ 1 ）
　1.1　LNG研发及尝试阶段 ………………………………………（ 1 ）
　1.2　LNG示范及开启阶段 ………………………………………（ 1 ）
　1.3　LNG实施及规模阶段 ………………………………………（ 2 ）
　1.4　LNG发展及成熟阶段 ………………………………………（ 3 ）
　1.5　LNG优化及提升阶段 ………………………………………（ 3 ）
　1.6　LNG奋进及跨越阶段 ………………………………………（ 4 ）
　1.7　本章小结 ………………………………………………………（ 5 ）
　参考文献 ……………………………………………………………（ 5 ）

第2章　欧洲LNG发展概览 …………………………………………（ 8 ）
　2.1　英国LNG项目 ………………………………………………（ 8 ）
　　2.1.1　英国谷物LNG接收站 …………………………………（ 8 ）
　　2.1.2　英国南胡克LNG接收站 ………………………………（ 9 ）
　　2.1.3　英国龙LNG接收站 ……………………………………（ 10 ）
　　2.1.4　英国毛威LNG接收站 …………………………………（ 10 ）
　2.2　俄罗斯LNG项目 ……………………………………………（ 11 ）
　　2.2.1　俄罗斯亚马尔LNG项目 ………………………………（ 11 ）
　　2.2.2　俄罗斯北极-2 LNG项目 ………………………………（ 12 ）
　　2.2.3　俄罗斯萨哈林-1 LNG项目 ……………………………（ 13 ）
　　2.2.4　俄罗斯萨哈林-2 LNG项目 ……………………………（ 14 ）
　　2.2.5　俄罗斯符拉迪沃斯托克LNG项目 ……………………（ 15 ）
　　2.2.6　俄罗斯什托克曼LNG项目 ……………………………（ 15 ）
　　2.2.7　俄罗斯维索茨克LNG项目 ……………………………（ 16 ）
　2.3　法国LNG项目 ………………………………………………（ 17 ）
　　2.3.1　法国福斯卡瓦乌LNG接收站 …………………………（ 17 ）
　　2.3.2　法国蒙托瓦德布列塔尼LNG接收站 …………………（ 17 ）

I

2.3.3	法国托南金 LNG 接收站	（18）
2.3.4	法国敦刻尔克 LNG 接收站	（19）
2.3.5	法国马赛港生物 LNG 项目	（19）
2.3.6	法国鲁伍马 LNG 接收站	（20）
2.4	意大利 LNG 项目	（21）
2.4.1	意大利帕尼加利亚 LNG 接收站	（21）
2.4.2	意大利亚得里亚海 LNG 接收站	（21）
2.4.3	意大利托斯卡纳 LNG 接收站	（22）
2.4.4	意大利撒丁岛 LNG 接收站	（23）
2.4.5	意大利拉文纳 LNG 接收站	（23）
2.5	西班牙 LNG 项目	（24）
2.5.1	西班牙巴塞罗那 LNG 接收站	（24）
2.5.2	西班牙韦尔瓦 LNG 接收站	（25）
2.5.3	西班牙卡塔赫纳 LNG 接收站	（25）
2.5.4	西班牙比斯开湾 LNG 项目	（26）
2.5.5	西班牙穆加多斯 LNG 接收站	（27）
2.5.6	西班牙萨贡托 LNG 接收站	（27）
2.5.7	西班牙毕尔巴鄂 LNG 接收站	（28）
2.5.8	西班牙埃尔穆塞尔 LNG 接收站	（28）
2.6	葡萄牙 LNG 项目	（29）
2.7	波兰 LNG 项目	（30）
2.8	荷兰 LNG 项目	（30）
2.8.1	荷兰盖特 LNG 接收站	（30）
2.8.2	荷兰埃木沙咸 LNG 接收站	（31）
2.9	比利时 LNG 项目	（32）
2.10	希腊 LNG 项目	（33）
2.11	立陶宛 LNG 项目	（33）
2.12	挪威 LNG 项目	（34）
2.12.1	挪威斯诺维特 LNG 项目	（34）
2.12.2	挪威斯塔万格 LNG 项目	（35）
2.12.3	挪威弗雷德里克斯塔 LNG 接收站	（36）
2.12.4	挪威加斯诺尔 LNG 接收站	（36）

2.13 德国LNG项目 (37)
2.13.1 德国布伦斯比特尔LNG接收站 (37)
2.13.2 德国威廉港LNG接收站 (38)
2.13.3 德国施塔德LNG接收站 (38)
2.13.4 德国卢布明LNG接收站 (39)
2.14 本章小结 (40)
参考文献 (40)

第3章 亚洲LNG发展概览 (42)
3.1 日本LNG项目 (42)
3.1.1 日本北海道石狩港LNG接收站 (42)
3.1.2 日本青森县野内宿LNG接收站 (43)
3.1.3 日本仙台宫城县LNG接收站 (44)
3.1.4 日本横滨港LNG接收站 (45)
3.1.5 日本上越LNG接收站 (45)
3.1.6 日本姬路LNG接收站 (46)
3.1.7 日本广岛廿日市LNG接收站 (47)
3.1.8 日本鸟畑LNG接收站 (47)
3.1.9 日本根岸LNG接收站 (48)
3.1.10 日本仙北LNG接收站 (49)
3.1.11 日本索德高拉LNG接收站 (49)
3.1.12 日本赤塔LNG接收站 (50)
3.1.13 日本东大木岛LNG接收站 (51)
3.1.14 日本富津LNG接收站 (52)
3.1.15 日本四日市LNG接收站 (52)
3.1.16 日本大分LNG接收站 (53)
3.1.17 日本柳井港LNG接收站 (54)
3.1.18 日本清水LNG接收站 (54)
3.1.19 日本川越LNG接收站 (55)
3.1.20 日本相马LNG接收站 (56)
3.1.21 日本东京湾东扇岛LNG接收站 (56)
3.1.22 日本东京湾千叶县浦市中袖LNG接收站 (57)
3.1.23 日本新潟LNG接收站 (58)

Ⅲ

3.1.24　日本坂出港 LNG 接收站 …………………………………………………（59）
3.1.25　日本长崎 LNG 接收站 ……………………………………………………（59）
3.1.26　日本赤塔知多港 LNG 接收站 ……………………………………………（60）
3.1.27　日本阪堺 LNG 接收站 ……………………………………………………（61）
3.1.28　日本千田绿滨 LNG 接收站 ………………………………………………（61）
3.1.29　日本响滩 LNG 接收站 ……………………………………………………（62）
3.1.30　日本日立 LNG 接收站 ……………………………………………………（63）
3.1.31　日本鹿儿岛 LNG 接收站 …………………………………………………（63）
3.1.32　日本新港 LNG 接收站 ……………………………………………………（64）
3.1.33　日本水岛 LNG 接收站 ……………………………………………………（64）
3.1.34　日本直江津 LNG 接收站 …………………………………………………（65）
3.1.35　日本新居滨 LNG 接收站 …………………………………………………（66）
3.1.36　日本袖师 LNG 接收站 ……………………………………………………（67）
3.1.37　日本富山新港 LNG 接收站 ………………………………………………（67）
3.1.38　日本吉之浦 LNG 接收站 …………………………………………………（68）
3.2　韩国 LNG 项目 …………………………………………………………………（69）
3.2.1　韩国光阳 LNG 接收站 ……………………………………………………（69）
3.2.2　韩国保宁 LNG 接收站 ……………………………………………………（69）
3.2.3　韩国仁川 LNG 接收站 ……………………………………………………（70）
3.2.4　韩国统营 LNG 接收站 ……………………………………………………（70）
3.2.5　韩国平泽 LNG 接收站 ……………………………………………………（71）
3.2.6　韩国三陟 LNG 接收站 ……………………………………………………（71）
3.2.7　韩国济州 LNG 接收站 ……………………………………………………（72）
3.3　印度尼西亚 LNG 项目 …………………………………………………………（73）
3.3.1　印度尼西亚邦坦 LNG 项目 ………………………………………………（73）
3.3.2　印度尼西亚东基—塞诺罗 LNG 项目 ……………………………………（73）
3.3.3　印度尼西亚东固 LNG 项目 ………………………………………………（74）
3.3.4　印度尼西亚西爪哇 LNG 项目 ……………………………………………（74）
3.3.5　印度尼西亚楠榜 LNG 接收站 ……………………………………………（75）
3.3.6　印度尼西亚阿伦 LNG 接收站 ……………………………………………（76）
3.3.7　印度尼西亚爪哇岛 1 号 LNG 接收站 ……………………………………（76）
3.3.8　印度尼西亚贝诺瓦 LNG 接收站 …………………………………………（77）

3.4	卡塔尔 LNG 项目	（77）
	3.4.1　卡塔尔 LNG 项目	（78）
	3.4.2　卡塔尔拉斯拉凡 LNG 项目	（79）
	3.4.3　卡塔尔海湾 LNG 项目	（80）
	3.4.4　卡塔尔巴尔赞 LNG 项目	（81）
3.5	印度 LNG 项目	（82）
	3.5.1　印度达赫杰 LNG 接收站	（82）
	3.5.2　印度哈吉拉 LNG 接收站	（82）
	3.5.3　印度恩诺尔 LNG 接收站	（83）
	3.5.4　印度蒙德拉 LNG 接收站	（84）
	3.5.5　印度科奇 LNG 接收站	（84）
	3.5.6　印度达博尔 LNG 接收站	（85）
3.6	土耳其 LNG 项目	（85）
	3.6.1　马尔马拉 LNG 接收站	（85）
	3.6.2　阿利亚加 LNG 接收站	（86）
	3.6.3　德尔特约尔 LNG 接收站	（87）
	3.6.4　埃特基 LNG 接收站	（87）
	3.6.5　萨若斯湾 LNG 接收站	（88）
3.7	阿联酋 LNG 项目	（89）
	3.7.1　阿拉伯迪拜杰贝阿里 LNG 接收站	（89）
	3.7.2　达斯岛 LNG 工厂	（89）
	3.7.3　阿布扎比的鲁韦斯 FSRU	（90）
3.8	泰国 LNG 项目	（91）
	3.8.1　塔普 LNG 接收站	（91）
	3.8.2　农法 LNG 接收站	（91）
3.9	文莱 LNG 项目	（92）
3.10	新加坡 LNG 项目	（93）
3.11	孟加拉国 LNG 项目	（93）
3.12	巴基斯坦 LNG 项目	（94）
	3.12.1　卡拉奇 LNG 接收站	（94）
	3.12.2　卡西姆港 LNG 接收站	（95）
3.13	约旦 LNG 项目	（96）

V

3.14	以色列LNG项目	(96)
3.15	科威特LNG项目	(97)
3.16	阿曼LNG项目	(98)
	3.16.1 阿曼LNG工厂	(98)
	3.16.2 阿曼卡赞天然气项目	(98)
3.17	马来西亚LNG项目	(99)
	3.17.1 宾图鲁LNG工厂	(99)
	3.17.2 马六甲LNG接收站	(100)
	3.17.3 彭加兰LNG接收站	(101)
3.18	中国LNG项目	(101)
	3.18.1 湖北省LNG项目	(103)
	3.18.2 天津市LNG项目	(105)
	3.18.3 上海市LNG项目	(107)
	3.18.4 河北省LNG项目	(109)
	3.18.5 浙江省LNG项目	(110)
	3.18.6 山西省LNG项目	(113)
	3.18.7 辽宁省LNG项目	(115)
	3.18.8 吉林省LNG项目	(116)
	3.18.9 黑龙江省LNG项目	(117)
	3.18.10 江苏省LNG项目	(117)
	3.18.11 山东省LNG项目	(123)
	3.18.12 安徽省LNG项目	(127)
	3.18.13 福建省LNG项目	(128)
	3.18.14 江西省LNG项目	(130)
	3.18.15 广东省LNG项目	(130)
	3.18.16 河南省LNG项目	(140)
	3.18.17 重庆市LNG项目	(142)
	3.18.18 湖南省LNG项目	(142)
	3.18.19 贵州省LNG项目	(142)
	3.19.20 海南省LNG项目	(143)
	3.18.21 四川省LNG项目	(145)
	3.18.22 甘肃省LNG项目	(149)

3.18.23　云南省 LNG 项目 ……………………………………………… (150)
　　3.18.24　陕西省 LNG 项目 ……………………………………………… (151)
　　3.18.25　青海省 LNG 项目 ……………………………………………… (156)
　　3.18.26　台湾省 LNG 项目 ……………………………………………… (157)
　　3.18.27　广西壮族自治区 LNG 项目 …………………………………… (158)
　　3.18.28　内蒙古自治区 LNG 项目 ……………………………………… (160)
　　3.18.29　宁夏回族自治区 LNG 项目 …………………………………… (168)
　　3.18.30　新疆维吾尔自治区 LNG 项目 ………………………………… (171)
　　3.18.31　香港特别行政区 LNG 项目 …………………………………… (175)
　　3.18.32　澳门特别行政区 LNG 项目 …………………………………… (175)
　3.19　本章小结 ………………………………………………………………… (176)
　参考文献 ………………………………………………………………………… (176)

第 4 章　大洋洲 LNG 发展概览 ……………………………………………… (178)
　4.1　澳大利亚高更 LNG 项目 ……………………………………………… (178)
　4.2　澳大利亚依系 LNG 项目 ……………………………………………… (179)
　4.3　澳大利亚太平洋 LNG 项目 …………………………………………… (180)
　4.4　澳大利亚昆士兰柯蒂斯 LNG 项目 …………………………………… (180)
　4.5　澳大利亚格拉德斯通 LNG 项目 ……………………………………… (181)
　4.6　澳大利亚西北大陆架 LNG 项目 ……………………………………… (182)
　4.7　澳大利亚普鲁托 LNG 项目 …………………………………………… (182)
　4.8　澳大利亚惠斯通 LNG 项目 …………………………………………… (183)
　4.9　澳大利亚序曲浮式 LNG 项目 ………………………………………… (184)
　4.10　澳大利亚布劳斯浮式 LNG 项目 …………………………………… (184)
　4.11　澳大利亚日出浮式 LNG 项目 ……………………………………… (185)
　4.12　澳大利亚依稀 LNG 项目 …………………………………………… (186)
　4.13　澳大利亚士嘉堡 LNG 项目 ………………………………………… (186)
　4.14　澳大利亚波拿巴浮式 LNG 项目 …………………………………… (187)
　4.15　澳大利亚卡拉萨 LNG 项目 ………………………………………… (187)
　4.16　澳大利亚达尔文 LNG 项目 ………………………………………… (188)
　4.17　本章小结 ……………………………………………………………… (189)
　参考文献 ………………………………………………………………………… (189)

Ⅶ

第5章 南美洲 LNG 发展概览 ……………………………………………………… (190)

5.1 哥伦比亚 LNG 项目 ……………………………………………………… (191)
5.2 秘鲁 LNG 项目 ………………………………………………………… (191)
5.3 巴西 LNG 项目 ………………………………………………………… (192)
5.3.1 巴西塞尔希培浮式 LNG 接收站 ……………………………… (192)
5.3.2 巴西瓜纳巴拉湾 LNG 接收站 ………………………………… (193)
5.3.3 巴西巴伊亚 LNG 接收站 ……………………………………… (194)
5.3.4 巴西阿苏港 LNG 接收站 ……………………………………… (195)
5.3.5 巴西佩塞姆 LNG 接收站 ……………………………………… (196)
5.4 智利 LNG 项目 ………………………………………………………… (196)
5.4.1 智利昆特罗 LNG 接收站 ……………………………………… (196)
5.4.2 智利梅吉隆斯 LNG 接收站 …………………………………… (197)
5.5 阿根廷 LNG 项目 ……………………………………………………… (198)
5.5.1 阿根廷探戈浮式 LNG 接收站 ………………………………… (198)
5.5.2 阿根廷埃斯科瓦尔 LNG 接收站 ……………………………… (199)
5.5.3 阿根廷布兰卡湾 LNG 接收站 ………………………………… (199)
5.6 本章小结 ………………………………………………………………… (200)
参考文献 ……………………………………………………………………… (200)

第6章 非洲 LNG 发展概览 ………………………………………………………… (201)

6.1 尼日利亚 LNG 项目 …………………………………………………… (201)
6.2 阿尔及利亚 LNG 项目 ………………………………………………… (202)
6.2.1 阿尔及利亚阿尔泽 LNG 项目 ………………………………… (202)
6.2.2 阿尔及利亚斯基科达 LNG 项目 ……………………………… (203)
6.3 安哥拉 LNG 项目 ……………………………………………………… (203)
6.4 埃及 LNG 项目 ………………………………………………………… (204)
6.4.1 埃及杜姆亚特 LNG 接收站 …………………………………… (204)
6.4.2 埃及伊德库 LNG 接收站 ……………………………………… (205)
6.4.3 埃及苏梅德浮式 LNG 接收站 ………………………………… (206)
6.5 利比亚 LNG 项目 ……………………………………………………… (206)
6.6 赤道几内亚 LNG 项目 ………………………………………………… (207)
6.7 莫桑比克 LNG 项目 …………………………………………………… (208)
6.7.1 莫桑比克科洛尔浮式 LNG 接收站 …………………………… (208)

  6.7.2 莫桑比克鲁伍马LNG接收站 ……………………………………………(208)

 6.8 本章小结 ………………………………………………………………………(209)

 参考文献 ……………………………………………………………………………(209)

第7章 北美洲LNG发展概览 …………………………………………………(211)

 7.1 美国LNG项目 …………………………………………………………………(211)

  7.1.1 美国厄尔巴岛LNG接收站 …………………………………………(212)

  7.1.2 美国湾点LNG接收站 ………………………………………………(212)

  7.1.3 美国萨宾帕斯LNG接收站 …………………………………………(213)

  7.1.4 美国科珀斯克里斯蒂LNG接收站 …………………………………(214)

  7.1.5 美国墨西哥湾岸区LNG接收站 ……………………………………(214)

  7.1.6 美国安诺瓦LNG接收站 ……………………………………………(215)

  7.1.7 美国Eagle LNG接收站 ……………………………………………(216)

  7.1.8 美国里奥格兰德LNG接收站 ………………………………………(216)

  7.1.9 美国得克萨斯LNG接收站 …………………………………………(216)

  7.1.10 美国普拉克明斯LNG接收站 ………………………………………(218)

  7.1.11 美国金港LNG接收站 ………………………………………………(218)

  7.1.12 美国圣胡安LNG接收站 ……………………………………………(219)

  7.1.13 美国木兰LNG接收站 ………………………………………………(219)

  7.1.14 美国德尔芬LNG接收站 ……………………………………………(220)

  7.1.15 美国卡尔卡西厄通道LNG接收站 …………………………………(221)

  7.1.16 美国Gasfin LNG接收站 ……………………………………………(221)

  7.1.17 美国猴子岛LNG接收站 ……………………………………………(222)

  7.1.18 美国卡梅伦LNG接收站 ……………………………………………(223)

  7.1.19 美国基奈LNG工厂 …………………………………………………(224)

  7.1.20 美国约旦湾LNG工厂 ………………………………………………(225)

  7.1.21 美国拉瓦卡湾LNG工厂 ……………………………………………(225)

  7.1.22 美国泛大陆LNG项目 ………………………………………………(225)

  7.1.23 美国东北门户深水LNG接收站 ……………………………………(226)

  7.1.24 美国亚瑟港LNG接收站 ……………………………………………(227)

  7.1.25 美国查尔斯湖LNG接收站 …………………………………………(227)

  7.1.26 美国埃弗里特LNG接收站 …………………………………………(228)

  7.1.27 美国佩努埃拉斯LNG接收站 ………………………………………(228)

7.1.28 美国 Cove Point LNG 接收站……………………………………(229)
7.1.29 美国自由港 LNG 接收站 ……………………………………(230)
7.2 墨西哥 LNG 项目……………………………………………………(231)
 7.2.1 墨西哥阿尔塔米拉 LNG 接收站………………………………(231)
 7.2.2 墨西哥科斯塔阿祖尔 LNG 接收站……………………………(231)
 7.2.3 墨西哥曼萨尼约 LNG 接收站…………………………………(232)
 7.2.4 墨西哥皮奇林格 LNG 接收站…………………………………(233)
7.3 加拿大 LNG 项目……………………………………………………(234)
7.4 多米尼加 LNG 项目…………………………………………………(234)
7.5 巴拿马 LNG 项目……………………………………………………(235)
7.6 牙买加 LNG 项目……………………………………………………(236)
 7.6.1 牙买加旧港 LNG 接收站………………………………………(236)
 7.6.2 牙买加蒙特哥湾 LNG 接收站…………………………………(236)
7.7 本章小结………………………………………………………………(237)
参考文献……………………………………………………………………(237)

第1章 绪 论

20世纪70年代以来，世界液化天然气(liquefied naturel gas，LNG)产量和贸易量迅速增加，LNG贸易正成为全球能源市场的新热点。很多国家都将LNG列为首选燃料，在能源供应中的比例迅速增加。LNG产量正以每年约12%的高速增长，已成为全球增长最迅猛的能源行业之一。近年来，伴随着液化能力增强，亚太地区需求增长强劲，大部分中国能源企业加大了天然气开发和利用的投入，LNG在中国呈现出很大的发展潜力。2018年全球LNG贸易量达$3.2×10^8$t/a，比上年增长约10%，占全球天然气贸易量的36%。未来，全球LNG消费将快速增长，预计2025—2035年间年均增速将达4%，为同期天然气消费增速的两倍以上。全球天然气消费量约$3.86×10^8$m^3/a，在一次能源消费中占比接近四分之一，未来将进一步上升。

1.1 LNG研发及尝试阶段

20世纪初叶，LNG进入工业化生产尝试阶段。美国是最早研究开发LNG装备并推进LNG工业化生产的国家之一。1914年，美国G·L·卡波特(Godfrey L Cabot)申请了驾驶和运输LNG河道罐船专利。1917年，美国工程师卡波特(Cabot)成功申请了第一个LNG的专利，同年美国在弗吉尼亚州建造了世界上第一座LNG工厂。1941年，在美国克利夫兰建成了世界第一套8500m^3/d的工业规模LNG装置。1951年，康克公司(Conch)联合仓储公司(Union Stockyard)和芝加哥运输公司(Transit Company of Chicago)着手建造LNG运输船。1954年，美国计划用冷藏船将天然气从墨西哥湾地区沿密西西比河和伊利诺斯河输送至芝加哥，并建造了LNG罐船并试航。为了发展LNG远洋运输，1954年美国大陆石油公司(Conoco)同联合仓储公司和芝加哥运输公司一起组成了康斯托克液态甲烷公司(Constock Liquid Methane Corporation)。1957年，英国气体公司决定和美国康斯托克(Constock)签订合同，引进LNG补充供应城市煤气，并在英国坎威尔岛上建起了世界上第一个LNG接收站，用于储存引进的LNG并作为调峰使用。

1.2 LNG示范及开启阶段

20世纪60年代，LNG进入工业化开发阶段。1960年，英国气体局将装载2200t LNG的"甲烷先锋号"船从美国路易斯安那州查尔斯湖驶出，横跨大西洋开到了英国泰晤士河口的坎维岛(Canvey Island)接收站，供国营北泰晤士燃气管理局使用，标志着LNG远洋运输

— 1 —

大型 LNG 液化平台及 LNG 运输船

进入了商业化国际贸易阶段。同时，LNG 船舶成功跨越大西洋，证明 LNG 可以通过跨洋输送至目标用户，从而揭开了 LNG 工业化序幕。1962 年阿尔及利亚液态甲烷公司（compagnie algerienne de methane liquide，Camel）在巴黎成立，同年建成从坎维到里茨的 322km 高压输气干线，以 LNG 形式供给天然气，输送到英国工业心脏地带。1964 年，世界上第一座大型 LNG 工厂在阿尔及利亚建成投产；同年，"甲烷先锋号"船运载着 2200t LNG 开始了由阿尔及利亚至英国的 LNG 运输业务，开启了 LNG 大规模远洋商业贸易的先河。1964 年，法国建造了第一艘 LNG 运输船"Jules Veme"，舱容为 $2.5×10^4m^3$。1967 年法国与阿尔及利亚达成 15 年供应协议，从 1975 年后每年上升至 $35×10^8m^3/a$。1968 年，壳牌文莱公司成为亚洲第一个 LNG 生产者并向日本出口了 LNG，并运到日本两个接收站（Negishi 和 Sodegaura）；同年，亚洲首次开展了 LNG 商业贸易，即从阿拉斯加供应 LNG 至日本。1969 年，Cargoes 公司开始跨太平洋贸易；阿拉斯加的 Kenai 工厂向东京燃气公司和东京电力公司供应 LNG；同年，第一批 LNG 船装载埃索公司（ESSO）生产的 LNG 离开利比亚卜雷加（Marsa el Brega）装运港驶往西班牙，标志着利比亚进入仍属少数 LNG 出口国的行列。

1.3 LNG 实施及规模阶段

20 世纪 70 年代，LNG 进入规模工业化发展阶段。1970 年，利比亚 LNG 工厂开始向西班牙、意大利供应 LNG。埃克森公司（Exxon Corp）的布雷加工厂（Marsa EI Brega）首次使用混合制冷剂液化工艺（singlemixed-refrigerant，SMR），由空气制品及化学品国际公司（air products & chemicals internationalinc，APCI）设计，可减少压缩机和热交换器数量，即主压缩机及主换热器各 1 台就可完成液化任务。SMR 工艺很快在阿尔及利亚斯基克达（Skikda）LNG 工厂、邦坦（Bontang）LNG 工厂、婆罗乃 LNG 工厂得到运用。1970 年 11 月，美国菲利浦/马拉松公司在阿拉斯加尼基斯基港考克湾（Cook Inlet）LNG 工厂投入运行。到 1972 年为止，世界上出口 LNG 的工厂只有三座（阿尔及利亚阿尔泽、阿拉斯加南部和利比亚），总处理量只有 $1981×10^4 m^3/d$。1973 年，德国鲁尔气体公司（Rurhgas）和荷兰天然气联合公司（Gesunie）签订了阿尔及利亚 LNG 供货合同。1976 年，伊朗国家天然气公司（NIGC）与美国、挪威的公司谈判关于伊朗卡林加斯（Kalingas）项目；阿布扎比与日本东京电力公司签订了 20 年 LNG 贸易合同，年供给量为 $300×10^4 t$。1977 年，印度尼西亚首次从东加里曼丹邦坦（Bontang）LNG 工厂运送 LNG 到日本大阪瓦斯株式会社。1979 年，卡塔尔天然气公司成为中东地区第二个 LNG 生产商。

1.4　LNG 发展及成熟阶段

20 世纪 80 年代，LNG 贸易量增长迅速，市场出现波动。到 1980 年时，LNG 贸易量达到 $313.4×10^8 m^3$，比 1970 年的贸易量 $26.9×10^8 m^3$ 增长了约 12 倍。受 1979 年第二次石油危机影响，美国关闭了两座 LNG 接收站，取消或延迟了几个大型 LNG 项目。1982 年加利福尼亚建造 LNG 接收港用于接收印度尼西亚和阿拉斯加的 LNG 的方案被取消。整个 80 年代，只新建了两座 LNG 工厂，即马来西亚的 LNG 工厂和澳大利亚的 LNG 工厂，但存在原有 LNG 工厂扩建，如阿尔泽、斯基克达、邦坦、阿鲁等。1982 年印度尼西亚计划向韩国、新加坡、中国台湾和香港出口 LNG。1983 年，马来西亚沙捞越的民都鲁（Bintulu）LNG 工厂开始船运 LNG 到日本。1984 年，日本购买世界 72% 的 LNG，其中 3/4 用于发电。日本和法国的 LNG 消费量接近世界总出口量的 90%。1984 年，卡塔尔福陆（Fluor）公司拟定了卡塔尔北部气田第一期 $2264×10^4 m^3/d$ 供给本国使用；第二期 $2264×10^4 m^3/d$ 供邻国使用；第三期 $2264×10^4 m^3/d$ 制成 LNG 出口。1985 年，澳大利亚西北大陆架项目签约，澳大利亚伍德赛德（Woodside）石油公司投入 70 亿美元用于发展 LNG 项目，包括在古德温（Goodwyn）气田建设第二个海上天然气生产设施，在兰琴（Rankin）气田建设第三个设施。1985 年，印度尼西亚国家石油公司（Pertamina）开始与中国台湾商谈供给 $200×10^4 t/a$。1986 年，韩国在汉城南部建成了第一座 LNG 接收站，接收从印度尼西亚进口的第一船 59250t LNG。1987 年，比利时建成 $1700×10^4 m^3/d$ 的泽布吕赫（Zeebrugge）接收港，接收从阿尔及利亚进口的 LNG。1988 年，尼日利亚国家石油公司（NNPC）和壳牌公司谈判，在尼日利亚邦尼（Bonny）建设两条 $400×10^4 t/a$ 的 LNG 生产线。1989 年，第一批 LNG 从澳大利亚伍德赛德（Woodside）石油公司的 LNG 工厂出口至日本；委内瑞拉石油公司（PDV）通过了在委内瑞拉东部建设 $500×10^4 t/a$ 的 LNG 工厂的建议书。

1.5　LNG 优化及提升阶段

20 世纪 90 年代，LNG 进入工业化优化提升阶段。如何更进一步降低成本并提高产量是 90 年代 LNG 工业面临的主要挑战，如优化生产工艺、将离心压缩机的动力极大化、扩大生产规模等。壳牌公司改进 C3-MR 设计用于扩建 1995 年开始运转的马来西亚 LNG 工厂。到1999年阿曼建设LNG工厂时，壳牌公司进一步改良设计，并建造了当时全世界上最大的LNG生产线。1990年中国台湾建成150×10⁴t/a的永安LNG接收站，与印度尼西亚签订了20年的LNG供应合同，第一艘LNG运输船从东加里曼丹到达高雄。1992年，西班牙天然气公司与尼日利亚LNG公司签订了22年的LNG供货合同；阿曼提出了LNG出口方案，涉及天然气储量达2800×10⁸m³。1993年，美国进口LNG需求增加到10×10⁸m³。1994年，阿布扎比达斯岛上的第三条LNG生产线建成；印度尼西亚在邦坦的LNG生产线也投入运行，能够增加200×10⁴t/a LNG生产能力。1995年，特立尼达和多巴哥大西洋LNG公司的LNG项目发展迅速，该项目40%的LNG销售给西班牙天然气公司，即300×10⁴t/a LNG，其余60%销售于美国卡博特(Cabot)公司。1995年，壳牌公司等与尼日利亚签订LNG项目投资协议，产能70×10⁸m³/a。1996年，卡塔尔莱凡角公司(Rasgas)开启卡塔尔第二个LNG项目，由卡塔尔石油公司和莫比尔公司联合投资。1996年，阿曼LNG工厂两条LNG生产线项目开始建设，工程总投资40亿美元。中国台湾与马来西亚签订合同，每年供应220×10⁴t LNG至中国台湾永安LNG接收站(1999年建成，1998年开建第二座LNG接收站)。同年，阿曼LNG公司与日本大阪瓦斯株式会社签约，每年供应70×10⁴t LNG。1999年4月，特立尼达LNG工厂投产，产能300×10⁴t/a；同年5月，卡塔尔拉斯拉凡(Ras Laffan)工厂投产，产能300×10⁴t/a；10月，尼日利亚LNG工厂投产，产能560×10⁴t/a。2003年，埃克森美孚公司与卡塔尔石油公司(QPC)签约，在双方合资企业拉斯拉凡(Ras Laffan)公司Ⅱ项目中再投资120亿美元，新建两条LNG生产线，使该地区生产能力达到1560×10⁴t/a。2007年，壳牌公司与卡塔尔LNG公司签约，购买QatarGas4生产线全部产能780×10⁴t/a，并出售到美国东部市场的Elba再气化终端。

1.6　LNG奋进及跨越阶段

近年来，得益于全球经济快速发展，环境保护日益加强，世界LNG的需求量急速增加，且每年以10%以上的增速快速增长。尤其是发展中国家对LNG的需求达到了前所未有的程度，如中国，在煤改气后，城镇燃气需求急速增大，东南沿海建设了一大批大型LNG接收站。2005年全球LNG贸易总量为1.433×10⁸t。在2008—2015年8年内，全球LNG新项目的投资高达3000亿美元，其中，英荷壳牌、法国道达尔、美国埃克森美孚和英国石油四大能源巨头拥有全球绝大部分天然气供应和LNG生产的份额。2017年，全球LNG贸易量达到2.97×10⁸t(约3900×10⁸m³)。2019年，全球LNG液化产能增至4.32×10⁸t/a，同比增长9.5%，高于上年8.9%的增速；同年，全球有10个项目、11条生产线投产，新增产能3881×10⁴t/a，主要集中在美国、俄罗斯和澳大利亚，其中美国占全球新增产能的比例超过60%。2020年，全球LNG贸易量3.56×10⁸t。2021年，全球液化能力达到4.62×10⁸t/a，有44个市场从19个出口国进口LNG。2021年，LNG出口量位居前三位的仍然是澳大利亚、卡塔尔和美国，其中美国LNG出口增量位居世界第一，同比增长2400×10⁴t，达到7360×10⁴t。2022年，美国超过澳大利亚成为全球最大的LNG出口国。在需求方面，2021年，中国、韩国和日本继续引领LNG需求增长。中国LNG进口量增加了

1200×10^{4}t，达到 7900×10^{4}t，超过日本成为世界上最大的 LNG 进口国。2022 年，由于俄乌冲突的影响，欧洲对 LNG 的需求急速增大，进口量为 1.28×10^{8}t，较 2021 年增加 4770×10^{4}t/a，同比增长 60%，增量主要来自法国、英国、西班牙、比利时、挪威、意大利以及波兰等。

1.7 本章小结

本章主要讲述了 LNG 在国际上的百年发展历程，包括 LNG 研发及工业化尝试、LNG 示范及工业化开启、LNG 实施及工业化规模、LNG 快速及工业化成熟、LNG 优化及工业化提升等阶段，以及 LNG 国际产业发展现状，如典型的 LNG 生产国现状，全球 LNG 市场现状、进出口贸易现状、生产能力现状等。重点讲述了开始于 20 世纪 60 年代的 LNG 第一发展阶段，包括大型 LNG 液化装置的建设、大型 LNG 远洋船舶的建造、大规模 LNG 远洋贸易及大规模商业化输运历程，及 70 年代后开始的第二阶段，包括 LNG 工业项目规模发展及贸易逐渐扩大阶段等。

参 考 文 献

[1] 曹文胜，鲁雪生，顾安忠，等．液化天然气接收终端及其相关技术[J]．天然气工业，2006，26(1)：4．
[2] 丁亚林．液化天然气(LNG)贸易面临的机遇和挑战[J]．化工管理，2020(27)：3-4．
[3] 顾安忠，鲁雪生，汪荣顺，等．液化天然气技术[M]．北京：机械工业出版社，2003．
[4] 顾安忠，石玉美，汪荣顺，等．天然气液化流程及装置[J]．深冷技术，2003(1)：6．
[5] 顾安忠，石玉美，汪荣顺．中国液化天然气的发展[J]．石油化工技术经济，2004(1)：1-7．
[6] 郝洪昌，邢万里．中日韩印天然气贸易多元化和竞争关系研究[J]．中国矿业，2019，28(11)：8．
[7] 姜潇，李文博．液化天然气(LNG)产业面临的机遇与挑战[J]．化学工程与装备，2020(5)：55-56．
[8] 林文胜，顾安忠，朱刚．天然气液化装置的流程选择[J]．真空与低温，2001(2)：5．
[9] 刘朝全．2018 年国内外油气行业发展报告[M]．北京：石油工业出版社，2019．
[10] 陆家亮，唐红君，孙玉平．抑制我国天然气对外依存度过快增长的对策与建议[J]．天然气工业，2019，39(8)：9．
[11] 马杰，高焕玲，杜科林．中国天然气产业国际贸易竞争力及其影响因素分析[J]．中国能源，2019，41(8)：7．
[12] 齐慧．亚马尔项目首条 LNG 生产线正式投产[J]．现代企业，2017(12)：40．
[13] 苏航．论燃气企业 LNG 业务竞争战略[J]．中国管理信息化，2020，23(15)：2．
[14] 苏斯君，张周卫，汪雅红．LNG 系列板翅式换热器的研究与开发[J]．化工机械，2018，45(6)：662-667．
[15] 孙文．2018 年全球液化天然气市场回顾与展望[J]．国际石油经济，2019，27(4)：10．
[16] 吴业正，等．制冷与低温技术原理[M]．北京：高等教育出版社，2004．
[17] 武颐峰，冯陈玥，张沛宇．供需再平衡下的全球 LNG 贸易回顾及展望[J]．国际石油经济，2021(2)：73-81．
[18] 肖建忠，王璇．中国液化天然气现货价格的传导机制[J]．天然气工业，2019，39(11)：9．

[19] 徐文敏. 国内液化天然气市场供需及2018年后期价格走势判断[J]. 中国物价, 2018(9): 2.
[20] 徐亦宁. 五年后中国和美国将分别成为全球最大LNG进口国和出口国[J]. 中国远洋海运, 2019(8): 19.
[21] 杨晶, 刘小丽. 2018年我国天然气发展回顾及2019年展望[J]. 中国能源, 2019, 41(2): 6.
[22] 张爱国, 郑德鹏. 2016年全球LNG市场特点及前景展望[J]. 国际石油经济, 2017, 25(4): 8.
[23] 张宏, 丁昊, 张力钧, 等. 全球天然气贸易格局及中国天然气进口路径研究[J]. 地域研究与开发, 2020, 39(6): 5.
[24] 张周卫, 郭舜之, 汪雅红, 等. 液化天然气装备设计技术: 液化换热卷[M]. 北京: 化学工业出版社, 2018.
[25] 张周卫, 李跃, 汪雅红. 低温液氮用系列缠绕管式换热器的研究与开发[J]. 石油机械, 2015, 43(6): 117-122.
[26] 张周卫, 厉彦忠, 陈光奇, 等. 空间低温冷屏蔽系统及表面温度分布研究[J]. 西安交通大学学报, 2009(8): 116-124.
[27] 张周卫, 厉彦忠, 汪雅红, 等. 空间低红外辐射液氮冷屏低温特性研究[J]. 机械工程学报, 2010, 46(2): 111-118.
[28] 张周卫, 苏斯君, 汪雅红. LNG系列阀门的研究与开发[J]. 化工机械, 2018, 45(5): 527-532.
[29] 张周卫, 苏斯君, 张梓洲, 等. 液化天然气装备设计技术: 通用换热器卷[M]. 北京: 化学工业出版社, 2018.
[30] 张周卫, 汪雅红, 耿宇阳, 等. 液化天然气装备设计技术: LNG板翅换热卷(下)[M]. 北京: 化学工业出版社, 2019.
[31] 张周卫, 汪雅红, 郭舜之, 等. 低温制冷装备与技术[M]. 北京: 化学工业出版社, 2018.
[32] 张周卫, 汪雅红, 田源, 等. 液化天然气装备设计技术: LNG低温阀门卷[M]. 北京: 化学工业出版社, 2018.
[33] 张周卫, 汪雅红, 张小卫, 等. LNG低温液化混合制冷剂多股流缠绕管式主换热装备: 201110381579.7[P]. 2012-07-11.
[34] 张周卫, 汪雅红, 张小卫, 等. LNG混合制冷剂多股流板翅式换热器: 2015100510916[P]. 2016-10-05.
[35] 张周卫, 汪雅红. 缠绕管式换热器[M]. 兰州: 兰州大学出版社, 2014.
[36] 张周卫, 汪雅红. 空间低温制冷技术[M]. 兰州: 兰州大学出版社, 2014.
[37] 张周卫, 王军强, 苏斯君, 等. 液化天然气装备设计技术: LNG板翅换热卷上[M]. 北京: 化学工业出版社, 2019.
[38] 张周卫, 薛佳幸, 汪雅红, 等. 缠绕管式换热器的研究与开发[J]. 机械设计与制造, 2015(9): 12-17.
[39] 张周卫, 薛佳幸, 汪雅红. LNG系列缠绕管式换热器的研究与开发[J]. 石油机械, 2015, 43(4): 118-123.
[40] 张周卫, 薛佳幸, 汪雅红. 双股流低温缠绕管式换热器设计计算方法研究[J]. 低温工程, 2014(6): 17-23.
[41] 张周卫, 殷丽, 汪雅红, 等. 液化天然气装备设计技术: LNG工艺流程卷[M]. 北京: 化学工业出版社, 2019.
[42] 张周卫, 张国珍, 周文和, 等. 双压控制减压节流阀的数值模拟及实验研究[J]. 机械工程学报, 2010, 46(22): 130-135.

[43] 张周卫, 赵丽, 汪雅红, 等. 液化天然气装备设计技术: 动力储运卷[M]. 北京: 化学工业出版社, 2018.

[44] 赵国洪. LNG 国际供需发展格局及进口策略探析[J]. 天然气与石油, 2021, 39(2): 124-128.

[45] He Li, Zhang Zhouwei, Wang Yahong, et al. Research and Development of new LNG Series valves technology[C]. International Conference on Mechatronics and Manufacturing Technologies, 2016.

[46] Xue Jiaxing, Zhang Zhouwei, Wang Yahong. Research on double-stream coil-wound heat exchanger[J]. Applied Mechanics and Materials, 2014, 672-674: 1485-1495.

[47] Zhang Zhouwei, Wang Yahong, Li Yue, et al. Research and development on series of LNG plate-fin heat exchanger[C]. 3rd International Conference on Mechatronics, Robotics and Automation, 2015.

[48] Zhang Zhouwei, Wang Yahong, Xue Jiaxing. Research and develop on series of lng coil-wound heat exchanger[J]. Applied Mechanics and Materials, 2015, 1070-1072: 1774-1779.

[49] Zhang Zhouwei, Wang Yahong, Xue Jiaxing. Research on cryogenic characteristics in spatial cold-shield system[J]. Advanced Materials Research, 2014, 1008-1009: 873-885.

[50] Zhang Zhouwei, Xue Jiaxing, Wang Yahong. Calculation and design method study of the coil-wound heat exchanger[J]. Advanced Materials Research, 2014, 1008-1009: 850-860.

第 2 章 欧洲 LNG 发展概览

LNG 的研究开发最早起源于欧洲。19 世纪中叶，英国物理学家、化学家 Michael Faraday 开始尝试各种气体的液化工作。同时，德国工程师 Karl von Linde 一直致力于工业规模的气体液化工作，并于 1895 年通过压缩与膨胀技术，获得了几近纯净的液态氧。1964 年，法国液化空气(Air Liquide)集团公司设计开发第一座大型的 LNG 生产装置，并在阿尔及利亚建成投产。此装置采用当时技术相对成熟的级联式液化流程(Tealarc)，包含三个单独的制冷剂循环，制冷剂分别为丙烷、乙烯和甲烷，每个制冷循环中包含三个冷却器。

近年来，法国阿克森斯公司(Axens)与法国石油研究所(IFP)合作，共同开发了 Liquefin 工艺流程并首次实现工业化。其生产能力较通用工艺高 15%~20%，生产成本低 25%。使用 Liquefin 工艺之后，每套装置产能可达 600×10^4 t/a 以上。采用 Liquefin 工艺生产 LNG 的费用每吨可降低 25%。该工艺使用板翅式冷箱，可建设超大容量 LNG 装置。Liquefin 工艺的安全、环保、实用性及创新点最近已被世界认可。

随着世界 LNG 产业的百年快速发展，目前世界如德国林德(Linde)、美国(APCI)等多家厂家已具备了规模工业化液化的能力，液化工艺复杂、设备多、投资高，如壳牌公司(Shell)及英国石油公司(BP)等公司投资的大型 LNG 液化系统，单套大都在 100×10^4 m³/d 以上，成套达到 500×10^4 ~ 1500×10^4 t/a 的规模，又如俄罗斯的亚马尔 LNG 项目，年产 1650×10^4 t/a LNG 和 120×10^4 t/a 凝析油。

从 20 世纪 60 年代至今，英法等西方发达国家在 LNG 工业化领域内取得了非凡的成就，无论是大型 LNG 装备的研究开发，还是大型 LNG 成套液化工艺技术的发展，在世界范围内都起到了重要的引领和推动作用，百万吨级大型 LNG 工厂已遍布世界各地，为全球 LNG 的工业化应用做出了卓越的贡献。以下针对欧洲各国建设的主要 LNG 项目情况等进行简要说明。

2.1 英国 LNG 项目

2.1.1 英国谷物 LNG 接收站

英国谷物(Grain)LNG 接收站位于英国肯特郡罗切斯特附近的谷物岛上，在 1984 年退役的炼油厂原址上建造，拥有 45×10^4 m³ 的现场储罐，主要用于城镇燃气调峰。第一阶段，在 2002—2005 年期间，该接收站从调峰站转变为能够接收 330×10^4 t LNG 的进口终端，在原基础上，增加了 LNG 码头、LNG 低温管道和辅助设施。第二阶段，在 2008 年 12 月，3

座 19×10⁴m³ 大型 LNG 储罐投入使用，终端容量增加了 650×10⁴t/a。第三阶段，2010 年 12 月，第二个 LNG 卸货码头和一个额外的 19×10⁴m³ 储罐投入使用，终端容量增加了 500×10⁴t/a。第四阶段，谷物 LNG 接收站增加 600×10⁴t/a 的额外产能和 380×10⁴t/a 的再气化能力。

英国谷物 LNG 接收站

2.1.2 英国南胡克 LNG 接收站

英国南胡克（South Hook）LNG 接收站位于英国威尔士西南部的米尔福德港，也是欧洲最大的 LNG 接收站，主要接收卡塔尔天然气 2 号（Qatar Gas Ⅱ）项目生产的 LNG。该接收站由卡塔尔天然气（67.5%）、埃克森美孚（24.15%）和道达尔（8.35%）合资拥有并运营。南胡克 LNG 接收站分两期建设，一期于 2009 年 10 月开始运营，二期于 2010 年 4 月开始运营，产能为 1560×10⁴t/a，每年可向英国国家输电系统（NTS）供应 210×10⁸m³ 的天然气。随着北海石油产能的持续下降，该接收站的建造满足了英国对能源的长期需求，保证了英国对能源的持久安全。南胡克 LNG 接收站包括一个 1km 长的 LNG 码头，可停泊大型 LNG 船舶。卸船系统可将船舶内 LNG 转移至码头上的 5 个大型 LNG 储罐中。每个 LNG 储罐的容积为 15.5×10⁴m³，直径为 95m，高为 45m。

英国南胡克 LNG 接收站

2.1.3 英国龙 LNG 接收站

英国龙（Dragon）LNG 接收站位于英国威尔士彭布罗克郡米尔福德港沃特斯顿。该接收站包括两个 LNG 运输船码头，两个 $16\times10^4m^3$ 的 LNG 储罐及相应再气化设备。该项目的股东包括米尔福德港油罐存储公司（20%）及其客户美国 BG 集团（50%）和马来西亚国家石油公司（30%）。天然气出口合作伙伴有 20 年的产能使用权，允许每家公司接收 $30\times10^8m^3/a$ 的天然气，相当于 $220\times10^4t/a$ 液化天然气。米尔福德港油罐存储公司（Milford Haven Ltd）于 1998 年收购了该地块，作为其从雪佛龙公司购买英国海湾石油炼油公司（Gulf Oil Refining Ltd UK）的一部分。从那时起，该接收站一直作为米尔福德港油罐存储公司运营，提供与石油和能源行业相关的存储和其他服务。

英国龙 LNG 接收站

2.1.4 英国毛威 LNG 接收站

英国毛威（Mowi）公司是全球领先的海鲜公司之一，也是世界上最大的大西洋鲑鱼养殖商。该公司开发的项目涉及低温技术、设备和解决方案，由能源咨询公司（Fuelgarden）监督。英国毛威 LNG 接收站被看作是英国乃至全球小型 LNG 接收站的未来范例。其设计和模块化理念由建安特西维欧低温设备制造公司（Inoxcva）公司提供，允许以最少的现场作业和时间完成。印度建安特西维欧低温设备制造公司以交钥匙方式提供迷你 LNG 终端，包括两个 $1000m^3$ 的真空绝缘储罐、船舶加油站、300m 真空夹套管道、拖车装载站及汽化系统，专为鱼饲料厂配置。迷你 LNG 接收站能够通过小型船只及半挂车和 IMO 集装箱运输 LNG。该小型 LNG 接收站的所有关键设备均在印度建安特西维欧低温设备制造公司的制造工厂设计和制造。

英国毛威 LNG 接收站

2.2 俄罗斯 LNG 项目

俄罗斯是世界天然气生产大国,已建成的统一供气系统(ЕСГ),主干线管道遍及俄罗斯欧洲部分。20 世纪 90 年代俄罗斯在列宁格勒州和圣彼得堡市进行小型 LNG 生产装置建设的试点,由列宁格勒输气公司和俄罗斯西格玛天然气公司(СИГМА)协作建设,俄罗斯克里奥诺德公司(КРИОНОРД)负责设计。俄罗斯在 2019 年已经一跃成为世界第四大液化天然气出口国,出口差仅次于卡塔尔、澳大利亚和美国。根据金融市场数据提供商(Refinitiv)提供的船舶跟踪数据,2019 年俄罗斯通过海运共出口了 LNG2860×10^{4}t,占全球海运 LNG 的 7.7%。早在 2004 年,俄罗斯天然气工业股份公司(Gazprom,俄气)就提出建设什托克曼和波罗的海 LNG 项目,2006 年从壳牌公司和日本财团手中收购萨哈林-2 项目 51%股权,2009 年萨哈林-2 项目第一条生产线投入生产。2008 年创建俄气全球 LNG 公司,专门从事 LNG 销售和贸易业务。2011 年日本福岛事故后,俄气提出与日本公司联合开发符拉迪沃斯托克 LNG 项目,但随着中俄天然气管道建设项目谈判成功,该项目被搁置。2012 年俄气计划扩建萨哈林-2 LNG 项目第三期。俄罗斯的大部分出口 LNG 来自全球最北的亚马尔 LNG 项目,通常在俄罗斯北极海岸的萨贝塔港装船,目前有 15 艘 17×10^{4}m^{3}ARC7 冰级 LNG 运输船服务于亚马尔 LNG 项目。2019 年,亚马尔 LNG 出口量达到 1860×10^{4}t,占俄罗斯总出口量的 65%,其中,83%的 LNG 运往欧洲,只有 13%的 LNG 运往亚洲(主要是中国)。第二座 LNG 工厂北极-2 于 2022 年完工,地点位于 Gyda 半岛以东,与萨贝塔隔河相望,该项目生产的 LNG 将运往亚洲市场。北极-2 LNG 项目计划建设三条 LNG 生产线,每条产能为 660×10^{4}t/a。随着 LNG 产业的发展,俄罗斯有望成为世界最大的 LNG 生产和出口国之一,预计到 2035 年俄罗斯 LNG 产能将占全球的 20%。

2.2.1 俄罗斯亚马尔 LNG 项目

亚马尔(Yamal)LNG 项目位于俄罗斯亚马尔半岛萨贝塔附近,是一个综合性的 LNG

项目,由诺瓦泰克公司(Novatek)牵头开发,总投资约270亿美元,是俄罗斯近年来最大的能源投资项目之一。本项目的合作伙伴包括法国的道达尔能源公司(Total Energies)、中国石油天然气集团有限公司(CNPC)以及中国丝路基金。项目的主要设施包括4条液化生产线,总产能为$1740×10^4$t/a。亚马尔LNG项目主要依赖南坦贝气田,该气田拥有约$12459×10^8$m³的天然气储量和$5.5×10^8$bbl的凝析油储量。项目的第一条生产线于2017年12月投产,第二条和第三条生产线分别于2018年7月和11月投产,第四条生产线在2020年投入使用。整个项目的基础设施包括位于萨贝塔港的LNG液化厂和出口终端。项目建设过程中采取了模块化建设方式,以应对亚马尔半岛严酷的气候条件和复杂的地质情况。所有基础设施均架设在高脚架上,以避免永久冻土层的影响。为了确保全年无间断的LNG运输,项目还配备了专门设计的ARC7冰级LNG运输船,这些船能够在厚达2.1m的冰层中航行,无需破冰船的协助。亚马尔LNG项目不仅包括液化设施,还建设了萨贝塔港和国际机场,以支持天然气的生产和运输。通过这些基础设施,LNG可以全年运输至亚太和欧洲市场。该项目被俄罗斯政府视为国家利益项目,其成功运行不仅提升了俄罗斯在全球LNG市场的地位,也为亚马尔地区带来了经济发展。

俄罗斯亚马尔LNG项目

2.2.2 俄罗斯北极-2 LNG项目

俄罗斯北极-2 LNG项目位于俄罗斯北极格丹半岛,是继亚马尔LNG项目之后,诺瓦泰克公司在偏远极地开发的第二个大型液化天然气项目,总投资为213亿美元,其中诺瓦泰克公司(持股60%)、道达尔公司(10%)、中国石油集团(10%),该三家延续了在亚马尔LNG项目中的合作,并与新加入的中国海油集团(10%)、日本三井物产和金属矿物资源机构(10%)一起参与俄罗斯北极-2 LNG项目的开发。俄罗斯北极-2 LNG项目最大的特点是其成本比亚马尔项目降低20%~30%,为此上游产气的成本会更低,运输费用也会更低,并且俄罗斯北极-2 LNG项目的总产能将比亚马尔LNG项目更大,高达$1980×10^4$t/a,相当于日产$53.5×10^4$bbl石油。三条液化生产线的单线产量为$660×10^4$t/a,总生产能力为

1980×10⁴t/a，预计到2026年总投资达到240亿美元，测算内部收益率为16%。产出的天然气将由一支破冰级液化天然气运输船队经由北海航线送往国际市场。萨尔曼诺夫凝析气田为该项目的气源地，该气田于1980年被发现，面积为3000km²，许可证在2031年到期。该项目所有气田天然气储量为11900×10⁸m³，按照诺瓦泰克公司的设计，到2026年天然气高峰产量到达300×10⁸m³/a，凝析油150×10⁴t/a。

俄罗斯北极-2 LNG项目

2018年5月，诺瓦泰克公司和道达尔公司，以255亿美元的价格收购该项目10%的股份，这笔交易在2019年第一季度完成。诺瓦泰克公司期望北极-2 LNG项目与亚马尔LNG项目协同发展，特别是在基础设施和钻井方面，并且采用新的开发理念。2017年，诺瓦泰克公司在摩尔曼斯克科拉湾(Kola Bay)西岸开始建设大型海上石油设施建造中心，占地面积超过150×10⁴m²。目前，已经在科拉造船厂建好重力固定式离岸平台，意大利石油服务公司(Saipem)作为分包商，生产俄罗斯北极-2 LNG项目的模块。

2.2.3 俄罗斯萨哈林-1 LNG项目

俄罗斯萨哈林-1 LNG项目位于俄罗斯东部最大的萨哈林岛周边海域，位于北太平洋，日本以北。该项目主要开发三个沿海油气田(柴沃气田、奥多普图气田和阿尔库通达吉气田)，总投资超过120亿美元，天然气总储量达4850×10⁸m³。萨哈林-1号LNG项目于2005年投产，是埃克森美孚迄今在俄罗斯投资规模最大的能源项目。埃克森美孚持有项目30%股份，并主导运营，另有三方企业参与项目投资开发(日本萨哈林石油和天然气开发公司占30%股份，俄罗斯石油公司和印度石油天然气公司维德什子公司各占20%股份)。该项目对石油和天然气的开采同时进行，所开采的天然气将通过管道输往俄哈巴罗夫斯克边疆区阿穆尔河畔共青城，而石油将通过管道输送到德卡斯特里港。

俄罗斯萨哈林-1 LNG 项目

2.2.4 俄罗斯萨哈林-2 LNG 项目

俄罗斯萨哈林-2(Sakhalin 2)LNG 项目是世界上最大的综合出口导向型石油项目和天然气项目之一，也是俄罗斯第一个海上天然气项目。萨哈林-2LNG 项目分两个阶段开发，投资额为 20 亿美元。该项目建设包括海上和陆上两部分，由萨哈林能源投资公司运营，该公司是一个合资企业，包括俄罗斯天然气工业股份公司(50%)、壳牌(27.5%)、日本三井物产(12.5%)和日本三菱(10%)。萨哈林-2LNG 项目于 2009 年 4 月开始生产，包括两条 LNG 加工装置，每条产能为 8×10^4t/a。LNG 出口设施包括氮气和空气生产装置、仪表空气系统、水和废水处理厂、火炬装置、2 个 1600m³ 制冷剂储存球、2 个 10×10^4m³ LNG 储罐和 1 个 LNG 码头，该码头为容量 $1.8\times10^4 \sim 14.5\times10^4$m³ 的 LNG 油轮提供服务。萨哈林-2LNG 项目的实际产量比预期产量高出 8.9%。萨哈林-2LNG 项目终端生产的 LNG 出口到日本、韩国、中国和新加坡，且两年内该工厂供应了全球 3.2% 的 LNG，在亚太地区内的供应量高达 4.6%。

俄罗斯萨哈林-2 LNG 项目

2.2.5 俄罗斯符拉迪沃斯托克 LNG 项目

俄罗斯符拉迪沃斯托克 LNG 项目是俄罗斯天然气工业股份公司在符拉迪沃斯托克附近建立的一个 LNG 工厂，项目投资 13 亿美元，包括港口、天然气管道、发电站等基础设施和 LNG 工厂。该项目涉及建设一个产能为 13×10^4 t/a 的 LNG 工厂，第一列液化装置的年产能为 600×10^4 t，第二列液化装置于 2018 年投入使用。该工厂的基础设施包括行政大楼、辅助发电厂、装载码头、LNG 罐、合成天然气(SNG)罐、公共港口区域、技术综合体和天然气分支。

俄罗斯符拉迪沃斯托克 LNG 项目

2.2.6 俄罗斯什托克曼 LNG 项目

在整个 20 世纪 90 年代，俄罗斯什托克曼气田的开发都被搁置，直到 21 世纪初俄罗斯经济开始复苏后，受能源出口的浪潮推动，俄罗斯天然气工业股份公司才开始认真考虑对该气田的开发。2007 年，俄罗斯天然气工业股份公司欲将什托克曼 LNG 项目变为俄罗斯 LNG 项目标杆。为此，特意邀请道达尔公司共同开发该项目，随后挪威海德鲁公司(Norsk Hydro)也加入其中(三者持股比例分别为 51%、25% 和 24%)。道达尔公司负责项目第一阶段的设计和相关设施建设，但生产许可证和营销权仍在俄罗斯天然气工业股份公司手中。在开发的第一阶段，计划每年生产 240×10^8 m³ LNG，花费 150 亿美金，但在未来什托克曼气田仍将为世界最大停滞气田之一。等挪威天然气供应量下降，然后取代挪威天然气供应市场的方案看起来似乎可行，但仍需要除道达尔公司之外的一两家欧洲巨头加入股权结构参股。因此，要实现能源部在 2035 年 LNG 的产量达到 8300×10^4 t/a 目标，俄罗斯将会大概率忽略什托克曼气田。

俄罗斯什托克曼 LNG 项目

2.2.7 俄罗斯维索茨克 LNG 项目

俄罗斯维索茨克（Cryogas-Vysotsk）LNG 项目位于俄罗斯波罗的海沿岸的维索茨克港口，总投资约为 540 亿卢布（8.4 亿美元）。维索茨克项目初步设计产能为每年 $66×10^4$t LNG。这个中型 LNG 项目包括一个天然气液化复合设施，由两条生产线组成，每条产能为 $33×10^4$t/a LNG。项目还包括一个容量为 $4.2×10^4$m^3 的 LNG 储罐和一个可处理最大 $3×10^4$m^3 LNG 船舶的卸载泊位。为了将 LNG 项目与列宁格勒—维堡—戈斯格兰尼察天然气管道连接，修建了 43km 长的天然气管道。维索茨克合资企业将项目生产的 LNG 供应国内市场，用作发动机燃料，并向无法接入集中式天然气供应系统的消费者提供天然气。维索茨克 LNG 项目还将向俄罗斯以外的北欧国家、斯堪的纳维亚和波罗的海地区供应天然气。维索茨克是俄罗斯天然气公司诺瓦泰克公司（Novatek）的首个中型 LNG 项目，诺瓦泰克公司于 2017 年 7 月以 15.83 亿卢布（2463 万美元）收购了其 51% 的股份。维索茨克 LNG 工厂的第二阶段于 2020 年底投入运营，年产能超过 $110×10^4$t 的 LNG。

俄罗斯维索茨克 LNG 项目

2.3 法国 LNG 项目

2.3.1 法国福斯卡瓦乌 LNG 接收站

法国福斯卡瓦乌(Fos Cavaou)LNG 接收站位于罗纳河畔，由福斯马克斯(Fosmax)LNG 拥有，而福斯马克斯 LNG 又由法国公用事业公司拥有。该接收站的建设于 2005 年首次提出，并于 2005 年 2 月开始施工，但经历了延误，将施工期延长了八个月。该项目的码头于 2009 年开始试运营并于 2010 年 9 月全面投入运营。根据欧洲食品和水务公司对法国天然气使用情况的介绍，在 2012 年 1 月—2019 年 3 月期间，现有的 4 个 LNG 接收站的平均使用容量约为 30%，所以对该项目进行扩建，第一个项目在 2024 年已增加 $1.5×10^8 m^3/a$ 的产能，第二个项目到 2030 年将增加 $2×10^8 m^3/a$ 的产能。法国公用事业公司的子公司安吉集团已考虑扩大在法国的接收终端容量，包括蒙托瓦(Montoir)LNG 终端，该接收站现已从 2023—2035 年的订单预订完毕，其中包括福斯卡瓦乌 LNG 接收站。

法国福斯卡瓦乌 LNG 接收站

2.3.2 法国蒙托瓦德布列塔尼 LNG 接收站

法国蒙托瓦德布列塔尼(Montoir-de-Bretagne)LNG 接收站位于法国卢瓦尔。该接收站于 1977 年开始建设，并于 1980 年投入使用。1983 年增加了第三列液化装置，它由安吉集团(Engie)拥有。2019 年 12 月，蒙托瓦德布列塔尼港会在 2023—2035 年期间满容，在 2021 年和 2022 年只有少量容量可用，在 2030 年之后将在南部城市马赛附近的福斯卡沃(Fos Cavaou)为 LNG 接收站提供容量，2035 年之后将在蒙托瓦德布列塔尼为 LNG 接收站提供容量。2020 年卡塔尔石油公司达成了一项协议，在 2035 年之前向蒙托瓦德布列塔

尼港供应 $300×10^4$ t/a LNG。2020 年 10 月，蒙托瓦德布列塔尼港收到了世界上最大的甲烷油轮的首次 LNG 交付。埃伦吉（Elengy）于 2018 年 1 月进行了首次亚马尔接收站 LNG 转运。2022 年 3 月，由于俄乌危机，英国谷物 LNG 港的工人听从了联合工会的呼吁，不接受货物，蒙托瓦德布列塔尼港收到了转移的亚马尔 LNG 货物。

法国蒙托瓦德布列塔尼 LNG 接收站

2.3.3　法国托南金 LNG 接收站

法国托南金（Fos Tonkin）LNG 接收站位于法国布歇杜隆省。该接收站于 1972 年开放，并在 2005 年进行了扩建。2012 年，进行了一项投资 3500 万美元的翻新工程，以确保接收站可以持续运营至 2020 年。在 2016 年底，正当敦刻尔克（Dunkirk）接收站即将投入运营时，其主要运营商安吉集团（Engie）宣布将在法国 LNG 部门裁员 1150 人。

法国托南金 LNG 接收站

2019 年 2 月，本接收站所有者埃伦吉（Elengy）宣布，他们正在准备在接下来的 10 年内出售托南金 LNG 接收站的产能。2020 年 1 月，埃伦吉确认了销售结果，并指出该接收站从 2021 年到 2028 年的产能已被完全预订。

2.3.4 法国敦刻尔克 LNG 接收站

法国敦刻尔克(Dunkirk)LNG 接收站是位于法兰西敦刻尔克附近的 LNG 再气化终端。所有者为弗鲁克西斯公司(30.39%)、法国安盛公司(15.19%)、法国农业信贷银行(15.19%)、韩国财团、美国戴姆赛尔国际私人医疗集团(IPM)、韩国三星资产管理和韩华投资证券(39.23%),其产能为 $960×10^4$ t/a。2009 年 2 月,该接收站首次作为征询的拟议终端出现。2010 年 3 月,法国电力集团(EDF)和道达尔公司签署了一项协议,道达尔公司表示同意保留敦刻尔克 LNG 接收站再气化能力。2011 年 6 月获得融资,开始施工敦刻尔克 LNG 接收站,将最终投资决定日期和施工开始日期定在了 2011 年 6 月,并于 2017 年 1 月该接收站投入使用,它是欧洲大陆最大的 LNG 再气化终端。2016 年 5 月,法国和比利时耗资 12 亿欧元启动了一条双向天然气输送管道(敦刻尔克—泽布吕赫管道),用来连接敦刻尔克和弗卢克西斯·泽布吕赫(Fluxys Zeebrugge)LNG 接收站,并允许敦刻尔克 LNG 接收站进入德国、荷兰和英国天然气市场,该管道的运输能力为 $80×10^8$ m^3/a。2018 年 10 月,比利时天然气集团弗鲁克西斯公司、法国安盛公司和法国农业信贷银行组成的财团从法国电力集团收购了 31% 的股份,而由基础设施合作伙伴管理公司(InfraPartners Management)管理的韩国财团从法国电力集团收购了 34.01% 的股份,这两个集团还购买了道达尔公司持有的 9.9% 的接收站股份。

法国敦刻尔克 LNG 接收站

2.3.5 法国马赛港生物 LNG 项目

法国马赛港生物 LNG(BioLNG)项目由法国艾维瑞公司(EveRé)、LNG 终端运营商埃伦吉、道达尔公司和达飞海运集团(CMA CGM)共同持有,该项目的宗旨是将生活垃圾转化为清洁能源。它成为法国首个生物 LNG 生产装置,其产品是一种致力于航运业能源转型的低碳替代燃料,主要为法国达飞海运集团的船舶提供动力。马赛港生物 LNG 与达飞海运集团开发的双燃料燃气发动机技术,至少减少了该项目 67% 的温室气体排放。LNG 可使二氧化硫排放量减少 99%,细颗粒物排放量减少 91%,氮氧化物排放量减少 92%。

法国马赛港生物 LNG 项目

2.3.6 法国鲁伍马 LNG 接收站

法国鲁伍马(Rovuma) LNG 接收站位于莫桑比克德尔加杜角省。该接收站所有者包括莫桑比克鲁伍马合资企业(70%)[埃克森美孚(40%)、意大利埃尼公司(40%)、中国石油天然气集团公司(20%)]、葡萄牙石油公司(Galp)(10%)、韩国天然气公司(KOGAS)(10%)和莫桑比克国家水电公司(ENH)(10%)。莫桑比克环境事务协调部(MICOA)于2014年7月批准了鲁伍马 LNG 项目的环境影响评估(EIA)。鲁伍马 LNG 项目第一阶段的开发于2018年8月提交,并于2019年5月获得莫桑比克政府的批准。数十亿美元的鲁伍马 LNG 项目的最终投资决定于2020年上半年做出,而建设工程于同年开始,预计将于2025年投产。鲁伍马 LNG 项目的产能是基于鲁伍马盆地4区曼巴(Mamba)综合体的三个气田。曼巴气田位于距离莫桑比克北部德尔加杜角海岸约40km处,于2011年10月被发现,其4区总共拥有 $24000 \times 10^8 m^3$ 的天然气储量,其中鲁伍马 LNG 项目的目标是开发和商业化 $6100 \times 10^8 m^3$ 的优质天然气资源。批准在4区开发的另一个主要项目是珊瑚南浮动 LNG 接收站,这是一个年产 $340 \times 10^4 t/a$ 的浮动 LNG 项目,于2018年9月启动并开始建设。

法国鲁伍马 LNG 接收站

鲁伍马LNG项目的第一阶段将包括建设2条液化装置,每列产能为760×10⁴t/a。LNG液化装置将配备日本三菱的H-100燃气轮机和液化压缩机组。鲁伍马LNG项目每天将从4区海上区块接收17×10⁸m³LNG。该项目的海洋设施主要包括1个多功能码头,以及带有2个海上装载泊位的LNG出口码头,以容纳LNG运输船。鲁伍马LNG项目的使用时间估计为30年。

2.4 意大利LNG项目

2.4.1 意大利帕尼加利亚LNG接收站

意大利帕尼加利亚(Panigaglia)LNG接收站是位于意大利利古里亚地区的LNG再气化终端,并于1971年开始建设,由斯纳姆公司(Snam)拥有。在2009年之前,帕尼加利亚LNG接收站是意大利第一个LNG设施。虽然帕尼加利亚LNG接收站在2012年之前出售了大量LNG,但在2013—2015年,它几乎没有运营。2015年,为了应对需求减少,接收站的一座5×10⁴m³的储罐下线。随着LNG在意大利市场的复苏,该储罐于2020年重新上线。尽管该接收站恢复了容量,但存储量为10×10⁴m³的帕尼加利亚LNG接收站仍然小于意大利另外两个LNG接收站,即25×10⁴m³亚得里亚海LNG接收站和13.8×10⁴m³托斯卡纳LNG接收站。

意大利帕尼加利亚LNG接收站

2.4.2 意大利亚得里亚海LNG接收站

意大利亚得里亚海(Adriatic)LNG接收站是位于意大利东北海岸的一个主要进口终端,并距离海岸17km,该处海深30m,在威尼斯和罗维戈的蓬塔德拉马埃斯特拉之间。亚得里亚海LNG接收站由卡塔尔石油公司(45%),埃克森美孚(45%)和爱迪生(10%)的附属公司拥有。而意大利能源公司(Edison)由埃克森美孚和卡塔尔石油公司拥有90%的股份,该接收站设计的接收容量达600×10⁴t/a LNG。在未来意大利LNG的消费量将持续增长,并能够在25年内维持约64×10⁸m³/a的LNG输送。价值9亿美元的亚得里亚海LNG接收站每三天接收一次LNG船(储存量为14.5×10⁴m³),并将LNG重新气化并输送到陆地设施后,再进入意大利管网。

意大利亚得里亚海 LNG 接收站

2.4.3 意大利托斯卡纳 LNG 接收站

意大利托斯卡纳(Toscana)LNG 接收站是位于意大利里窝那省海岸附近的一个浮动储存和再气化装置(FSRU)终端。托斯卡纳 LNG 接收站股份公司成立于 2002 年，拥有并经营浮式托斯卡纳码头，该公司由国内和国际能源部门一些主要工业公司的协会成立。托斯卡纳 LNG 接收站由一艘改装的 LNG 运输船"戈拉尔弗罗斯特"号制成。该接收站的转换工作由塞普姆公司(Saipem)在迪拜进行，并于 2009 年 6 月开始。工作团队于 2013 年 7 月抵达托斯卡纳码头，于 2013 年 10 月收到第一批货物，并于 2014 年 1 月投入商业运营。托斯卡纳码头配备的货物容量高达 $18 \times 10^4 m^3$，大多数类型的船舶都可被容纳。托斯卡纳 LNG 接收站已收到来自欧洲、非洲、美洲和中东十几个不同国家 LNG 的交付。该接收站最初由意大利爱瑞斯能源集团(49.07%)、德国的优尼珀公司(Uniper)(48.24%)和挪威的戈拉尔 LNG 公司(2.69%)组成的财团拥有，在 2019 年 5 月，澳大利亚基金(First State Investments)收购了德国的优尼珀公司在该接收站中 48.24% 的股份。

意大利托斯卡纳 LNG 接收站

2.4.4 意大利撒丁岛 LNG 接收站

西班牙天然气公司(Reganosa)将运营和维护位于意大利撒丁岛奥里斯塔诺港口的首个 LNG 接收站，这将使得这家西班牙公司成为全球唯一管理多达三个第三方 LNG 设施的公司，除了自己在西班牙阿科鲁尼亚省穆加尔多斯拥有的设施。Higas Srl 已将新的进口、储存和分配终端的运营和全面维护合同授予西班牙天然气公司。该设施将于 2021 年上半年投入运营。撒丁岛(Sardinia)LNG 接收站包括 1 个能够接收最大 $2×10^4 m^3$ LNG 船舶的码头，1 个卸载臂，6 个低温储罐(每个 $1500 m^3$)，2 个 LNG 卡车装载泊位以及 1 个天然气自备发电系统。该接收站每年可以装载超过 8000 辆 LNG 卡车(约 $18×10^4 t$)，用于随后分配到撒丁岛上的小型卫星站点。

意大利撒丁岛 LNG 接收站

撒丁岛 LNG 接收站目前缺乏天然气接入系统，只有少数工业客户通过渡轮运输的卡车接收 LNG。该接收站为撒丁岛提供干净、经济实惠和可靠的 LNG 供应。通过为烹饪、供暖和发电提供更清洁的燃料支持意大利经济的脱碳，相比传统燃料(如重油、柴油和煤)，LNG 排放的 CO_2 减少 30%，SO_x 和 NO_x 减少 99%。

2.4.5 意大利拉文纳 LNG 接收站

意大利拉文纳(Ravenna)LNG 接收站项目总投资近 9.98 亿美元。作为其能源战略的一部分，意大利将在其现有的 3 个设施基础上增加 2 个浮动储存和再气化装置(FSRU)，其中一艘 FSRU 将停泊在意大利拉文纳港口，而另一艘 FSRU 停泊在意大利托斯卡纳港口皮翁比诺。托斯卡纳 LNG 接收站和拉文纳 LNG 接收站都将由意大利国家控制，并由意大利电网运营商(Snam)运营，每个接收站的年产能将达到 $50×10^8 m^3$，占全国 LNG 消费量的 15% 左右。

意大利拉文纳 LNG 接收站

2.5 西班牙 LNG 项目

2.5.1 西班牙巴塞罗那 LNG 接收站

西班牙巴塞罗那(Barcelona) LNG 接收站于 1969 年开始运营，目前是西班牙历史最悠久的 LNG 再气化终端。该接收站目前包括 6 个 LNG 储罐，总容量为 $76×10^4 m^3$。2012 年 5 月，LNG 运输船 Al-Utouriya 进入巴塞罗那 LNG 接收站，该运输船也是第一艘运送巴塞罗那 LNG 接收站的 Q-Flex 船。2016 年 6 月，西班牙燃气公司(Enagás)宣布开发巴塞罗那港并将其转变为 LNG 配送中心，包括改造泊位，以便为驳船和小型船舶提供 LNG，以及设计和安装 LNG 燃料发电机，为停泊货船供电。2020 年，巴塞罗那 LNG 接收站的基础设施适应了小规模活动，包括 $80×10^4 m^3$ 泊位的海上结构和 66t 挡泥板等。

西班牙巴塞罗那 LNG 接收站

2.5.2 西班牙韦尔瓦 LNG 接收站

西班牙韦尔瓦(Huelva)LNG 接收站位于西班牙安达卢西亚,于 1988 年开始运营,并于 1992 年、2002 年、2004 年、2006 年和 2013 年分别进行扩建。韦尔瓦 LNG 接收站的设施可提供 $62\times10^4\mathrm{m}^3$ 的存储容量,可容纳 $3\times10^4 \sim 17.3\times10^4\mathrm{m}^3$ 的 LNG 运输船,并且每天可装载约 50 辆 LNG 卡车。在 1988—2013 年期间,累计容纳了 1556 艘 LNG 运输船。在 2018 年前,韦尔瓦 LNG 接收站是西班牙三个最繁忙的 LNG 接收站之一,另外两个是毕尔巴鄂 LNG 接收站和穆加多斯 LNG 接收站。并且这一趋势仍在继续,2019 年韦尔瓦 LNG 接收站的产能占总体的 38%,仅次于毕尔巴鄂 LNG 接收站 76%。随后,韦尔瓦 LNG 接收站增加了一个多卡车到船系统,以促进通过韦尔瓦港的卡车进行加油作业,并于 2021 年夏季投入运营,加油作业于 2021 年底开始。

西班牙韦尔瓦 LNG 接收站

2.5.3 西班牙卡塔赫纳 LNG 接收站

西班牙卡塔赫纳(Cartagena)LNG 接收站于 1989 年投入使用,它包括 5 个大容量储罐。其储罐容量分别为 $5.5\times10^4\mathrm{m}^3$、$10.5\times10^4\mathrm{m}^3$、$12.7\times10^4\mathrm{m}^3$、$15\times10^4\mathrm{m}^3$、$15\times10^4\mathrm{m}^3$,每艘船均由瓦锡兰的 5RT-flex 50DF 二冲程低压发动机提供动力,并配备瓦锡兰 LNG Pac 两个 C 型 LNG 燃料罐和燃料系统,总容量为 $625\mathrm{m}^3$。这些船还配备了双燃料发电机,可将沥青保持在 200℃,而车厢温度所需的热流体加热系统使用的是双燃料燃烧器。2017 年 2 月,西班牙燃气公司完成了对卡塔赫纳 LNG 接收站的改造,提高了流量并减少了装载操作期间产生的蒸发气体量。2017 年 4 月,西班牙燃气公司与西班牙国家石油公司(Repsol S. A)合作,在卡塔赫纳 LNG 接收站完成了欧洲首个管对船 LNG 加注作业。此后,卡塔赫纳 LNG 接收站的利用率却变得严重不足,在 2018 年第三季度达到低点,当时仅使用了其容量的 3%。

西班牙卡塔赫纳 LNG 接收站

2.5.4 西班牙比斯开湾 LNG 项目

西班牙比斯开湾(Bahia de Bizkaia)LNG 项目是位于西班牙毕尔巴鄂的再气化设施。它由四个合作伙伴共同成立，分别包括英国石油公司(BP)、巴斯克能源委员会(Ente Vasco de la Energía)、伊比利亚电力公司(Iberdrola)和雷普索尔公司(Repsol YPF)，它们分别持有 25% 的股份。2009 年 7 月，伊比利亚电力公司将其彭博(BBG)股份出售给瑞理基础设施公司(Rreef Infrastructure)。2010 年 4 月，恩加斯公司(Engas)以 6500 万欧元收购了英国石油公司的 25% 的股份。2010 年 9 月，雷普索尔将 25% 的股份全部出售给恩加斯公司(15%)、瑞信不动产投资基金公司(RREEF)(5%)和伊夫公司(EVE)(5%)。西班牙比斯开湾再气化装置于 2003 年 8 月投产，其主要活动包括对运输来的 LNG 进行再气化。西班牙比斯开湾 LNG 项目再气化设施生产的天然气还用于比斯开湾电力公司(BBE)的 800MW 工厂发电，比斯开湾电力公司和彭博项目的成本约为 6 亿欧元，而再气化设施在 30 个月内建成，总耗资 2.64 亿欧元。西班牙比斯开湾 LNG 项目自投入运营后，第一艘油轮于 2003 年 8 月 8 日抵达，LNG 由阿布扎比天然气液化公司(Adgas)供应，英国石油公司是其利益相关者之一。该项目可储存 $30\times10^4 m^3$ 的 LNG，其产品由英国石油公司和巴斯克天然气(Gas de Euskadi)销售，LNG 通过 3 个卸货臂以每小时 $1.2\times10^4 m^3$ 的速度从船上卸货。

西班牙比斯开湾 LNG 项目

2.5.5 西班牙穆加多斯 LNG 接收站

西班牙穆加多斯 LNG 接收站位于西班牙加利西亚，并于 2007 年 11 月开始运作。穆加多斯 LNG 接收站包括 2 个储罐（每个储罐的容量为 $15\times10^4m^3$），1 个 $14\times10^4m^3$ 的船只泊位，2 个海水蒸发器，以及运输和卡车装载设施。该项目总成本约为 4 亿欧元，在 2007 年 11 月—2015 年 4 月期间，穆加多斯 LNG 接收站装载了 2.6×10^4 辆卡车，并接收了 265 艘 LNG 运输船，提供了 185 次卸货作业和 80 次装货作业，并于 2016 年 7 月，穆加多斯 LNG 接收站收到了来自美国的第一批 LNG，其容量为 $13.8\times10^4m^3$，从路易斯安那州的萨宾通道（Sabine Pass）液化码头交付货物。2017 年 4 月，穆加多斯 LNG 接收站接收了第一艘 Q-Flex 运输船（Al Utoriya），其容量为 $22\times10^4m^3$。截至 2018 年 12 月，穆加多斯 LNG 接收站成为西班牙三个最繁忙的 LNG 接收站之一，另外还有毕尔巴鄂 LNG 接收站和韦尔瓦 LNG 接收站。并且这一趋势仍在继续，穆加多斯在 2019 年的运营能力占其产能的 32%，在全国排名第三，仅次于毕尔巴鄂 LNG 接收站（76%）和韦尔瓦 LNG 接收站（38%）。2021 年 1 月，接收站运营商西班牙雷加诺萨公司宣布，从 2021 年开始，接收站 100% 的电力需求将由经过认证的可再生能源提供。

西班牙穆加多斯 LNG 接收站

2.5.6 西班牙萨贡托 LNG 接收站

西班牙萨贡托（Sagunto）LNG 接收站位于西班牙瓦伦西亚，所有者包括西班牙天然气运输公司（Enagas）（72.5%）、阿曼石油公司（7.5%）、大阪燃气（20%），其产能为 $640\times10^4t/a$。萨贡托 LNG 接收站包括 4 个储罐，每个储罐的容量为 $15\times10^4m^3$，该接收站可容纳 Q-Flex 型 LNG 运输船和 Q-Max 型 LNG 运输船。萨贡托 LNG 接收站最初建于 2006 年，且最近的一次扩建在 2011 年，当时增加了第四个储罐和第六个蒸发器。2016 年 6 月，西班牙天然气运输公司（Enagas）增加了其在萨贡托 LNG 接收站项目的所有权，以 1.06 亿欧元的价格收购了该项目 42.5% 的所有权，使其所有权股份达到 72.5%。随后萨贡托 LNG 接收站的利用率严重不足，在 2018 年第三季度达到低点，这个问题是因为西班牙过度建设 LNG 接收站和监管不力造成的，从而导致价值 5 亿欧元的萨贡托 LNG 接收站闲置数月，使得巴塞罗那 LNG 接收站接收的船只超过其处理能力。

西班牙萨贡托 LNG 接收站

2.5.7　西班牙毕尔巴鄂 LNG 接收站

西班牙毕尔巴鄂(Bilbao)LNG 接收站是被雷普索尔建造,该接收站为布列塔尼渡轮公司(Brittany Ferries)的萨拉曼卡号和桑托尼亚号提供 LNG,这两艘船分别于 2022 年和 2023 年开始运营。毕尔巴鄂港的码头设有一个低温储罐,可储存 1000m³ 的 LNG。毕尔巴鄂 LNG 接收站项目涉及超过 10 万欧元的投资,并由欧盟委员会通过连接欧洲设施计划共同资助,这是西班牙启动的第七座运营中的 LNG 接收站和储存工厂。除了开发新的 LNG 基础设施外,雷普索尔还宣布了替代燃料的计划方案,并首次从生物甲烷中生产可再生氢气,而此技术是在雷普索尔的卡塔赫纳工业园区实现的,该工业园区用 500MW·h 的生物甲烷生产了 10t 可再生氢。

西班牙毕尔巴鄂 LNG 接收站

2.5.8　西班牙埃尔穆塞尔 LNG 接收站

2008 年 4 月,福陆(Fluor)公司宣布了一份价值约 3.2 亿美元的合同,内容是由西班牙天然气运输公司负责埃尔穆塞尔(El Musel)LNG 接收站的采购和施工管理。施工于 2008 年开始,并于 2011 年试运行。埃尔穆塞尔 LNG 接收站包括 2 个容量分别为 $15\times10^4m^3$ 的储罐、海水蒸发器和辅助设备,以及能够每小时排放 $1.8\times10^4m^3$ 的卸载臂。2012 年 3 月,埃尔穆塞尔 LNG 接收站因一项法令和天然气需求下降而被封存,因此,在 2012 年 10 月施工完成后，该设施进入休眠状态。2017年2月，西班牙天然气运输公司在寻求替代埃尔穆塞尔LNG接收站的方案，并且该公司已在该接收站投资超过3.8亿欧元。2022年4月，西班牙政府宣布开放闲置码头，用于接收和再出口欧洲国家的LNG，以打破对俄罗斯进口的依赖。西班牙天然气运输公司正在向市场监管机构提交一份提案，该提案将允许埃尔穆塞尔LNG接收站于2022年底开始运营，该接收站有能力储存$30 \times 10^4 m^3$的LNG，每年可处理约$100 \times 10^8 m^3$LNG。2022年7月，西班牙政府为该码头提供了关键批准，该码头于2023年初开始运营，该设施的LNG进口能力为$80 \times 10^8 m^3/a$，然后被转运到其他欧洲港口。

西班牙埃尔穆塞尔LNG接收站

2.6 葡萄牙LNG项目

葡萄牙安德烈斯(Sines)LNG接收站是位于葡萄牙塞图巴尔区的LNG再气化终端，该接收站于2000年开始建设，由比利时能源公司(Tractebel)管理，并于2004年完工。葡萄牙国家能源公司于2006年从比利时能源公司购买了该接收站。扩建工程于2008年12月完成。2018年6月，该接收站产出的LNG占进入葡萄牙总LNG的55%。作为一个直接通往大西洋的深水港，安德烈斯LNG接收站在处理来自欧洲、非洲、亚洲和美洲的海运LNG运输方面享有优越地位。2016年4月，该接收站成为第一个接收美国LNG的欧洲接收站，此后成为定期进口美国天然气的接收站，该接收站是接收美国天然气并将其再出口到波兰等其他欧洲国家的关键枢纽。

葡萄牙安德烈斯LNG接收站

2.7 波兰LNG项目

波兰斯为纽折斯(Swinoujscie)LNG接收站是位于波兰的LNG再气化终端,由波兰国家石油天然气公司(Pgnig)的子公司天然气系统公司(Gaz-System)拥有。该接收站的前端工程由SNC兰万灵集团进行,施工合同由意大利工程与建筑公司(Saipem)领导的六家公司共同组成的团队执行。该接收站于2011年3月开始建设,并于2015年10月投入使用。斯为纽折斯LNG接收站早在2006年就开始计划,并于2010年3月获得资金,其债务、股权和公共赠款融资总额为8.88亿美元。斯为纽折斯LNG接收站一直连接到波罗的海管道,这是一条连接波兰和丹麦的双向天然气管道,允许波兰每年接收多达 $100×10^8m^3$ 的挪威天然气,俄罗斯天然气和该接收站多余的LNG可以运往丹麦。2017年4月,该接收站增加第二个泊位和第三个储罐,共扩建了总体容量的50%。2022年1月,斯为纽折斯接收站扩建的第一阶段已经完成,产能从 $50×10^8m^3/a$ 提高到 $62×10^8m^3/a$。到2023年斯为纽折斯LNG接收站的容量已扩大到 $83×10^8m^3$。随着波兰开始摆脱燃煤发电,国内LNG的需求日益增加,导致该国减少对俄罗斯LNG的呼声越来越高,于是第二次扩建于2023年完成,并投入运营。

波兰斯为纽折斯LNG接收站

2.8 荷兰LNG项目

2.8.1 荷兰盖特LNG接收站

荷兰盖特(Gate)LNG接收站是位于荷兰南荷兰省鹿特丹港的LNG再气化终端,总耗资约11亿美元,最初的容量为 $120×10^8m^3$,但最终容量扩展到 $160×10^8m^3$。早在2005年8月就开始计划该项目,并于2007年12月做出了最后的投资决定。盖特LNG接收站于2008年6月开始建设,并于2011年9月投入使用,施工合同由德兴和赛能尔执行。该接收站由荷兰国有天然气公司(Gasunie)和荷兰沃帕克液化化工品储运公司(Vopak)共同拥有。然而,自创建以来,该接收站容量的使用从未超过18%,自2012年以来容量的使用从未超过10%,可能是由于LNG的价格升高。2012年1月—2019年3月期间,接收站的容量利用率仅为 7%。2019 年 3 月，荷兰盖特 LNG 接收站运营商正式启动了每年 $20\times10^8m^3$ 的运营计划，新产能于 2021—2031 年期间上市，这表明该地区买家对未来几年 LNG 需求的预期。从 2024 年 10 月开始，每年接收站只允许 $1.5\times10^8m^3$ 的扩建容量。2022 年 3 月，荷兰政府宣布使荷兰减少对俄罗斯 LNG 进口的依赖的相关措施，目标是将该国的 LNG 进口总产能提高一倍，包括将盖特 LNG 接收站的产能扩大 $50\times10^8\sim800\times10^8m^3$。截至 2022 年 10 月，该接收站的容量进一步扩大了 $2.5\times10^8m^3/a$。

荷兰盖特 LNG 接收站

2.8.2 荷兰埃木沙威 LNG 接收站

2022 年 3 月，比利时的艾克斯玛公司（Exmar）与荷兰国有天然气公司（Gasunie）对 2017 年建成的储存浮式驳船（长 120m）和荷兰埃木沙威再气化装置（Eemshaven FSRU）达成五年租约。埃木沙威 LNG 接收站再气化装置于 2022 年夏末投入运营。2022 年 4 月，荷兰国有天然气公司宣布，它已开始对 LNG 从埃木沙威运输到欧洲的买家进行招标，并负责将埃姆斯港（Eemshaven）连接到全国天然气管网，然后在荷兰全境分配 LNG。浮式储存和再气化装置（FSRU）于 2022 年 5 月离开新加坡，并于 8 月初抵达埃木沙威，买家最早可在 2022 年冬季使用 FSRU 获取 LNG。2022 年 5 月，荷兰国有天然气公司宣布，它已签署了一份有约束力的合同，用来租赁第二个 FSRU，在未来五年内在埃姆斯港将 LNG 转化为天然气。FSRU 是从美国能源基础设施公司（New Fortress Energy）租赁的，于 2022 年 8 月抵达埃木沙威。FSRU 具有大约 $17\times10^4m^3$ 的 LNG 的储存能力和 $2500\times10^4m^3/d$ 的峰值再气化能力。该项目于 2022 年 5 月开始建设，2 个 FSRU 在 2022 年秋季投入运营，并在埃姆斯港提供 $80\times10^8m^3/a$ 的 LNG 再气化能力。2022 年 7 月，荷兰国有天然气公司宣布，它已将该项目总容量中的 $70\times10^8m^3$ 承包给捷克能源公司（EZ）和壳牌西部 LNG 公司。捷克能源公司还从埃姆斯港获得了管道输送能力，允许捷克共和国每年进口 $30\times10^8m^3$ 的天然气，这相当于该国天然气消耗量的三分之一。法国道达尔能源公司（Engie）预订了埃木沙威 LNG 接收站剩余的 $10\times10^8m^3$ 再气化能力。2022 年 9 月，第一批 LNG 抵达美国萨宾通道 LNG 接收站，而第一批再气化的 LNG 于 2022 年 9 月中旬流入荷兰国有天然气公司的管网，该接收站在 2022 年 11 月底以 $80\times10^8m^3/a$ 的满负荷运行。荷兰国有天然气公司于 2022 年 10 月宣布埃木沙威 LNG 接收站投入使用，表示该项目已投资 5 亿欧元。

荷兰埃木沙威 LNG 接收站

2.9 比利时 LNG 项目

比利时泽布吕赫 LNG 接收站位于比利时泽布吕赫港，是一个 LNG 再气化终端，年产能力为 $90\times10^8\mathrm{m}^3$。该接收站于 1976 年提出建设，1982 年开始建设，并于 1987 年正式投入使用，由比利时天然气公司(Fluxys)拥有和运营。2016 年 5 月，法国和比利时共同启动了一项耗资 12 亿欧元的项目，建设了一条双向天然气输送管道（敦刻尔克—泽布吕赫管道），用来连接敦刻尔克 LNG 接收站和泽布吕赫 LNG 接收站，使敦刻尔克 LNG 接收站能够进入德国、荷兰和英国的天然气市场。这条管道的输送能力为 $80\times10^8\mathrm{m}^3/\mathrm{a}$。根据 2019 年欧洲食品与水务公司发布的比利时 LNG 使用情况概况，泽布吕赫港的进口能力达到 $90\times10^8\mathrm{m}^3/\mathrm{a}$，它是挪威和英国 LNG 流通的重要战略港口。该接收站的产能扩展主要在 2004—2008 年完成，第一次扩建增加了约 $300\times10^4\mathrm{t}/\mathrm{a}$ 的产能。第二次扩建项目于 2011 年启动，包括建设第五个储罐和第二个停泊码头。第二个码头于 2017 年 1 月完工，第五个储罐的建设始于 2015 年，于 2018 年完成，并于 2020 年开始运营，储罐容量为 $18\times10^4\mathrm{m}^3$。此后，该接收站通过不断的扩建来进一步增加存储容量。

比利时泽布吕赫 LNG 接收站

2.10 希腊 LNG 项目

希腊雷维苏萨(Revithoussa)LNG 接收站位于希腊阿提卡地区，靠近雅典西侧的梅加拉湾的雷维苏萨岛。该接收站于 1999 年建成，由希腊天然气输送系统运营公司(DESFA SA)运营，该公司是希腊公共天然气公司(DEPA)的全资子公司。2018 年 11 月，雷维苏萨 LNG 接收站完成了第二阶段建设，新增了第三个 LNG 储罐，使得雷维苏萨 LNG 接收站的容量增加了 40%。值得一提的是，即使在 2011 年希腊天然气需求达到顶峰时，该接收站的使用量也未超过其容量的 25%。2018 年 12 月，意大利的斯纳姆公司(Snam)、西班牙的恩加斯公司(Enagas)和比利时的弗鲁克希斯公司(Fluxys)组成的 Senfluga 财团以 5.35 亿欧元的价格购得希腊天然气输送系统运营公司 66% 的股份。尽管如此，希腊政府仍保留了在希腊天然气输送系统运营公司中 34% 的股份。2020 年 1 月，希腊集团 Copelouzos 旗下的达姆科能源(Damco Energy)收购了 Senfluga 财团 10% 的股份。2022 年 4 月，由于美国 LNG 进口供应的增加，当年第一季度雷维苏萨 LNG 接收站的 LNG 交付量大幅上升，1—3 月共接收了 21 艘 LNG 供应船，相较于 2021 年同期的 9 艘 LNG 供应船有显著增长。该公司在现有设施中增加一个浮动存储单元，将存储容量从 $22.5×10^4 m^3$ 提升至 $38×10^4 m^3$，气化能力增加了 12%。新的浮动存储单元于 2022 年 7 月到位。

希腊雷维苏萨 LNG 接收站

2.11 立陶宛 LNG 项目

立陶宛克莱佩达(Klaipeda)LNG 接收站是立陶宛运营的一个浮式 LNG 进口接收站，于 2012 年 9 月开始建设。在此之前的 2012 年 3 月，挪威 Höegh LNG 公司为这艘名为"独立"的 FSRU 船签订了一份为期 10 年的租约，这标志着项目的最终投资被决定。2013 年 7 月，克莱佩达与欧洲投资银行签订了一笔 8700 万欧元的项目贷款。该"独立"的 FSRU 船由韩国现代重工建造，于 2014 年 10 月交付给克莱佩达港，并由挪威 Höegh LNG 公司拥有，以每年 6800 万美元的价格租给克莱佩达港。克莱佩达 LNG 接收站于 2014 年 12 月开始运营。2017 年，立陶宛签订了其首份从美国进口压裂天然气的协议。欧盟委员会在 2013 年和

2020年两次批准了为这个项目提供国家贷款的担保,2013年的批准金额达到4.48亿欧元。最新的国家担保为北欧投资银行(NIB)与克莱佩多斯北美自由贸易协定之间高达1.6亿欧元的贷款协议提供了保险,用于购买FSRU及重组LNG接收站的维护成本。2019年,北欧投资银行向克莱佩多斯北美自由贸易区提供了1.341亿欧元的贷款,以支付部分经营租赁费用,并保持码头整个生命周期内的关税平衡。2021年1月,克莱佩达LNG接收站为波兰东北部的奥斯特罗尔卡发电站提供LNG,该发电站原计划使用动力煤,现改为使用天然气。通过建设的波兰—立陶宛天然气互连管道(GIPL)接收天然气,于2021年底投入运营。到2022年2月,克莱佩多斯北美自由贸易区的股东批准以1.535亿美元收购挪威Höegh LNG的FSRU船,该船自2014年以来一直在租用。2022年4月,在乌克兰被侵入后,立陶宛完全放弃了进口俄罗斯的LNG,通过克莱佩达LNG接收站满足了其所有天然气需求。2022年3月,克莱佩多斯北美自由贸易区正在考虑长期将克莱佩达LNG接收站的再气化能力扩大到$50\times10^8 m^3/a$。

立陶宛克莱佩达LNG接收站

2.12 挪威LNG项目

2.12.1 挪威斯诺维特LNG项目

挪威斯诺维特(Snøhvit)LNG项目是为了开发巴伦支海的三个油气田(斯诺维特气田、阿尔巴特罗斯油田和阿斯克拉德油田)而建立的,这三个油气田位于挪威哈默菲斯特西北约140km处,深度在250~345m之间;于20世纪80年代首次被发现,储量分别为$193\times10^8 m^3$ LNG、$17\times10^4 m^3$凝析油和$9\times10^4 t/a$ LNG。斯诺维特气田和阿尔巴特罗斯油田在发现后的5年内开始生产,而阿斯克拉德油田于2007年才开始生产。斯诺维特LNG项目使用的LNG生产系统是欧洲首批采用海底生产平台的系统之一,通过一条长143km的多相流管道将天然气输送到位于哈默菲斯特附近的年产$4\times10^4 t$ LNG加工厂。此外,该项目还包括一个位于斯诺维特气田海底下2.2km处的二氧化碳捕获和储存设施,以及一条长6km的回注管道,该设施可储存$153\times10^4 t/a$二氧化碳。斯诺维特LNG项目由挪威国家石油公司领导,是由包括挪威国家石油公司(33.53%)、挪威石油管理公司(30%)、道达尔菲纳尔埃尔夫(18.4%)、法国燃气公司(12%)、阿美拉达赫斯(3.26%)和莱茵集团 DEA 公司(2.81%)在内的八家公司财团组成。LNG 加工项目需要 5 亿美元的资金,部分资金由日本国际商业银行提供。该项目于 2002 年获得挪威议会的批准,并要求对收入和税收的分配条件做出澄清,其建设工作于 2003 年底开始,于 2007 年 5 月开始生产。

挪威斯诺维特 LNG 项目

2.12.2 挪威斯塔万格 LNG 项目

挪威斯塔万格(Stavanger)LNG 项目位于挪威罗加兰郡的索拉市,是一个运营 LNG 出口的接收站。斯塔万格 LNG 接收站最初由斯康加斯公司(Skangas)拥有并运营,后于 2018 年被芬兰加苏姆公司(Gasum)收购。2021 年,芬兰加苏姆公司将其出售给北海中游合作伙伴公司(North Sea Midstream Partners)。该接收站始建于 2007 年夏季,并于 2010 年完工。它是为了向斯堪的纳维亚和北欧国家提供小规模 LNG 供应而设立的,设计产能为 33×10^4 t/a。挪威的石油之都斯塔万格是多数石油和天然气公司的所在地。其中,挪威国家石油管理公司(Petoro)位于该市,负责维护与国家财务直接参与挪威大陆架相关的商业条件。此外,其他几家国际石油公司也在斯塔万格设有挪威总部。挪威最大的石油公司(Equinor)的总部位于福鲁斯(Forus),该公司由议会一致决定成立。斯塔万格与阿伯丁并称为欧洲的石油之都,是挪威地区大部分石油部门的核心。

挪威斯塔万格 LNG 项目

2.12.3 挪威弗雷德里克斯塔 LNG 接收站

挪威弗雷德里克斯塔(Fredrikstad)LNG 接收站位于挪威弗雷德里克斯塔的工业区,是一个小型 LNG 接收站,9 个储罐的储存容量为 5900m³。其年产量可达到 10×10^4t。弗雷德里克斯塔 LNG 接收站是一个关键的 LNG 接收站,由北欧天然气公司(Nordic LNG)管理。该接收站设计用于满足本地和国际客户对 LNG 的需求,特别是为附近工业和瑞典及挪威东部的工业,并通过卡车输送 LNG。该项目的重要里程碑包括与杰普洛克公司(Gyproc AS)签署的供应协议,杰普洛克公司是圣戈班(Saint-Gobain)集团的一部分,专注于轻型建筑材料的开发、制造和市场营销。杰普洛克公司成为该 LNG 接收站的首个管道客户,每年的天然气需求量约为 7600×10^4kW·h,主要用于生产过程中的干燥处理。该 LNG 接收站不仅加强了弗雷德里克斯塔作为一个重要工业基地的地位,还促进了该地区能源供应的多样化和环境可持续性。该接收站在提高地区经济效益的同时,还通过减少温室气体排放,支持向碳中和未来的转变。

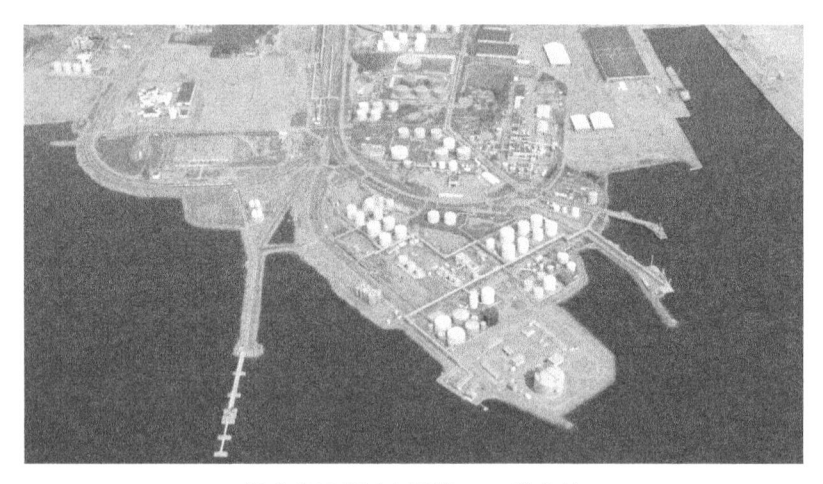

挪威弗雷德里克斯塔 LNG 接收站

2.12.4 挪威加斯诺尔 LNG 接收站

挪威加斯诺尔(Mosjoen)LNG 接收站是一个小型 LNG 接收站,5 个储罐的存储容量为 6500m³,主要用于接收和储存 LNG,以满足区域性的能源需求。挪威的加斯诺尔 LNG 接收站是一个重要的 LNG 进口接收站,由加斯诺尔公司运营,这是一个由莫尔加斯公司(Molgas)、道达尔公司(Total)和挪威亿洲能源公司(Equinor)共同组成的合资企业。该接收站位于挪威的加斯诺尔,于 2007 年开始运营,具有 40×10^4t/a 的处理能力。加斯诺尔 LNG 接收站是挪威为数不多的几个进口 LNG 接收站之一,这些接收站对于挪威的能源基础设施至关重要,不仅确保了能源供应的多样化,还促进了该国在能源领域的战略自主性和安全。

挪威加斯诺尔 LNG 接收站

2.13 德国 LNG 项目

2.13.1 德国布伦斯比特尔 LNG 接收站

德国布伦斯比特尔 LNG 接收站是位于德国布伦斯比特尔，也称为汉堡 LNG 接收站。2017 年 1 月，荷兰天然气公司（Gasunie）宣布启动汉堡地区的中型 LNG 接收站开发工作，以进口天然气。荷兰天然气公司建设一个年处理量高达 $300×10^4$ t 的进口码头，并包括一个专用的海上加油码头。2017 年 7 月，荷兰天然气公司与油品储运有限公司（Oiltanking）和范尼格燃气控股公司（Vopak）合作，在德国成立了一家合资企业，旨在建设并运营一个年处理量为 $200×10^4 \sim 300×10^4$ t 的 LNG 进口接收站，这将是德国的首个此类接收站。2018 年 9 月，莱茵集团（RWE）与德国 LNG 接收站有限公司签订了一项协议，此外，该协议还包括与全球领先的 LNG 买家之一的东京燃气的合作。2018 年 12 月，伍德赛德能源贸易公司与莱茵集团签订了一份主要来源于得克萨斯州科珀斯克里斯蒂 LNG 项目的 LNG 供应协议。2019 年 1 月，德国 LNG 接收站有限公司与审批机构、环保组织、专家等举行了一次"范围界定会议"，讨论了水和排放立法的环境影响评估主题、范围和方法，这是整个规划审批过程的一部分。建设工作于 2020 年开始，并于 2022 年开始运营。

德国布伦斯比特尔 LNG 接收站

联邦政府使用 5000 万欧元的公共资金支持这个成本为 450 百万欧元的非营利项目。根据联邦政府补贴安排，这将触发国家政府额外提供 5000 万欧元。2019 年 9 月，莱茵集团宣布在 2020 年初前做出最终投资决定。莱茵集团还透露已选定四个通过资格预审的潜在合作伙伴，如项目继续，他们将获得 $5×10^8 m^3$ 的进口能力，这些潜在供应商包括卡塔尔国和美国。布伦斯比特尔 LNG 接收站的吞吐量为每年 $5×10^8 m^3$，并接入德国天然气管网。石勒苏益格—荷尔斯泰因州总理和汉堡市长已宣布支持这个耗资 4 亿~4.5 亿欧元的项目，并承诺出资 4000 万欧元。

2.13.2 德国威廉港 LNG 接收站

德国威廉港 LNG 接收站位于德国下萨克森州，是一个浮式储存和再气化装置（FSRU）LNG 进口接收站。该接收站最初由德国意昂能源公司（E.ON）于 2005 年 8 月提议建设，作为德国首个 LNG 进口接收站，设计处理能力为 $800×10^4 t/a$。然而，德国意昂能源公司在 2008 年放弃建设该接收站，转而从荷兰的盖特（Gate）LNG 接收站获取天然气。由于俄罗斯与乌克兰的紧张关系以及减少对俄罗斯天然气依赖的需求，2014 年对威廉港 LNG 接收站的兴趣重新被激发。2018 年 12 月，尤尼珀公司（Uniper）与日本三井物产航运公司（MOL）达成了关于 FSRU 的拥有、资金和运营的协议。2019 年 1 月，埃克森美孚与尤尼珀公司达成协议，从该接收站购买天然气，年产量为 $10×10^8 m^3$。2019 年 3 月，尤尼珀公司预估该接收站的建设成本在 $400×10^6$~$450×10^6$ 欧元之间，这大约是当时浮式 LNG 接收站平均成本的一半。尽管如此，2020 年 11 月，尤尼珀公司取消了与日本三井物产的建设合同，原因是天然气进口需求不足。此外，尤尼珀公司计划将该地点用作氢能中心。最终，该项目在 2021 年 4 月被正式取消，但后来被恢复，并于 2022 年 7 月开始建设，2022 年 12 月投入运营。在 2023 年正式开始商业运营。

德国威廉港 LNG 接收站

2.13.3 德国施塔德 LNG 接收站

德国施塔德 LNG 接收站是一个计划中的 LNG 接收站，位于德国施塔德。该接收站由陶氏化学公司推动，并希望此接收站能够快速建设，以便尽快实现从美国进口压裂天然气。2018年，该接收站的投资成本估计为567百万美元。到了2020年12月，项目开发商汉萨能源中心(HEH)启动了非约束阶段，目的是衡量市场对该设施的兴趣。在2021年第一季度末启动产能投标的约束阶段，而商业运营计划在2026年开始。起初，施塔德LNG接收站容量计划为每年$4\times10^8m^3$，但到了2022年5月，汉萨能源中心表示计划的再气化能力提升至每年$12\times10^8m^3$。2021年5月，比利时天然气基础设施公司(Fluxys)加入该项目作为"工业合作伙伴"。汉萨能源中心和比利时天然气基础设施公司之间的协议在得到主管当局的合并批准后确认。汉萨能源中心计划与比利时天然气基础设施公司共同建造一个"近零碳足迹"的LNG接收站，利用当地工业的多余热量进行再气化过程。2021年6月，汉萨能源中心和GNL魁北克省宣布了战略合作伙伴关系，将LNG从加拿大运往欧洲。然而，2021年7月，魁北克省政府因开发商未能证明该项目将减少全球温室气体排放而拒绝了该项目，从而实际上取消了萨格奈能源LNG接收站项目。2021年11月，汉萨能源中心宣布在年底前启动其容量预订流程的约束阶段，并在2022年1月提交具有约束力的投标。然而，由于天然气市场的动荡和波动，汉萨能源中心在2022年1月宣布将其产能预订流程的约束阶段推迟到夏季，因此原定于2023年第一季度进行的最终投资决定也被推迟。

德国施塔德LNG接收站

2.13.4 德国卢布明LNG接收站

德国卢布明LNG接收站，也被称为德国波罗的海LNG接收站或德国奥斯特湖LNG进口接收站，是德国运营的一个LNG进口接收站。由德国瑞加斯公司于2022年4月成立，该公司正在与道达尔能源公司合作，在卢布明港开发一个浮动LNG接收站。这是德国新一波浮动LNG接收站浪潮的一部分，作为远离俄罗斯LNG进口的紧急国家计划的组成部分。因为卢布明港前的格赖夫斯瓦尔德博登水域较浅，所以LNG油轮将停靠在波罗的海的格赖夫斯瓦尔德博登外，然后通过三艘穿梭船将LNG运送到卢布明LNG接收站进行再气化。在那里，LNG将从FSRU输送到距离450km外的德国长途天然气管网。2022年9月，该项目开始现场施工。接收站计划扩展总产能达到$15\times10^8m^3/a$，并将进口氢气。澳大利亚基础设施投资者麦格理资本已收购了德意志再加斯的少数股权，其专门从事LNG

项目的子公司波峰能源公司(Wavecrest Energy)将提供技术和运营支持,该项目已有大约1亿欧元的资金可用。项目的第一阶段从2022年12月开始,将有至少$4.5×10^8m^3$的产能上线。第二阶段从2023年12月开始,安装另一个容量为$7×10^8m^3$的FSRU。此外,通过在2024年将第一个FSRU从卢布明港搬迁到近海地点,其容量进一步增加了$2×10^8m^3$。总体而言,从2024年第四季度开始,该项目的产能达到$13.5×10^8m^3$。未来这艘船将从LNG运输船中获取LNG并将其储存起来,而较小的运输船将从FSRU获取燃料并将其运送到卢布明的FSRU。

德国卢布明LNG接收站

2.14 本章小结

随着现代工业及城镇现代化的发展,LNG作为一种清洁高效能源,倍受欧洲各国关注。近年来,由于欧洲天然气管网等受到战争及地缘政治等不确定因素影响,大规模引进LNG新能源,研究开发LNG新技术,投资建设大型LNG接收站,引进发展LNG产业链,全力应对LNG现代工业已成为欧洲各国关注的新焦点。本章主要针对欧洲LNG生产应用具有代表性的英国、俄罗斯、法国、意大利、西班牙、葡萄牙、波兰、荷兰、比利时、希腊、立陶宛、挪威和德国等欧洲国家的LNG重点项目或LNG工厂的生产建设现状等进行了系统介绍,主要涉及大型LNG工厂及LNG接收站等具体项目内容,并重点介绍了各个项目的投资背景、发展现状、年终产量、市场行情、销售渠道、对本国经济的支撑作用、对世界LNG贸易的影响等情况,以及各国LNG产业发展现状等。

参 考 文 献

[1] 封安全. 中俄北极能源合作:以亚马尔LNG项目为例[J]. 中国边疆学, 2023(1):445-454.
[2] 顾安忠, 鲁雪生, 汪荣顺, 等. LNG技术[M]. 北京:机械工业出版社, 2003.
[3] 洪峡. 意大利能源概况及可再生能源的开发和利用[J]. 全球科技经济瞭望, 2009, 24(5):11-16.

[4] 卢雪梅.全球LNG项目建设重掀高潮[J].中国石化,2022(4):67-69.

[5] 陆倩.道达尔公司为重点LNG项目提供160亿美元资金[J].油气田地面工程,2020,39(8):48.

[6] 牛车.意大利石油与天然气工业简况[J].中国石油和化工经济分析,2006,14(14):22-25.

[7] 孙伯英.挪威第一座LNG装置[J].国外油田工程,1997(3):28.

[8] 王林.德国首个浮式LNG接收站完工[N].中国能源报,2022-11-28(11).

[9] 王涛.英国能源转型之路非坦途[N].经济日报,2022-12-14(4).

[10] 吴业正,等.制冷与低温技术原理[M].北京:高等教育出版社,2004.

[11] 谢治国,郑洪弢,林洁,等.欧洲LNG接收站开放的经验与启示[J].国际石油经济,2016,24(4):41-47.

[12] 佚名.波兰计划限制单一来源的LNG供应[J].煤气与热力,2017,37(7):24.

[13] 佚名.西班牙成为欧洲最大液化天然气出口国[J].能源与环境,2014(3):82.

[14] 佚名.希腊和保加利亚公司联合提请建设新LNG接收站[J].煤气与热力,2016,36(10):21.

[15] 张弘弢.欧洲能源危机带动LNG船市场需求激增[N].中国船舶报,2022-08-31(3).

[16] 周颖.俄罗斯液化天然气产业发展现状与前景[J].国际石油经济,2024,32(4):56-61.

第3章 亚洲LNG发展概览

亚洲经济快速增长意味着对煤炭和石油的需求不受限制。随着解决碳排放问题被明确提上政治议程，亚洲应为更多使用天然气打开大门。亚洲LNG强劲的需求，不仅与亚洲国家国内生产总值（GDP）预测有关，而且更符合碳减排目标，并且与能源战略保持一致。有利于燃气发电而非燃煤发电的新政策正为亚洲地区的买家创造更多机会，尤其是在东北亚；菲律宾、泰国和越南国内天然气供应短缺正在鼓励其LNG进口；韩国、泰国、新加坡和马来西亚的天然气市场自由化正吸引新的投资者。此外，中国和东南亚正在建新的基础设施，以支持天然气需求的持续增长。中国强有力的政策支持为LNG需求增长提供了空间。

3.1 日本LNG项目

日本是全球最大的LNG进口国之一，占到总贸易量的35%。日本的能源需求量在过去20年里稳步增长，而天然气消费的增长速度高于能源总消费的增长。由于日本政府鼓励天然气的消费，未来日本的天然气消费量会持续增长。2011年，随着地震导致的核电机组停产，日本大量进口LNG作为替代能源，其2011年、2012年的新增进口量分别达到$250 \times 10^8 m^3$和$50 \times 10^8 m^3$，占到全球LNG贸易量的7%和1.5%。截至2020年末，日本共建成LNG接收站38座，储罐189个，储存能力达$1866.8 \times 10^4 m^3$，LNG码头30座，共有LNG装卸船泊位38个，涉及管道、公路、铁路、水路等多种集疏运方式，建设规模居世界首位。

3.1.1 日本北海道石狩港LNG接收站

日本北海道石狩港（Ishikari）LNG接收站基地目前拥有一个直径83m、高54m、容量为$18 \times 10^4 m^3$的1号LNG储罐，相当于40万个家庭一年的用气量。为了将LNG保持在零下162℃，储罐采用了双壳结构，并配备了特殊的金属冷却层。石狩港LNG接收站于2016年9月开始运营，并在接收站内建造了第二个LNG储罐（2号储罐），其直径为85m，高度为58m。这一扩建使石狩港LNG接收站的储存能力从$18 \times 10^4 m^3$提高至$38 \times 10^4 m^3$，显著增强了接收站的运行稳定性。此外，2011年10月，石狩港LNG接收站与北海道电力公司签订了共同使用该接收站的基本协议。基于此协议，作为北海道电力公司的石狩湾新港发电厂在石狩港LNG接收站于2018年7月建成了3号储罐。

日本北海道石狩港 LNG 接收站

3.1.2 日本青森县野内宿 LNG 接收站

日本青森县野内宿 LNG 接收站，实际上是指青森县的八户 LNG 接收站。该接收站位于青森县的八户港，由 JX Nippon Oil & Energy（出光兴产株式会社）运营，是为满足东北地区日益增长的 LNG 需求而建造的。八户 LNG 接收站始建于 2006 年，并在 2010 年启动了替代设施的建设，最终于 2015 年完工并投入使用。该项目包括建设 2 个容量为 $14\times10^4 m^3$ 的 LNG 储罐，以及相关的装卸设施、再气化设施等。该接收站处理能力为 $160\times10^4 t/a$，主要功能包括接收来自海外的 LNG，将其储存在专用的 LNG 储罐中，并通过再气化设施将 LNG 转化为气态，然后输送到管网中。此外，八户 LNG 接收站还具备将 LNG 转运到沿海油轮和罐车的能力，这使得它在日本国内的天然气分配管网中发挥着重要作用。为了进一步提高天然气供应的灵活性和稳定性，八户 LNG 接收站近年来还增加了 LNG 船对船转运（STS）服务以及将大批量货物拆分为小型船只运输的能力。JGC 集团（日挥集团）是该项目的主要工程承包商，负责整个接收站的工程设计、采购和建设服务。日挥集团在 2009 年开始前端工程设计工作，并在 2010 年的竞争投标中因其出色的建设成本控制、技术能力和丰富的 LNG 工厂建设经验而赢得了该项目的合同。八户 LNG 接收站的建设不仅满足了当地对环保燃料日益增长的需求，还为当地经济发展和能源安全做出了重要贡献。

日本青森县野内宿 LNG 接收站

3.1.3 日本仙台宫城县 LNG 接收站

日本仙台宫城县(Shin-Sendai)LNG1、LNG2 接收站是日本东北电力公司(Tohoku Electric Power)运营的重要 LNG 接收站设施，位于宫城县仙台市附近。这两个接收站为日本东北电力公司的发电厂提供重要的燃料支持。仙台宫城县 LNG1 接收站的建设始于 2008 年，并于 2016 年正式投入运营。该接收站位于新仙台火力发电站的场地内，旨在满足该发电站的燃料需求。该接收站具有现代化的储存和再气化能力，能够处理来自全球不同供应商的 LNG，确保为电力生产提供稳定的燃料供应。仙台宫城县 LNG2 接收站是在仙台宫城县 LNG1 接收站的基础上扩展而来，以应对不断增长的能源需求和提高供应链的可靠性，新仙台 LNG 接收站终端有 2 个 LNG 储罐，每个储罐的存储容量为 $16 \times 10^4 \mathrm{m}^3$。该接收站具有更大的储存容量和更高的处理能力，以支持更多的发电需求。此外，仙台宫城县 LNG2 接收站还引入了更先进的技术和环保措施，以减少运营过程中的环境影响。这两个接收站共同构成了一个强大的 LNG 接收和再气化系统，为新仙台火力发电厂提供了可靠的燃料来源。日本东北电力公司通过这些设施，不仅能够确保其电力供应的稳定性，还能通过引入多样化的 LNG 来源来降低燃料供应链的风险。通过这两个接收站的运营，日本东北电力公司大大增强了其在日本东北地区的电力供应能力。这些设施不仅支持了地区经济的发展，还在一定程度上促进了能源使用的多样化和环境保护。

（a）日本仙台宫城县LNG1接收站

（b）日本仙台宫城县LNG2接收站

日本仙台宫城县 LNG 接收站

3.1.4 日本横滨港 LNG 接收站

日本横滨港一直致力于推广 LNG 作为船用燃料。最初,这一举措的目的是消除硫氧化物排放,随后着眼于减少温室气体排放。当前,横滨港更加关注 LNG 在海上运输脱碳过程中的桥梁作用。早在 2015 年,该港口便接纳了第一艘以 LNG 为燃料的拖船"先驱(Sakigake)"号,并适应了其卡车到船的加油作业。横滨港一直在努力建立 LNG 加注业务,旨在增强其作为太平洋航线上重要停靠港的物流竞争力。为鼓励扩大 LNG 作为船用燃料的使用,横滨港对使用 LNG 燃料和 LNG 加注船的港口入境费实施了免除政策。这与日本政府将横滨港发展为碳中和港口的战略相一致,是实现其 2050 年脱碳目标的一部分。在向碳中和氢和氨过渡的过程中,LNG 预计将发挥关键作用。横滨港 LNG 接收站的目标是利用现有基础设施开发碳中和燃料供应链,并推动燃料向氢气和氨的转变,以便在邻近地区的发电、运输和制造中使用。

日本横滨港 LNG 接收站

3.1.5 日本上越 LNG 接收站

日本上越(Joetsu)LNG 接收站位于日本中部,是一个重要的 LNG 接收设施。其建设始于 2007 年,并于 2011 年接收了第一批测试货物,随后在 2013 年正式开始全面运营。该接收站配备了 3 个容量为 $18 \times 10^4 m^3$ 的 LNG 储罐,主要从印度尼西亚和澳大利亚进口 LNG,并于 2016 年首次接收了来自美国的 LNG 进口。上越 LNG 接收站的天然气主要供应东京市场。该设施包括 1 个泊位、1 个着陆桥、2 个 LNG 储罐、4 个液化石油气储罐、1 个蒸发器、热值调节装置和 1 个蒸发气体压缩机。此外,设施还设有行政办公室、公用事业设施和连接管道。LNG 运输船停泊在码头,负责运送 LNG 至接收站,以确保稳定的供应链和能源安全。这些设施的高效运作,不仅满足了当地市场对天然气的需求,还在日本能源进口多样化方面发挥了重要作用。

日本上越 LNG 接收站

3.1.6 日本姬路 LNG 接收站

日本姬路(Himeji) LNG 接收站位于日本兵库县，是由大阪瓦斯公司(Osaka Gas)运营的重要 LNG 接收设施。该接收站始建于 1984 年，旨在满足日本日益增长的能源需求。姬路 LNG 接收站配备了多个存储罐和再气化设备，使其成为日本 LNG 基础设施的核心部分之一。姬路 LNG 接收站拥有 8 个储罐，其中 7 个储罐的容量为 $8\times10^4 m^3$，1 个储罐的容量为 $18\times10^4 m^3$。该接收站的名义处理 LNG 能力为 $620\times10^4 t/a$。这些储罐用于接收和储存海外进口的 LNG，然后通过再气化过程将其转化为气态天然气，供应给当地市场和电力公司。姬路 LNG 接收站的设计和运营强调安全性和效率。该设施采用了风险基准维护系统，以显著减少维护成本，同时确保高可靠性。通过这种维护策略，姬路 LNG 接收站能够维持其设备的最佳状态，减少故障发生的可能性，并延长设备的使用寿命。此外，姬路 LNG 接收站还在环境保护方面做出了显著努力。为了降低运营过程中对环境的影响，该接收站实施了多种环保措施，包括减少温室气体排放和提升能源使用效率。姬路 LNG 接收站的这些举措与日本政府的碳中和目标保持一致，致力于在 2050 年实现全面脱碳。姬路 LNG 接收站不仅服务于兵库县，还通过连接管道为更广泛的地区提供天然气供应。其先进的设施和高效的运营模式，使其成为日本 LNG 接收和再气化领域的重要一环。

日本姬路 LNG 接收站

3.1.7 日本广岛廿日市 LNG 接收站

日本广岛廿日市(Hatsukaichi)LNG 接收站位于日本地区的广岛市,由广岛燃气公司运营。该接收站的建设始于 1992 年,并于 1996 年正式投入使用。广岛廿日市 LNG 接收站的初始设计包括 1 个 $8.5×10^4 m^3$ 的 LNG 储罐,2003 年又增设了第二个同样容量的储罐。这些储罐主要从马来西亚进口 LNG。广岛廿日市 LNG 接收站是日本首个采用"地上埋入式"储罐设计的终端设施。这种设计结合了地上储罐和地下储罐的优点,储罐的最高液位低于地面,储罐和坑之间的适当间距有助于控制储罐传递的冷能量,并且这种设计能够与周围环境和谐共存。该终端的设施包括 1 个泊位、2 个 LNG 储罐、4 个液化石油气(LPG)储罐、1 个蒸发器、1 个热值调节装置和 1 个蒸发气体压缩机。此外,还配备了行政办公室、公用设施和连接管道系统。LNG 通过运输船停靠在码头后进行卸载和储存,再经过处理输送到东京市场等地。广岛燃气公司在日本国际贸易工业部和日本燃气协会的指导和合作下,顺利推进了该接收站的建设和运营。广岛廿日市 LNG 接收站在 LNG 供应链中发挥着重要作用,不仅为广岛地区提供稳定的天然气供应,还通过其先进的储罐技术和设施,为日本其他地区的 LNG 接收和处理提供了借鉴和经验。

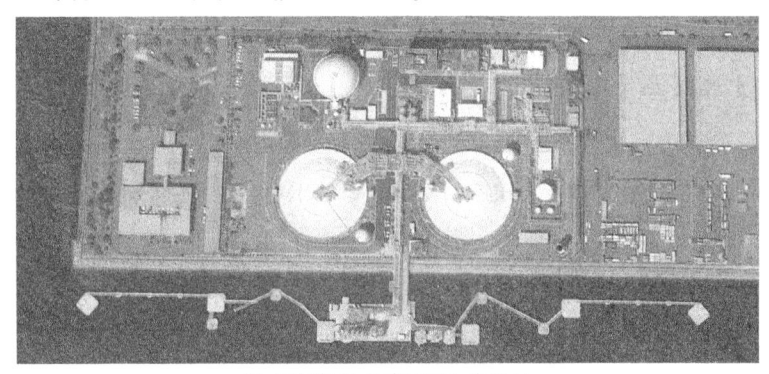

日本广岛廿日市 LNG 接收站

3.1.8 日本鸟畑 LNG 接收站

日本鸟畑(Tobata)LNG 接收站是位于日本福冈县北九州市的一个重要 LNG 接收站,由九州电力公司运营。该接收站始建于 1977 年,已经运营超过 30 年,是日本重要的 LNG 接收和再气化设施之一。鸟畑 LNG 接收站的核心设施包括 8 个大型储罐,总储存容量达 $48×10^4 m^3$。这些储罐用于储存从全球多个国家进口的 LNG,主要供应商包括印度尼西亚、澳大利亚和近年来的美国等国家。鸟畑 LNG 接收站具备高效的卸载和再气化能力,通过一个泊位和多个 LPG 储罐,实现 LNG 的高效处理。该接收站的技术基础设施由石川岛播磨重工业株式会社(IHI)公司建造,配备了现代化的蒸发器、热值调节装置和蒸发气体压缩机,确保 LNG 在低温储存条件下的稳定性和高效再气化。该接收站还包括一个行政办公楼、公用设施和连接管道系统,这些基础设施支撑了其高效运营。近年来,鸟畑 LNG 接收站不断提升其处理和再气化能力,以满足日本日益增长的天然气需求。特别是从 2016 年起,该接收站开始接收来自美国的 LNG,这标志着其供应链的多样化和全球采购能力的增强。此外，鸟畑LNG接收站对周边地区的能源供应起着至关重要的作用，特别是向福冈和北九州等城市的输送管道，确保了这些地区的天然气供应稳定。接收站的高效运营和现代化设备使其在日本乃至亚洲的LNG接收站中占据重要地位。为了进一步提升其在LNG市场的竞争力，鸟畑LNG接收站还在不断进行技术升级和扩建计划，旨在提高其储存和再气化能力，满足未来的市场需求。通过这些努力，鸟畑LNG接收站不仅提升了九州电力公司的能源供应能力，也为日本的能源安全和环境保护做出了积极贡献。

日本鸟畑LNG接收站

3.1.9 日本根岸LNG接收站

日本根岸(Negishi)LNG接收站的再气化终端位于日本东京，由东京燃气公司运营。该终端自1969年开始运营，由东京电力公司和东京燃气公司共同拥有。目前，终端的再气化能力为$15.4 \times 10^8 m^3/a$。东京燃气株式会社(简称东京燃气)是一家生产、供应和销售LNG的天然气公用事业公司。除了天然气业务外，公司还生产、供应和销售电力，并在海外从事上游、中游和下游业务。东京燃气提供全面的工程解决方案，涵盖燃气用具和燃气安装工作。此外，东京燃气的业务范围还包括土地和建筑物的建设、租赁和管理信息处理服务、航运业务以及信贷和租赁金融服务。其客户包括住宅、商业、公共、医疗和工业部门，以及其他天然气公司。东京燃气服务区域广泛，包括东京、神奈川、埼玉、千叶、茨城、栃木和群马等城市。公司总部位于日本东京都港区。

日本根岸LNG接收站

3.1.10 日本仙北LNG接收站

仙北1号(Senboku 1)LNG接收站和仙北2号(Senboku 2)LNG接收站是日本大阪瓦斯公司(Osaka Gas)运营的重要LNG接收设施,位于大阪府堺市。这两个接收站在保障日本关西地区的能源供应中发挥着关键作用,分别在1972年和1977年开始运营。仙北1号LNG接收站是大阪瓦斯公司的一个重要能源基础设施。该接收站的LNG处理能力为250×10^4t/a,早期的处理能力为190×10^4t/a。仙北1号接收站不仅仅是一个接收和再气化设施,还包含一个573MW的燃气发电厂,利用LNG冷能进行发电。这一设施还与邻近的工业企业合作,提供液化氧、液化氮和液化氩等工业气体。仙北2号LNG接收站也是位于大阪府堺市,是仙北1号的扩展部分。该接收站的LNG处理能力为1000×10^4t/a,远高于仙北1号LNG接收站。仙北2号LNG接收站同样利用LNG的冷能进行各种工业应用,包括空气分离、二氧化碳液化和冷能发电。两座接收站通过一个1.3km长的海底低温管道连接,这种连接方式优化了LNG冷能的使用,使仙北1号LNG接收站成为世界上唯一能够实现100%LNG冷能利用的接收站。仙北1号LNG接收站和仙北2号LNG接收站共同构成了日本大阪瓦斯公司的主要天然气供应基础设施,并供应了该公司总天然气供应量的70%。这两个接收站不仅满足了关西地区的能源需求,还通过利用LNG冷能为附近的化工厂和炼油厂提供冷却水,从而减少了二氧化碳排放。

日本仙北LNG接收站

3.1.11 日本索德高拉LNG接收站

日本索德高拉(Sodegaura)LNG接收站是日本最大的LNG再气化接收站之一,由东京燃气公司和东京电力公司共同运营。该接收站位于东京湾,靠近东京和周边地区的重要市场,起到了关键的能源枢纽作用。自1973年开始运营以来,索德高拉LNG接收站已逐步扩大其处理能力和储存设施,以满足不断增长的天然气需求。索德高拉LNG接收站拥有多个LNG储罐,其中最新的储罐在2024年3月开始运营,容量为$20 \times 10^4 m^3$,可容纳约9.2×10^4t LNG。这一新增储罐将替换两个老旧的储罐,以提升接收站的存储和操作效率。此外,接收站还包括多条气化生产线、泊位设施、气化设备,以及热值调节装置和蒸发气体压缩机等辅助设施。东京燃气公司不仅负责索德高拉LNG接收站的运营,还在2016年与日本另一大电力公司——东京电力公司联合扩展了接收站设施,包括在常陆 LNG 接收站建造的 $23\times10^4\mathrm{m}^3$ 储罐，并在 2021 年再建一个同样容量的储罐。此外，索德高拉 LNG 接收站在进口 LNG 来源方面也非常多元化，包括来自澳大利亚、马来西亚、卡塔尔、俄罗斯和美国的 LNG，这使得它能够稳定供应并有效应对市场波动。通过这些多样化的供应渠道，东京燃气公司能够为东京及其周边地区提供持续可靠的天然气供应，支持当地的工业和居民用户。索德高拉 LNG 接收站在日本的能源基础设施中占据重要地位，不仅通过增加储存和再气化能力提升了供应稳定性，还在应对环境和市场变化方面展现了灵活性和适应性。这些措施有助于满足未来的能源需求，支持日本向更可持续的能源结构转型。

日本索德高拉 LNG 接收站

3.1.12 日本赤塔 LNG 接收站

日本赤塔(Chita)LNG 接收站位于日本中部爱知县知多市，由中部电力公司(Chubu Electric Power)和东邦燃气公司(Toho Gas)共同运营。该接收站自 1977 年开始运营，最初从印度尼西亚进口 LNG。自那时以来，赤塔 LNG 接收站不断扩展其容量和能力，成为日本最重要的 LNG 再气化接收站之一。赤塔 LNG 接收站由三个主要部分组成：知多 LNG 联合接收站(Chita LNG Joint Terminal)、知多 LNG 株式会社的知多 LNG 接收站(Chita LNG Terminal of Chita L. N. G. Co. Ltd.)和东邦燃气的知多绿滨工厂(Chita Midorihama Works)。这些设施共同形成一个综合性 LNG 接收和再气化中心。该接收站目前的 LNG 处理能力约为 1090×10^4 t/a，主要从卡塔尔、印度尼西亚等国进口，用于发电和城市燃气供应。截至 2019 年，赤塔 LNG 接收站已经接收了第 4000 艘 LNG 运输船，总共卸载了 LNG 约 2.36×10^8 t。在超过 40 年的运营中，该接收站未发生任何重大事故，确保了天然气供应的安全和稳定。该接收站的设计和运营不仅关注高效能和安全性，还致力于环保和可持续发展。例如，利用 LNG 冷能进行冷却水的生产，减少了 CO_2 排放。赤塔 LNG 接收站在满足当地能源需求方面发挥了重要作用，同时也为日本其他地区提供了可靠的天然气供应。

日本赤塔 LNG 接收站

3.1.13 日本东大木岛 LNG 接收站

日本东大木岛(Ohgishima) LNG 接收站位于日本神奈川县横滨市鹤见区,是由东京燃气公司(Tokyo Gas)运营的重要 LNG 接收和再气化接收站。该接收站于 1998 年正式投入使用,旨在为神奈川县及其周边地区提供城市燃气。东大木岛 LNG 接收站自建成以来,经过多次扩建和升级,增加了储存和处理能力,以应对日益增长的能源需求。东大木岛 LNG 接收站最初建设了 3 个地下储罐,并于 2003 年完成了储罐建设。2013 年,完成了第四个储罐的建设,该储罐容量达到了 $25 \times 10^4 m^3$,是当时世界上最大的储罐之一。这些扩建大大提升了接收站的储存和处理能力,确保了供应的稳定性和可靠性。该接收站不仅在国内市场上发挥重要作用,还从全球多个国家进口 LNG,包括从澳大利亚的戈尔贡(Gorgon)项目长期采购 LNG,这一协议在 2016 年开始生效。此外,东大木岛 LNG 接收站也积极参与国际 LNG 运输项目,如与俄罗斯的亚马尔项目合作,通过北极航道运输 LNG,以减少运输时间和碳排放。东大木岛 LNG 接收站不仅满足了当地对天然气的需求,还通过持续的技术升级和国际合作,提升了其在全球能源市场中的竞争力和影响力。

日本东木大岛 LNG 接收站

3.1.14 日本富津 LNG 接收站

日本富津(Futtsu)LNG 接收站位于日本千叶县，由 JERA(东京电力公司与中部电力公司合资)公司运营。该接收站于 1985 年开始运营，最初的设计容量为 1910×10^4 t/a，经过多次扩建，目前的处理能力已提升至 2290×10^4 t/a。富津 LNG 接收站的设施包括多个大型储罐，总储存容量达 63×10^4 t，具备每年 26×10^8 m^3 的再气化能力。该接收站的 LNG 主要供应给福津发电站，以及位于东京湾周边的其他电力站和相关工业用户。自投入运营以来，富津 LNG 接收站不断升级和扩展其设施，以满足日益增长的能源需求。2018 年，JERA 公司与合作伙伴开始建设连接富津 LNG 接收站和姊崎热电站的管道，这条长达 31km 的高压干线于 2022 年完工并投入使用，进一步增强了天然气供应的稳定性和效率。此外，富津 LNG 接收站还从包括澳大利亚和卡塔尔在内的多个国家进口 LNG，以确保多元化和稳定的供应来源。通过不断提升技术和基础设施，富津 LNG 接收站在确保日本能源安全和支持当地经济发展方面发挥了重要作用。

日本富津 LNG 接收站

3.1.15 日本四日市 LNG 接收站

日本四日市(Yokkaichi)LNG 接收站中心位于日本三重县四日市。该中心由 JERA 公司(东京电力公司与中部电力公司合资)运营，并于 1987 年开始运营。四日市 LNG 接收站中心拥有总储存容量为 32×10^4 m^3，共 4 个储罐，每个储罐容量为 8×10^4 m^3，接收站处理能力为 640×10^4 t/a。四日市 LNG 接收站中心主要用于接收和再气化 LNG，以满足周边地区的能源需求。该接收站从多个国家进口 LNG，包括卡塔尔、澳大利亚等，确保了多样化和稳定的供应来源。该设施不仅为周边的发电厂和工业客户提供天然气，还通过高效的再气化过程将 LNG 转化为气态天然气，供应给当地的城市燃气管网。该接收站中心还采用了先进的技术，例如使用自由旋转在线涡轮膨胀来回收城市燃气输送过程中产生的废能，这些装置每年能够产生约 350×10^4 kW 的电力，提高了能源利用效率。四日市 LNG 接收站中心在环境保护方面也做出了显著努力，通过实施各种环保措施，减少了运营过程中的碳排放和其他环境影响。这些努力与日本政府的减碳目标相一致，体现了 JERA 公司在可持续能源方面的承诺。

日本四日市 LNG 接收站

3.1.16 日本大分 LNG 接收站

日本大分(Oita)LNG 接收站位于日本九州大分县,是由九州电力公司(Kyushu Electric Power)运营的重要 LNG 接收设施。该接收站于 1990 年开始运营,旨在满足区域内不断增长的能源需求。大分 LNG 接收站的处理能力为 $510×10^4$t/a,主要通过接收来自澳大利亚、印度尼西亚和俄罗斯萨哈林的 LNG 供应。大分 LNG 接收站配备了多个大型储罐和先进的再气化设备,以确保高效的 LNG 处理和稳定的天然气供应。该设施还支持邻近的新大分联合循环发电厂,这进一步提升了该区域的能源供应能力和灵活性。除了满足本地的能源需求外,大分 LNG 接收站还通过与其他公司合作,提供 LNG 作为燃料的服务。例如,九州电力公司与三井商船签订协议,为运营的两艘 LNG 燃料渡轮提供 LNG 燃料供应。这些渡轮停靠在大分港,每天需要 50t LNG 燃料,通过卡车加注方式进行补给。大分 LNG 接收站不仅在能源供应中发挥着重要作用,还积极参与环保和可持续发展项目,通过采用先进的技术和严格的环境管理措施,减少碳排放和其他环境影响,推动日本向低碳社会的转型。

日本大分 LNG 接收站

3.1.17 日本柳井港 LNG 接收站

日本柳井港(Yanai)LNG 接收站位于日本地区的山口县，由中国电力公司(Chugoku Electric Power)运营。该接收站自 1990 年开始运营，处理 LNG 能力为 230×10^4 t/a。柳井港 LNG 接收站的主要供应来源包括澳大利亚和卡塔尔，每天能够处理 790×10^4 m^3 的天然气。柳井港 LNG 接收站配备了 6 个储存容量为 8×10^4 m^3 的储罐，总储存容量达 48×10^4 m^3。这些设施确保了稳定的 LNG 接收和再气化能力，满足了区域内不断增长的能源需求。该接收站不仅为周边的工业和住宅用户提供天然气，还支持中国电力公司的电力生产。近年来，柳井港 LNG 接收站不断进行扩建和技术升级，以提升其处理效率和环保性能。例如，1991 年增加了 1 个储罐并扩展了气化能力，1996 年又增加了 2 个储罐，进一步增强了接收站的处理能力。此外，柳井港 LNG 接收站还通过与其他公司合作，提供 LNG 燃料服务。例如，九州电力公司与三井商船(Mitsui O.S.K. Lines)签订协议，为运营的 LNG 燃料渡轮提供燃料供应。

日本柳井港 LNG 接收站

3.1.18 日本清水 LNG 接收站

日本清水(Sodeshi)LNG 接收站位于日本中部地区的静冈县清水湾，是由静冈燃气(持有 65% 的股份)和日本恩来控股公司(Eneos)(持有 35% 的股份)共同运营的设施。该接收站始建于 1996 年，主要用于进口和再气化 LNG。其处理能力为 290×10^4 t/a，是日本重要的 LNG 接收和再出口中心之一。2012 年，静冈燃气与马来西亚签署了一份谅解备忘录，以确保长期的 LNG 供应。该接收站配备了重新装载设施，使其能够双向操作，即不仅能接收和再气化 LNG，还能重新装载和出口 LNG。静冈燃气通过其在清水 LNG 接收站的重新装载设施，成功地在 2016 年开始进行 LNG 的再出口业务。这一设施是日本首个能够常规进行 LNG 再出口的接收站，该公司每年进口约 100×10^4 t LNG，并每年将多达两批货物重新装载出口到包括中国和韩国在内的邻国。清水 LNG 接收站的建立和运营不仅有助于静冈燃气在新的天然气市场中降低成本，还利用了全球 LNG 市场的流动性，增加了交易量以实现成本节约。静冈燃气通过增加清水 LNG 接收站的交易量和利用全球 LNG 市场的流动性，有效地降低了 LNG 成本。

日本清水 LNG 接收站

3.1.19 日本川越 LNG 接收站

日本川越(Kawagoe)LNG 接收站位于日本关西地区的三重县川越町,该接收站由 JERA 公司(中部电力公司和东京电力公司组成的合资企业)拥有和运营。川越 LNG 接收站于 1997 年投入运营,其初始处理能力为 710×10^{4}t/a,但在 2013 年的扩建项目完成后,处理能力提高至 870×10^{4}t/a。该扩建项目包括增加 2 座 18×10^{4}m^3 的 LNG 储罐,并新增了 1 座可以容纳 20×10^{4}m^3 LNG 超级油轮的码头。这使得川越 LNG 接收站能够更灵活地处理 LNG 进出口,以适应全球 LNG 市场的变化。除了传统的 LNG 接收和再气化功能,JERA 公司还在 2020 年对川越 LNG 接收站火力发电站进行了改造,使其能够重新装载 LNG 用于海运燃料。这一举措是为了发展 LNG 加注业务,JERA 公司与日本邮船株式会社、川崎汽船株式会社和丰田通商株式会社合作,成立了中央 LNG 海运燃料日本公司(CLMF),并在 2020 年 10 月通过日本首艘加注船"加贺号"完成了首次船对船 LNG 加注。川越 LNG 接收站在全球 LNG 供应链中占据重要地位。其首批 LNG 货物于 1997 年从卡塔尔运抵,自此之后,川越 LNG 接收站成为卡塔尔 LNG 公司(Qatargas)向日本供应 LNG 的主要接收站之一。截至 2019 年,卡塔尔 LNG 公司已向日本交付了 3000 批 LNG 货物,其中许多都通过川越 LNG 接收站进行处理。川越 LNG 接收站的战略位置和先进设施,使其在满足日本不断增长的能源需求方面发挥了关键作用。通过持续的扩建和技术升级,川越 LNG 接收站不仅提高了自身的运营能力,还在推动日本的清洁能源转型中起到了重要作用。

日本川越 LNG 接收站

3.1.20 日本相马 LNG 接收站

日本相马(Soma)LNG 接收站是福岛县首个大型 LNG 接收站,占地面积约 $20\times10^4m^2$,拥有一个储存能力为 $23\times10^4m^3$ 的 LNG 储罐,是日本最大的储罐之一。该接收站将接收来自海外的 LNG 资源,通过相马—岩沼天然气管道向新潟和仙台地区供应天然气。该站的一期工程于 2018 年 3 月投运,包括 1 个 LNG 储罐和 2 个 LPG 储罐。二期工程已于 2017 年 4 月开工,并于 2019 年 12 月试运行,2020 年正式投运,福岛天然气发电厂也同步启运。最初计划由马来西亚石油公司的太平洋西北 LNG 项目向相马接收站提供每年 100×10^4t 的 LNG,但这一计划未能实现。相马 LNG 接收站是福岛灾后重建的重要项目之一,得到了日本政府和福岛县的大力支持。从 2013 年 11 月最终投资确定到正式宣布投运,历时 4 年 4 个月。

日本相马 LNG 接收站

3.1.21 日本东京湾东扇岛 LNG 接收站

日本东京湾东扇岛 LNG 接收站包括两个主要的接收站:东扇岛 LNG1 号接收站和东扇岛 LNG2 号接收站。这两个接收站分别由东京电力公司(TEPCO)和东京燃气公司(Tokyo Gas)运营,是日本重要的 LNG 接收和再气化设施。东扇岛 LNG1 号接收站位于神奈川县川崎市,于 1984 年投入运营,是东京电力公司(TEPCO)和丰田通商公司共同拥有的设施。该接收站的储存能力为 25×10^4t,再气化能力为 $18\times10^8m^3/a$。自运营以来,东扇岛 LNG1 号接收站在 1987 年进行了一次扩建,并在 2013 年进行了进一步扩展,以应对不断增长的天然气需求。东扇岛 LNG1 号接收站自 1984 年以来,已接收了来自全球各地的 LNG 货物,其中包括来自澳大利亚的长期供应协议。到 2016 年,该接收站已经接收了超过 2500 批次的 LNG 货物,总计约 1.43×10^8t 的 LNG。这使得东扇岛 LNG1 号接收站成为日本乃至亚洲地区的重要能源供应枢纽之一。

东扇岛 LNG2 号接收站于 1998 年开始运营,由东京燃气公司运营。该接收站的处理能力为 $1040\times10^4t/a$,旨在满足关东地区不断增长的天然气需求。自启用以来,东扇岛 LNG2 号接收站进行了多次扩建,包括 2003 年和 2013 年分别增加了第三个和第四个储罐,使其储存和再气化能力大幅提升。东扇岛 LNG2 号接收站的扩建项目包括增加了 2 个 $18×10^4m^3$ 的 LNG 储罐，并新增了 1 座可以容纳 $20×10^4m^3$ LNG 超级油轮的码头。这些扩展使东扇岛 LNG2 号接收站能够更灵活地处理 LNG 的进出口，适应全球 LNG 市场的变化。

尽管东扇岛 LNG 接收站在 2023 年进行进一步的扩展，以接收更多来自全球的 LNG 资源，但这一扩展计划已被取消。然而，东京燃气公司和东京电力公司仍在努力通过这些设施增强日本的能源安全性和多样性，为城市燃气供应提供可靠的保障。

（a）东扇岛LNG 1号接收站

（b）东扇岛LNG 2号接收站

日本东京湾东扇岛 LNG 接收站

3.1.22 日本东京湾千叶县浦市中袖 LNG 接收站

日本东京湾千叶县浦市中袖（Sodegaura）LNG 接收站位于日本千叶县，是由东京燃气公司（Tokyo Gas）和东京电力公司（TEPCO）共同拥有和运营的 LNG 接收和再气化设施。该接收站于 1973 年开始运营，是日本最大的 LNG 接收站之一，具备重要的战略地位。湾千叶县浦市中袖 LNG 接收站的处理能力为 $3270×10^4t/a$，储存能力达 $117×10^4t$。其再气化能力为每年 $41.4×10^8m^3$，能够为关东地区提供稳定的天然气供应。该设施自投运以来，一直保持高效和可靠的运行，通过一套全自动化的操作系统来保障运营安全。除了基本的接收和再气化功能外，湾千叶县浦市中袖 LNG 接收站还负责为邻近的发电厂提供燃料。接收站利用从布鲁内和阿布扎比进口的 LNG 来发电，并通过一系列预防性维护计划和先进的设备诊断技术来确保设备的可靠性和高效运作。2016 年，为了进一步提升设施的存储能力和运营效率，东京燃气公司在千叶县浦市中袖 LNG 接收站新建一个 LNG 储罐，并在 2023 年投入使用。

日本东京湾千叶县浦市中袖 LNG 接收站

3.1.23 日本新潟 LNG 接收站

日本新潟(Niigata)LNG 接收站位于日本新潟县，是由东北电力公司(Tohoku Electric Power)运营的关键能源设施之一。该接收站自 1984 年开始运营，旨在满足新潟及其周边地区的天然气需求。接收站的年处理能力为 $8.9×10^8 t$，主要从阿布扎比、印度尼西亚、马来西亚和卡塔尔进口 LNG。新潟 LNG 接收站的设计和建设由日本三菱重工业股份有限公司负责，从最初的概念设计到 1983 年首次接收 LNG，历时十年。该接收站包含多个先进的储存和再气化设施，以确保高效、安全地处理和供应 LNG。为应对不断增长的天然气需求，国际石油勘探公司(INPEX)于 2009 年在新潟县上越市启动了直江津(Naoetsu)LNG 接收站的建设。该项目通过引入来自澳大利亚和印度尼西亚的 LNG 资源，以满足中长期的天然气供应需求。直江津 LNG 接收站于 2014 年正式投运，进一步增强了日本的能源供应安全性。新潟 LNG 接收站不仅在供应城市燃气方面发挥了重要作用，还通过其高效的运营和环境友好的能源解决方案，减少了二氧化碳(CO_2)和氮氧化物(NO_x)的排放，有助于应对全球气候变化和减少空气污染。

日本新潟 LNG 接收站

3.1.24 日本坂出港 LNG 接收站

日本坂出港（Sakaide）LNG 接收站位于日本四国地区的香川县坂出市，由四国电力公司（Shikoku Electric Power Company）运营。该接收站于 2010 年正式投入运营，主要负责接收和再气化 LNG，以满足当地的能源需求。坂出港 LNG 接收站的储存容量为 $18\times10^4 m^3$，能够处理来自全球各地的 LNG 货物，其中包括来自马来西亚的供应。该接收站的建设由川崎重工业公司（Kawasaki Heavy Industries）全权负责，包括土木工程、机械、电气工程、采购和建设等全方位服务。川崎重工业公司在 2006 年获得了这一总承包合同，施工始于 2007 年，并于 2010 年顺利完工。除了储存和再气化设施外，坂出港 LNG 接收站还设有 LNG 装卸设施和卡车装载设施，这些设施确保了 LNG 的高效处理和运输能力。该接收站主要为四国电力的坂出发电厂提供燃料，支持其电力生产。在运营过程中，坂出港 LNG 接收站不仅保证了当地的能源供应，还通过多样化的 LNG 来源和高效的处理技术，为区域经济发展和环境保护做出了重要贡献。四国电力公司也通过该接收站积极参与全球碳中和 LNG 项目，以减少碳排放，支持可持续能源的使用。

日本坂出港 LNG 接收站

3.1.25 日本长崎 LNG 接收站

日本长崎 LNG 接收站位于日本九州地区的长崎县，由西部燃气公司（Saibu Gas）运营。该接收站于 2003 年开始运营，其主要功能是接收和再气化来自马来西亚等地进口的 LNG。长崎 LNG 接收站设有一个 $3.5\times10^4 m^3$ 的储罐，专门用于存储进口的 LNG。该接收站包括 1 个泊位用于接收 LNG 运输船、1 个再气化设施以及 1 个将 LNG 重新装载到罐车上的接收站，从而使得 LNG 能够分销到更广泛的区域。长崎 LNG 接收站自投入运营以来，通过其高效的处理和分销能力，确保了长崎县及其周边地区的清洁能源供应。该接收站的运营不仅提升了当地的能源安全性，还为区域内的工业和住宅用户提供了稳定的天然气供应。此外,长崎 LNG 接收站的设计紧凑、高效,具备现代化的设施和技术,确保了运营的可靠性和环境友好性。这一项目不仅满足了当前的能源需求,还为未来可能的扩展和升级打下了坚实的基础。

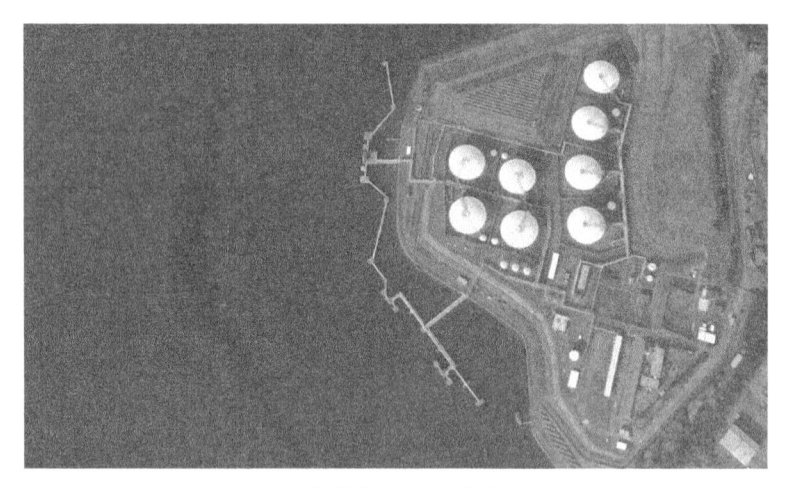

日本长崎 LNG 接收站

3.1.26 日本赤塔知多港 LNG 接收站

日本赤塔知多港(Chita Kyodo)LNG 接收站位于日本中部爱知县,是由中部电力公司(Chubu Electric Power)和东邦燃气公司(Toho Gas)联合运营的重要 LNG 接收设施。该接收站自 1977 年开始运营,主要负责接收和再气化从全球各地进口的 LNG。赤塔知多港 LNG 接收站具备处理能力 $750 \times 10^4 t/a$ 的设施,包括储存和再气化装置,以确保稳定的天然气供应。该接收站最初从印度尼西亚进口 LNG,目前的供应来源包括卡塔尔和其他国家,以满足日本中部地区的能源需求。该接收站配备了多个大型储罐和先进的气化设备,能够高效处理和储存大量的 LNG。自投入运营以来,赤塔知多港 LNG 接收站不断进行扩建和技术升级,以提升处理能力和运营效率。

日本赤塔知多港 LNG 接收站

3.1.27 日本阪堺 LNG 接收站

日本坂堺(Sakai)LNG 接收站位于日本大阪府堺市,是关西电力公司(Kansai Electric Power Company)的第二个 LNG 接收站。该接收站于 2006 年开始运营,是一个设计紧凑、多策略的终端,占地面积小但功能齐全。坂堺 LNG 接收站的建立旨在满足大阪及周边地区的天然气需求,主要用于发电和工业用途,同时还供应液态氢生产。坂堺 LNG 接收站由多个股东共同拥有,包括关西电力公司(70%)、科斯莫石油公司(Cosmo Oil,12.5%)、岩谷公司(Iwatani Corporation,12.5%)和宇部兴产(Ube Industries,5%)。接收站拥有 3 座 $14×10^4m^3$ 的储罐,总储存能力为 $42×10^4m^3$。该接收站在建设时进行了详细的风险评估,以确保其靠近市区的安全性,并将评估结果纳入最终设计中。坂堺 LNG 接收站接收来自多国的 LNG,通过汽化过程转化为天然气,输送给附近的发电厂和工业用户。此外,接收站还通过卡车运输 LNG,并且具备一次装载大型 LNG 油轮的能力,这在 2008 年 5 月进行了一次实验性装载。该接收站不仅在满足能源需求方面发挥重要作用,还在环境保护方面进行了许多努力。关西电力公司通过引入先进的汽化技术,减少了运营过程中的碳排放和环境负担,体现了对环境保护的承诺。

日本阪堺 LNG 接收站

3.1.28 日本千田绿滨 LNG 接收站

日本千田绿滨(Chita-Midorihama Works)LNG 接收站位于日本爱知县千田市,是东邦燃气公司(Toho Gas)运营的 LNG 接收站。该接收站于 2001 年开始运营,并逐步扩展以满足日益增长的天然气需求。千田绿滨 LNG 接收站拥有 2 座 $20×10^4m^3$ 的地下储罐,并新增一个容量为 $22×10^4m^3m$ 的储罐。该接收站的主要功能是接收、存储和气化 LNG,以供应城市燃气管网和附近的发电厂。千田绿滨 LNG 接收站从马来西亚、澳大利亚、印度尼西亚、卡塔尔和俄罗斯等五个国家进口 LNG,以确保燃气供应的多样化和稳定性。在设计和建设过程中,千田绿滨 LNG 接收站采取了先进的安全评估和风险管理措施,以保证其在紧凑的城市区域内安全运行。这些措施包括对潜在事故发生频率的定量计算,并将评估结果纳入最终设计中。

日本千田绿滨 LNG 接收站

3.1.29 日本响滩 LNG 接收站

日本响滩(Hibiki)LNG 接收站位于日本九州福冈县北九州市的响滩区，由西部燃气公司(Saibu Gas)和九州电力公司(Kyushu Electric Power)联合运营，分别持有 90% 和 10% 的股份。该接收站于 2014 年开始运营，是九州地区重要的天然气供应枢纽。响滩 LNG 接收站设有 2 座容量为 $18\times10^4\mathrm{m}^3$ 的储罐，能够接收世界上最大的 LNG 运输船。该接收站每年处理 $240\times10^4\mathrm{t}$ LNG，为北九州的家庭和主要工业用户提供天然气供应。该接收站从多国进口 LNG，包括马来西亚、澳大利亚、印度尼西亚、卡塔尔和俄罗斯，以确保燃气供应的多样性和稳定性。在建设过程中，响滩 LNG 接收站采用了先进的技术和设计，以确保高效运行和低环境影响。未来，该接收站计划扩建，增加 2 座容量为 $23\times10^4\mathrm{m}^3$ 的储罐，预计投资约 360 亿日元(约合 3.27 亿美元)。然而，由于项目推进缓慢，扩建计划可能已被搁置。此外，响滩 LNG 接收站还建设一个 620MW 的 LNG 发电厂，采用联合循环燃气轮机技术，该 LNG 发电厂已于 2023 年开始建设。

日本响滩 LNG 接收站

3.1.30 日本日立 LNG 接收站

日本日立(Hitachi)LNG 接收站位于日本关东地区茨城县的日立港,是东京燃气公司(Tokyo Gas)运营的 LNG 接收站。该接收站于 2016 年 3 月投入运营,初期处理能力为每年 320×10⁴t。日立 LNG 接收站占地面积约 13.5×10⁴m²,拥有 1 座容量为 23×10⁴m³ 的 LNG 储罐和 1 座容量为 5×10⁴m³ 的 LPG 储罐。接收站通过茨城—栃木天然气管道(Ibaraki-Tochigi Gas Pipeline)与东京燃气公司在东京湾地区的其他三个 LNG 接收站(袖浦、根岸、大黑)相连,形成了一个稳定的供应管网。为了满足不断增长的燃气需求,东京燃气公司于 2018 年开始建设第二座 23×10⁴m³ 的 LNG 储罐,该储罐于 2020 年底完工,使接收站的 LNG 处理能力翻倍至每年 640×10⁴t。新增的 LNG 储罐不仅增强了日立 LNG 接收站的储存能力,还支持区域内的工业发展,例如为神户制钢公司(Kobe Steel)在茨城县的燃气发电厂提供燃料。日立 LNG 接收站还设有一个码头,可以处理常规和小型 LNG 运输船,并设有 6 个卡车装载站,为当地的电力站和其他接收站用户提供服务。东京燃气公司还利用 LPG 与 LNG 混合,以生产适合客户需求的高热值燃气,并在运行过程中使用 LPG 作为制冷剂,以减少 LNG 储罐内的蒸发气体生成。

日本日立 LNG 接收站

3.1.31 日本鹿儿岛 LNG 接收站

日本鹿儿岛(Kagoshima)LNG 接收站位于日本九州鹿儿岛市,由日本燃气公司运营。该接收站自 1996 年起投入使用,是九州地区重要的能源基础设施。该接收站的处理 LNG 能力为 20×10⁴t/a,主要从印度尼西亚进口 LNG。作为一个进口和再气化接收站,鹿儿岛 LNG 接收站通过接收 LNG 并将其再气化,以供应周边地区的能源需求。该接收站配备了现代化的 LNG 储罐和接收设施,以确保高效和安全的运营。储罐的设计和建造符合国际标准,能够有效储存和管理 LNG。在建设和运营过程中,鹿儿岛 LNG 接收站采用了先进的环保措施,以减少对环境的影响。鹿儿岛 LNG 接收站不仅为当地居民和工业用户提供稳定的天然气供应,还通过与其他能源设施的联动,增强了九州地区的能源安全性和供应稳定性。该接收站在日本国内以及国际 LNG 市场中都占有重要地位,展示了日本在清洁能源利用方面的先进技术和管理水平。

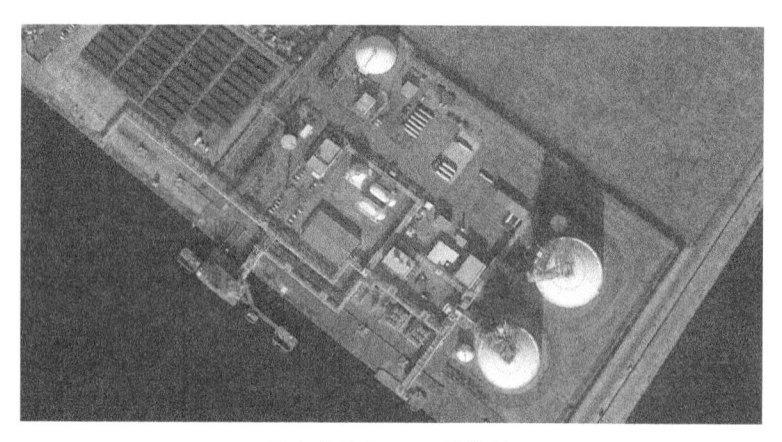

日本鹿儿岛 LNG 接收站

3.1.32 日本新港 LNG 接收站

日本新港(Minato)LNG 接收站位于日本东北地区宫城县仙台市，由仙台市燃气局(City of Sendai Gas Bureau)运营。该接收站于 1997 年投入运营，LNG 年处理能力为 30×10^4 t。新港 LNG 接收站在 2011 年 3 月的大地震和海啸中受损，是日本唯一受此灾害影响的 LNG 接收站。经过八个月的维修后，该接收站于 2011 年 11 月重新投入使用。初期恢复运营时处理能力较小，随后逐步恢复到满负荷运营，以满足仙台市约 36×10^4 户家庭的燃气需求。该接收站不仅为仙台市提供稳定的天然气供应，还在地震和海啸后的能源恢复中发挥了关键作用。

日本新港 LNG 接收站

3.1.33 日本水岛 LNG 接收站

日本水岛(Mizushima)LNG 接收站位于日本冈山县仓敷市，由中国电力公司(Chugoku Electric Power Company)和日本吉坤日矿日石能源公司(JX Nippon Oil & Energy Corporation)

共同拥有和运营。该接收站于 2006 年 4 月投入运营，主要负责接收和再气化 LNG，以供应周边地区的天然气需求。水岛 LNG 接收站最初的设计年处理能力为 430×10⁴t。该接收站在 2011 年扩建以提高处理能力，并在 2014 年迎来了第 100 艘 LNG 运输船，自运营以来已从 10 个不同国家进口 LNG。该接收站的 LNG 主要用于发电和供气，确保区域能源的稳定供应。该接收站采用了一些成本控制和效率提升的技术，例如使用现有炼油厂的海水系统来提供 LNG 气化所需的热源，从而减少了建设和运营成本。此外，还采用了蒸汽喷射式气化器作为备用系统，以确保在海水系统发生故障时依然可以稳定供气。水岛 LNG 接收站不仅在日本国内的能源供应中发挥着重要作用，还展示了先进的技术和管理水平，为其他地区的 LNG 接收站建设提供了经验和参考。

日本水岛 LNG 接收站

3.1.34 日本直江津 LNG 接收站

日本直江津(Naoetsu) LNG 接收站位于日本新潟县上越市的直江津港，由日本国际石油开发株式会社(INPEX Corporation)运营。该接收站于 2013 年 12 月投入运营，主要用于满足日本日益增长的 LNG 需求。直江津 LNG 接收站占地面积约 25×10⁴m²，拥有 2 座地上储罐，每个储罐的容量为 18×10⁴m³。该站每年可处理 150×10⁴t LNG，相当于约 500 万户家庭的年用气量。该接收站配备了一座能够接收 21×10⁴m³ 级 LNG 运输船的泊位，以及气化装置和热值调整设施。日本国际石油开发株式会社(INPEX)投资约 8.6 亿美元用于该项目的建设和土地购置。直江津 LNG 接收站不仅为东京及周边八个县提供天然气，还通过 1400km 的管道管网连接至东京燃气公司的其他设施，从而增强了区域天然气供应的稳定性。此外，该接收站还从日本国际石油开发株式会社在澳大利亚依系项目(Ichthys)和印度尼西亚的阿巴迪项目进口 LNG。通过这些项目，日本国际石油开发株式会社能够确保长期稳定的天然气供应，并在应急情况下与中部电力公司(Chubu Electric Power Company)的上越火力发电厂共享 LNG 储备，以提高运营稳定性。

日本直江津 LNG 接收站

3.1.35 日本新居滨 LNG 接收站

日本新居滨(Niihama)LNG 接收站位于日本四国岛的爱媛县新居滨市，由东京燃气工程解决方案公司(Tokyo Gas Engineering Solutions)、住友化学公司(Sumitomo Chemical)、住友电气公司(Sumitomo Electric Power)、四国电力公司(Shikoku Electric Power)和四国燃气公司(Shikoku Gas)联合运营。新居滨 LNG 接收站占地面积约 $23 \times 10^4 m^3$，拥有一个巨大的 LNG 储罐。该接收站的年处理能力为 $100 \times 10^4 t$ LNG，主要供应新建的 150MW 联合循环燃气轮机电厂，以及住友化学公司的爱媛工厂。该接收站于 2022 年 3 月开始商业运营，其建设项目总成本约为 700 亿日元(约 6.6 亿美元)。新居滨 LNG 接收站不仅为当地的工业用户提供了稳定的天然气供应，还通过减少对煤炭的依赖，推动了环保目标的实现。住友化学公司计划逐步将其爱媛工厂的能源来源从重油和煤炭转向 LNG，以实现到 2030 年减少 $65 \times 10^4 t$ CO_2 排放的目标。

日本新居滨 LNG 接收站

3.1.36 日本袖师 LNG 接收站

日本袖师(Sodeshi) LNG 接收站位于日本中部地区的静冈县清水湾,由静冈燃气公司(Shizuoka Gas)和日本恩来公司(ENEOS)共同运营。该接收站自 1996 年投入运营,主要负责接收和再气化 LNG,以供应周边地区的天然气需求。袖师 LNG 接收站的年处理能力为 290×10^4 t,配备了 $23\times10^4 m^3$ 的 LNG 储罐。该接收站进行了多项升级,包括 2017 年完成的 LNG 重新装载设施,使其成为日本第一个定期进行 LNG 重新装载的设施。此举不仅提高了设施的灵活性,还使得静冈燃气能够在全球 LNG 市场中更具竞争力。该接收站不仅服务于当地居民和工业用户,还通过与马来西亚等国签订 LNG 采购协议,确保了长期稳定的天然气供应。此外,静冈燃气公司还通过重新装载和转售多余的 LNG,以降低采购成本,并适应日本日益开放的燃气市场。

日本袖师 LNG 接收站

3.1.37 日本富山新港 LNG 接收站

日本富山新港(Toyama Shinko) LNG 接收站位于日本富山县,是北陆电力公司(Hokuriku Electric Power Company)运营的重要 LNG 设施。该接收站于 2018 年开始运营。富山新港 LNG 接收站位于富山湾沿岸,拥有一个容量为 $18\times10^4 m^3$ 的储罐,LNG 年处理能力为 180×10^4 t。该接收站的建设是为了替代老旧的煤炭发电设施,提供更清洁的能源来源。接收站从马来西亚的宾图鲁 LNG 综合体进口 LNG,运输船为 Seri Amanah 号膜式罐船。为了确保 LNG 的稳定供应,北陆电力公司与马来西亚 LNG 公司(MLNG)签订了一项为期十年的销售协议,每年将接收 6 批 LNG 货物,这些 LNG 主要用于满足新建的 424.7MW 联合循环燃气轮机电厂的燃料需求。富山新港 LNG 接收站的建设和运营不仅显著提升了该地区的能源供应安全性,还推动了更环保的能源转型。北陆电力公司的这一举措体现了其在减少碳排放和提升能源效率方面的承诺。

日本富山新港 LNG 接收站

3.1.38　日本吉之浦 LNG 接收站

日本吉之浦(Yoshinoura) LNG 接收站位于日本冲绳县，由冲绳电力公司(Okinawa Electric Power Co. Inc.)运营。该接收站于 2012 年开始运营，旨在满足冲绳地区不断增长的天然气需求，并支持当地的能源转型和环境保护目标。吉之浦 LNG 接收站的年处理能力为 80×10^4 t，拥有一个大型储罐和相关的接收、再气化设施。该接收站的 LNG 主要来自澳大利亚的高更项目。自运营以来，该接收站一直在为冲绳地区的家庭和工业用户提供可靠的天然气供应，并为当地的发电厂提供燃料。吉之浦 LNG 接收站配备了先进的技术和设备，确保高效和安全运行。该接收站在 2012 年 5 月接收了第一批来自澳大利亚的 LNG 货物，标志着其正式投入使用。

日本吉之浦 LNG 接收站

3.2 韩国 LNG 项目

3.2.1 韩国光阳 LNG 接收站

韩国光阳(Gwangyang)LNG 接收站项目是位于韩国全罗南道的 LNG 进口和再气化接收站,由浦项制铁能源公司拥有,产能为 310×10^4 t/a,于 2005 年投入使用,并通过扩建将其进口能力提高到 520×10^4 t/a。浦项制铁能源公司总共运行 1~5 号储罐,总存储容量为 73×10^4 m³,之后建设了第六个容量为 20×10^4 m³ 的 LNG 储罐。光阳 LNG 接收站是韩国唯一的私营 LNG 接收站,其 4 个储罐可储存 53×10^4 m³ 的 LNG,在韩国和海外都有客户。早在 2004 年 7 月,浦项制铁能源公司就率先签订了进口印度尼西亚塘沽气田生产的 LNG 合同,并在 2005 年建成了光阳 LNG 接收站。另外,浦项制铁能源公司与雷曼兄弟公司(LEH)合作建设的 2 座储罐计划在 2025 年建成,届时,浦项制铁能源公司在光阳地区将拥有 8 座 LNG 储罐,从而具备约 133×10^4 m³ 的 LNG 存储能力。

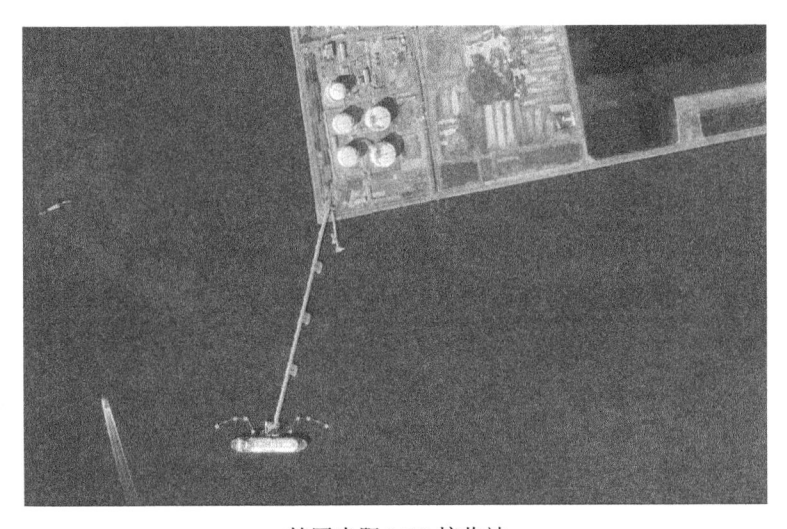

韩国光阳 LNG 接收站

3.2.2 韩国保宁 LNG 接收站

韩国保宁(Boryeong)LNG 接收站位于韩国忠清南道保宁,该接收站包括 3 个 20×10^4 m³ 的 LNG 储罐,1 个 4.5×10^4 t 液化石油气罐和 1 个再气化工厂。韩国 GS 工程建设公司(GS Engineering & Construction Corp)获得了保宁 LNG 接收站 4110 亿韩元(2.85 亿欧元)合同,以建造 LNG 接收站,并举行了合同签署仪式。该项目总投资额为 7590 亿韩元,此外,韩国 SK 工程建设公司还获得了 3480 亿韩元的合同。

韩国保宁 LNG 接收站

3.2.3 韩国仁川 LNG 接收站

韩国仁川(Incheon)LNG 接收站由韩国天然气公司(KOGAS)建造,于1996年开始运营,拥有3个储罐,每个储罐容量为 $10\times10^4 m^3$,再气化能力为360t/h,内罐直径为68m,外罐直径为70m,高度为36m,最大液位为29.94m。该储罐由一个混凝土圆顶、钢板和悬浮甲板以及预应力混凝土墙组成,含9%镍的不锈钢初级膜。到2004年,该接收站已为韩国仁川市区提供 $1400\times10^4 t/a$ 的天然气。为了满足日益增长的LNG需求,该接收站一直在不断扩建,使得该码头的再气化能力达到3870t/h。截至2023年,该接收站共运营22个LNG储罐,其中10个地上储罐和12个地下储罐,总存储容量为 $300\times10^4 m^3$,12个地下储罐中有2个容量为 $20\times10^4 m^3$,由现代工程公司(HEC)建造,于2009年6月建成。

韩国仁川 LNG 接收站

3.2.4 韩国统营 LNG 接收站

韩国统营(Tong-Yeong)LNG 接收站位于韩国庆尚南道,由韩国天然气公司运营。该接收站于2002年开始运营,储存能力为 $121\times10^4 t$,再气化能力为 $228\times10^8 m^3$。韩国天然气

— 70 —

公司(KOGAS)是一家垂直整合的天然气公司，在天然气行业的上游，中游和下游领域开展业务，进行勘探、生产和分销天然气。

韩国统营 LNG 接收站

3.2.5 韩国平泽 LNG 接收站

韩国平泽(Pyeong-Taek)LNG 接收站于 1987 年建成，是韩国第一个 LNG 接收站，也是韩国京畿道的 LNG 进口接收站。它由韩国天然气公司(KOGAS)拥有和运营。LNG 是由于 1979 年的第二次石油危机而引入的，迫使政府减少对液化石油气进口的依赖。平泽 LNG 接收站于 1983 年建成，其标准再气化能力为 2730×10^4t/a，峰值气化能力为 3636t/h，容量为 3010×10^4t/a。

韩国平泽 LNG 接收站

3.2.6 韩国三陟 LNG 接收站

韩国三陟(Samcheok)LNG 接收站生产基地的建设于 2006 年确认，并于 2010 年开始。该接收站的第一期工程包括 1 个占地面积为 33×10^4m^2 的填海场，1 个全长 1.8km 的防波堤及 1 个可容纳 12.7×10^4t LNG 运输船的泊位，还包括一个水道和转弯池，3 个 20×

$10^4 m^3$ LNG 储罐和最大 780t/h 的 LNG 浸没式燃烧蒸发器。韩国天然气公司投资近 1.19 亿美元完成终端建设。第二期和第三期工程分别于 2016 年和 2017 年完工。三陟 LNG 接收站终端是韩国天然气公司的第四个进口终端,将拥有 12 个储罐。2015 年底完成 3 个储罐的建设,2016 年 6 月底完成另外 3 个储罐,其余 3 个储罐于 2017 年 5 月底完工。三陟 LNG 接收站的储存能力为 120×10^4 t,再气化能力为 $14790\times10^8 m^3/a$。

韩国三陟 LNG 接收站

3.2.7 韩国济州 LNG 接收站

韩国济州(Jeju Aewol) LNG 接收站是韩国济州岛建设的 LNG 接收站。经过七年的建设,于 2019 年 11 月竣工,2019 年 12 月开始运营。济州岛于 2007 年被选为 LNG 储罐的地点。韩国天然气公司已投资 4.6 亿美元,以便完成济州 LNG 接收站的建设。济州 LNG 接收站由 2 个 $8\times10^4 m^3$ 的 LNG 储罐和 1.1986km 的管道组成。在济州 LNG 接收站之前,平泽 LNG 接收站、仁川 LNG 接收站、统营 LNG 接收站和三陟 LNG 接收站都在运营。济州岛现在有条件通过济州 LNG 接收站的建设顺利供应天然气,当时它是韩国 12 个省市中唯一无法接收天然气的城市。

韩国济州 LNG 接收站

3.3 印度尼西亚 LNG 项目

3.3.1 印度尼西亚邦坦 LNG 项目

邦坦(Bontang)LNG 工厂位于印度尼西亚邦坦的东加里曼丹,由邦坦天然气公司(PT Badak)运营。1972 年在东加里曼丹 Badak 油田以及 Samberah 油田、Nilam 油田和 Mutiara 油田发现的巨大储量天然气,于是开始了邦坦 LNG 工厂的建设,并于 1977 年建成投入运营。该工厂拥有 8 套液化工艺装置,年处理能力为 2164×10^4 t。另外,邦坦 LNG 工厂的加工系统于 2004 年进行了现代化改造,配备了自动化和其他设备(气相色谱仪,分析仪,自动化系统,新布线等),以提高 LNG 工厂的生产率。到 2004 年,邦坦 LNG 工厂的产量增加到 2459×10^4 t/a,但由于生产领域的供应问题,产量很快下降。经营该工厂的印度尼西亚国家石油公司(Pertamina)于 2005 年 6 月开始第九套液化装置的建造,千代田公司提供了设计合同,第九套液化装置是该工厂一系列扩建计划中的最新的一套,已建造完成。

印度尼西亚邦坦 LNG 项目

3.3.2 印度尼西亚东基—塞诺罗 LNG 项目

东基—塞诺罗(Donggi-Senoro)LNG 项目是在印度尼西亚中苏拉威西岛附近建造的一座 LNG 工厂。该工厂的 LNG 产能为 200×10^4 t/a 和相关凝析油。该项目由东基—赛诺罗液化天然气公司执行。东基—赛诺罗 LNG 工厂总投资为 29 亿美元,于 2015 年 6 月投产,并于 2015 年 8 月向阿伦 LNG 接收站供应了第一批 LNG 货物。东基—赛诺罗 LNG 项目设计来自日本,韩国和印度尼西亚三个国家的公司。东基—赛诺罗液化天然气公司成立于 2007 年 12 月,是日本三菱商事、印度尼西亚国家石油公司和印度尼西亚石油公司(Medco)的合资企业。2011 年 1 月该项目做出最终投资决定,根据这一决定,日本三菱商事成立了一个名为苏拉威西 LNG 开发公司(Sulawesi LNG Development)的特殊项目公司,并持有该公司 75% 的权益。韩国天然气公司于 2011 年成为该项目的合作伙伴,持有剩余 25% 的权益。日本三菱商事和韩国天然气公司通过苏拉威西 LNG 开发公司持有东基—赛诺罗 LNG 项目 59.9% 的权益。印度尼西亚国家石油公司持有该项目 29% 的股份，印度尼西亚石油公司持有 11.1% 的股份。

印度尼西亚东基—赛诺罗 LNG 项目

3.3.3 印度尼西亚东固 LNG 项目

东固（Tangguh）LNG 项目是一个集 LNG 生产和销售的项目，印度尼西亚政府作为承包商。英国石油公司（BP）是东固 LNG 项目的运营商，是印度尼西亚石油和天然气监管机构（BPMIGAS）的 PSC 承包商。2003 年，随着印度尼西亚国家石油公司（Pertamina）从监管机构转变为独立公司，LNG 工厂的运营权从印度尼西亚国家石油公司移交给英国石油公司。该项目通过开发位于西巴布亚宾图尼湾的 Wiriagar 气田、Berau 气田和 Muturi 气田来生产 LNG。该项目于 2009 年开始运营，现有的 2 套 LNG 液化装置，每年各自生产 380×10^4 t LNG。2023 年建设完成了第三条年产能为 380×10^4 t LNG 液化生产线，使工厂总产能达到 1140×10^4 t/a。东固 LNG 项目通过开采 Tangguh 油田，将天然气加工成 LNG 并将其装载运输。该项目包括 2 个无人海上生产平台，从储气层泵送天然气，然后通过海底管道将其输送到丹那美拉村所在地宾图尼湾的 LNG 工厂。

印度尼西亚东固 LNG 项目

3.3.4 印度尼西亚西爪哇 LNG 项目

西爪哇 LNG 项目，是印度尼西亚西爪哇雅加达的一个运营 LNG 接收站，所有者为印度尼西亚国家石油公司(Pertamina,占股60%)和印度尼西亚国家天然气公司(PGN,占股40%),于2012年开始运营,产能为每年380×10⁴t。该接收站永久停泊在西爪哇近海15km处的专用系泊上。西爪哇LNG项目能够储存12.5×10⁴m³的LNG,并通过管道输送高达380×10⁴t/a的再气化LNG。该项目将为印度尼西亚国家电力公司(PLN)拥有和运营的两座发电厂提供燃料。

印度尼西亚西爪哇LNG项目

3.3.5 印度尼西亚楠榜LNG接收站

楠榜(Lampung)LNG接收站是位于印度尼西亚苏门答腊岛东南海岸楠榜省离岸约16km处的浮式储存和再气化装置(FSRU),由霍格液化天然气合作伙伴(Höegh LNG Partners)拥有,于2014年7月开始运营。霍格液化天然气合作伙伴是一家运营和收购浮式存储和再气化装置(FSRU)、液化天然气运输船和其他液化天然气基础设施资产的公司。该公司成立于2014年,总部位于百慕大。楠榜LNG接收站容量为250×10⁴t/a,最大再气化LNG的输送能力为1000×10⁴m³/d。该接收站早期为北苏门答腊的棉兰浮动LNG终端,然后搬迁到楠榜。2020年7月,印度尼西亚天然气公司(PGN)进一步发展楠榜LNG接收站,作为区域天然气配送中心的一部分。

印度尼西亚楠榜LNG接收站

3.3.6　印度尼西亚阿伦 LNG 接收站

阿伦（Arun）LNG 接收站是印度尼西亚苏门答腊的 LNG 接收站。它以前是一个 LNG 出口接收站，但后来被重新用作 LNG 进口接收站。所有者为印度尼西亚国家石油公司（Pertamina，占 70%）和亚齐地区政府（Aceh Regional Government，占 30%）。阿伦 LNG 接收站拥有 6 套 LNG 液化装置，总容量为每年 1250×10⁴t，出口接收站于 2014 年因原料气不足而关闭，现在阿伦 LNG 接收站被用作 LNG 进口接收站。该接收站于 2015 年收到了第一批 LNG，容量为 300×10⁴t/a。2020 年 10 月，印度尼西亚国家石油公司与伊顿纳土纳能源有限公司（PT Natuna Eton Energy）签署了文件，在阿伦 LNG 接收站再建造 2 个储罐。该接收站于 2020 年开始卡车装载服务。

印度尼西亚阿伦 LNG 接收站

3.3.7　印度尼西亚爪哇岛 1 号 LNG 接收站

爪哇岛 1 号（Jawa-1）LNG 接收站项目，是一个 1760MW LNG 发电项目，位于印度尼西亚爪哇岛西爪哇省的西拉马雅（Cilamaya）。该项目耗资 18 亿美元，拥有 1 个联合循环燃气轮机（CCGT）发电厂、1 个液化天然气浮式储存和再气化装置（FSRU）、1 条 500kV 输电线路和一个变电站。该 LNG 接收站发电项目被认为是东南亚最大的燃气电厂之一，也是亚洲第一个在单个项目中与 FSRU 集成的燃气电厂。综合液化天然气发电项目由爪哇特殊目的财团（Jawa Satu Power）承担，该财团是印度尼西亚国家能源公司（40%）、丸红（40%）和双日（20%）的合资企业。该项目在 2018 年底完成财务结算后立即破土动工。从 2021 年起，该工厂将为 1100 万印度尼西亚家庭供电，同时支持该国到 2024 年实现 100% 电气化的目标。

2016 年，印度尼西亚国家石油公司招标了印度尼西亚西爪哇省的西拉马雅的第四台浮式储存和再气化装置（FSRU），以进口 60×10⁴t 天然气。这艘 FSRU 船的 LNG 储存货物容量为 17×10⁴m³，再气化装置容量为每天 850×10⁴m³。内部有 4 个再气化单元，每个单元的容量为 280×10⁴m³，可以连续再气化 LNG。该项目耗资约 1 亿美元，由亚洲开发银行（ADB）、日本国际银行（JBIC）和日本投资出口（NEXI）的贷款提供资金。另一小部分资金将由 SPV 财团的股权投资提供。

印度尼西亚爪哇岛 1 号 LNG 接收站

3.3.8 印度尼西亚贝诺瓦 LNG 接收站

贝诺瓦(Benoa)LNG 接收站，也称为巴厘岛 LNG 接收站，是印度尼西亚巴厘岛巴东的液化天然气接收站，贝诺瓦 LNG 接收站是世界上第一个小型浮式储存及再气化装置。2016 年 3 月，韩国加斯恩特工程公司表示，已在巴厘岛贝诺瓦港交付了容量为 $140 \times 10^4 m^3$ 的小型巴厘岛浮式储存和再气化装置(FSRU)。该接收站是印度尼西亚小型 LNG 进口接收站的一部分，将为印度尼西亚佩林多能源物流公司(Pelindo Energi Logistik)运营的 200MW 发电厂提供服务。

印度尼西亚贝诺瓦 LNG 接收站

3.4 卡塔尔 LNG 项目

卡塔尔的天然气工业虽然起步比较晚，但其发展速度比较快。卡塔尔对外贸易的主要航线有 3 条，分别是马六甲路线、苏伊士航线、地中海航线，其中最便捷的是苏伊士航线。伴随 LNG 贸易的发展，卡塔尔已建成世界上最大的天然气贸易港。卡塔尔制定了欧、美、亚太三分天下的 LNG 出口策略，并坚持 LNG 与原油等热值的价格策略。卡塔尔是全球主要的天然气出口国和生产国之一，还是全球最大的 LNG 生产国和出口国之一。2016 年卡塔尔出口 LNG 约 7720×10^4 t，出口量占据全球市场 30% 的份额。

2018 年，在全球最大 LNG 液化产能地位被澳大利亚超越之后，卡塔尔于 2019 年底宣布再建 2 条大型 LNG 生产线，其 LNG 产能将在 2027 年达到每年 1.26×10^8 t，重回全球行业领军地位。为优化 LNG 出口业务，卡塔尔石油公司早在 2018 年即对其旗下卡塔尔天然气运营公司(Qatar Gas)和拉斯拉凡天然气公司(Ras Gas)合并重组，新成立卡塔尔天然气公司，统一经营天然气业务。该公司 2018 年出口天然气 1048×10^8 m³，运营 14 条 LNG 生产线，产能共计每年 7700×10^4 t，是全球最大的 LNG 生产商。2020 年卡塔尔石油公司宣布，将在未来 10 年之内建造超过 100 艘 LNG 船，以支持其最大气田——北方气田 LNG 产能扩建项目。近年来，卡塔尔不断扩大其 LNG 生产能力，引领中东乃至全球天然气产业发展的雄心越发明显。据预测，到 2040 年卡塔尔将重回全球最大 LNG 出口国位置，其 LNG 供应量占全球比重约 21%。卡塔尔还与埃克森美孚、壳牌、道达尔等国际大石油公司合作密切，埃克森美孚在 12 条卡塔尔 LNG 生产线中占有股权，权益产能达到每年 1530×10^4 t。卡塔尔石油公司与埃克森美孚以 7∶3 的股比参与投资美国 Golden Pass LNG 项目，于 2022—2023 年投产，该项目 LNG 出口能力约 1600×10^4 t/a。卡塔尔与中国的天然气合作当前处于机遇期，两国天然气合作仅集中在天然气贸易领域。2018 年，卡塔尔出口给中国 LNG 127×10^8 m³，占天然气总进口量的十分之一。2021 年 2 月，卡塔尔石油公司(Qatar Petroleum)批准了北部油田东(NFE)项目，耗资 287.5 亿美元，该项目将把卡塔尔的 LNG 年产能从 7700×10^4 t 提高到 1.1×10^8 t，预计 2025 年第四季度投产，并成为全球近几年来这个行业的最大投资项目之一。

3.4.1 卡塔尔 LNG 项目

卡塔尔天然气 1 号(QG1)项目成立于 1984 年，由 3 套液化装置组成，合作伙伴有卡塔尔石油(65%)，埃克森美孚(10%)，道达尔(10%)，三井(7.5%)，丸红(7.5%)。该项目有 3 条生产线，每条年产 320×10^4 t LNG，LNG 船共 11 艘，每艘载重约 13.5×10^4 m³；天然气生产平台共 3 座，一条 32in 海底管道；日产量原料气(Raw Gas) 4500×10^4 m³，凝析油 5.1×10^4 bbl/d；1996 年 12 月，第一艘船开始出口运往日本和西班牙。

卡塔尔天然气 2 号(QG2)项目是当时世界上第一个完全整合的价值链 LNG 企业。该项目包括 2 套世界级的 LNG 巨型液化装置(4 号液化装置和 5 号液化装置)，每套的 LNG 产能为 780×10^4 t/a，液化石油气(LPG)的产能为 85×10^4 t/a，凝析油产量为每天 9×10^4 bbl。4 号液化装置的 LNG 生产于 2009 年 3 月开始，而 5 号液化装置于 2009 年 9 月投入运营。作为拉斯拉凡(Ras Laffan)产能扩张的一部分，卡塔尔天然气 2 号项目还将扩建 LNG 储存和装载设施的建设，包括 5 个 14.5×10^4 m³ 的储罐和 3 个 LNG 泊位，一个每天 1.2×10^4 t 的普通硫系统，为所有拉斯拉凡企业提供服务，以及 1 个出口管道和系泊浮标，用于在离岸约 55km 处装载凝析油船。4 号生产线合作伙伴为卡塔尔石油(70%)和埃克森美孚(30%);5号生产线合作伙伴为卡塔尔石油(65%)、埃克森美孚(18.3%)和道达尔(16.7%)。

卡塔尔天然气3号(QG3)项目涉及建造新的LNG巨型液化装置(6号液化装置),容量为$780×10^4$t/a。6号液化装置于2010年11月开始生产。卡塔尔天然气3号项目每天生产$3960×10^4 m^3$的天然气,输送LNG以及大量凝析油和液化石油气。卡塔尔天然气3号项目生产的LNG由10艘船组成的船队运输到市场,每艘船的容量约为$21×10^4$~$26.6×10^4 m^3$。上游平台和基础设施包括3个无人平台、33口井、2条海底管道和3口用于废水处理的陆上注入井,所有这些都与卡塔尔天然气4号项目共享。合作伙伴为卡塔尔石油公司(68.5%)、康菲国际石油有限公司(30%)和三井物产株式会社(1.5%)。

卡塔尔天然气4号(QG4)项目于2011年1月开始生产LNG。该项目涉及建造一个新的LNG巨型液化装置(7号液化装置),类似与卡塔尔天然气2号项目和卡塔尔天然气3号项目一样,生产能力为$780×10^4$t/a。合作伙伴为卡塔尔石油公司(70%),皇家荷兰壳牌石油公司(30%)。

卡塔尔LNG项目

8号液化装置、9号液化装置将于2026年开始建设,预计生产能力分别可达到$780×10^4$t/a,其中所有权占有卡塔尔能源公司(100%)。10号液化装置、11号液化装置将于2027年开始建设,预计生产能力可达到$780×10^4$t/a,其中所有权占有卡塔尔能源公司(100%)。

3.4.2 卡塔尔拉斯拉凡LNG项目

卡塔尔拉斯拉凡(RasGas)LNG1期项目与卡塔尔LNG项目类似,拉斯拉凡LNG项目也是一个上下游一体化的天然气液化项目,卡塔尔政府指派给该项目的天然气储量约为$3090×10^8 m^3$。由卡塔尔石油公司(63%)、埃克森美孚(25%)、KORAS(由韩国天然气公司、三星、现代、LG和SK等韩国公司组建的合资公司,5%)、伊藤忠商社(4%)和日本LNG公司(3%)共五家公司合资参与建设。该项目由2条单线产能为$330×10^4$t/a的液化生产线组成,2条生产线分别于1999年4月、2000年3月相继投产,项目产出的LNG主要销往韩国市场,部分销往印度。这2条生产线是拉斯拉凡公司最早的2条陆上LNG生产线,年产能为660×10^4t,生产线包括天然气接收与处理装置、凝析油稳定装置、气体液化装置、硫黄回收与装车设施和所有必须设施与控制系统。

卡塔尔拉斯拉凡LNG项目

拉斯拉凡LNG2期项目的股东包括卡塔尔石油公司、埃克森美孚和台湾中油股份有限公司。该项目由3条单线产能为470×10^4t/a的液化生产线构成。卡塔尔政府指派给该项目的天然气储量约为$5380\times10^8 m^3$。2003年12月,项目第一条生产线提前开始调试。2004年1月,该生产线首船产出的LNG运往印度LNG接收站。此后第二条、第三条生产线分别于2005年7月、2006年12月投产,均比原计划略有提前。2007年3月,拉斯拉凡LNG2期项目进入满负荷运营状态。产出的LNG主要销往印度和亚太市场,部分销往欧洲市场。2008年9月,台湾中油股份有限公司得到了该项目第三条生产线5%的权益,即约为整个项目1.7%的权益,从而成为拉斯拉凡天然气2期项目的股东之一。

拉斯拉凡天然气3期项目股东为卡塔尔石油公司和埃克森美孚。卡塔尔政府指派给该项目的天然气储量约为$6800\times10^8 m^3$。该项目共建设2条单线产能为780×10^4t/a的LNG生产线。2条生产线分别于2009年8月和2010年2月投产,使拉斯拉凡的LNG年生产量达到了3630×10^4t。项目产出的LNG主要销往美国和亚太市场。

3.4.3 卡塔尔海湾LNG项目

卡塔尔海湾(Al-Khaleej)LNG项目的一期工程(AKG-1)于2005年开始试运行,2006年11月正式投产。该项目投资超过12亿美元,一期工程日产天然气$2120\times10^4 m^3$,还有凝析油和液化石油气(LPG),产品通过管道供应本地厂家(卡塔尔能源公司、拉斯拉凡发电厂、羚羊气转油厂和各个石化厂),也有部分可供出口。一期工程的天然气来自北方气藏的几个采气平台,通过2条38in的海底管线运输至拉斯拉凡工业城,每条管道输气量可达每日$5660\times10^4 m^3$,除了满足海湾一期工程项目外,剩余天然气输送至拉斯拉凡公司3号、4号和5号LNG生产线。

卡塔尔海湾 LNG 项目

二期工程(AKG-2)于 2009 年 12 月完工，对应的 2 座新建海洋生产平台日产天然气约 $4250\times10^4m^3$。二期工程设计日产可供出售天然气 $3700\times10^4m^3$、凝析油 61000bbl、天然气 2400t 和乙烷 2500t，新建的 2 座生产平台为陆上二期工程项目液化厂提供原料。

3.4.4 卡塔尔巴尔赞 LNG 项目

卡塔尔巴尔赞 LNG 项目是一个重要的项目，将维持和推动卡塔尔正在进行的和未来的重大基础设施项目。这个耗资 10 亿美元的项目涉及海上和陆上开发，由卡塔尔天然气和埃克森美孚的合资企业拉斯拉凡实施。该项目的海上开发区位于波斯湾拉斯拉凡工业城海岸约 80km 处，分三个阶段开发。第一阶段的天然气生产能力为 $283\times10^4m^3/d$，而第二阶段的生产能力为 $566\times10^4m^3/d$，第三阶段的生产能力为 $2040\times10^4m^3/d$。陆上设施分两期建设，这两个加工系统每天生产约 $283\times10^4m^3$ 的气体，这将使拉斯拉凡的总生产能力提高到 $1130\times10^4m^3/d$，并使其成为世界上最大的单一气体加工商之一。

卡塔尔巴尔赞 LNG 项目

3.5 印度 LNG 项目

3.5.1 印度达赫杰 LNG 接收站

印度达赫杰(Dahej)LNG 接收站是印度古吉拉特邦达赫吉的 LNG 接收站，所有者是佩特罗内特 LNG 有限公司，容量为 $1500×10^4$ t/a。该接收站是印度第一个 LNG 接收站和再气化设施。该接收站于 2004 年投入使用，拥有 2 个 $14.8×10^4$ m^3 的储罐和 $500×10^4$ t/a 的接收能力。于 2009 年进行了第二阶段的建设，主要新建 2 个额外的储罐，将接收能力增加到 $1000×10^4$ t/a。2016 年进行了第三阶段建设，又增加了 2 个额外的储罐，并将接收能力从 $1000×10^4$ t/a 提高到 $1500×10^4$ t/a。2018 年 12 月，印度国有天然气进口商(Petronet)宣布将投资 3.16 亿美元，在未来两三年内将其在古吉拉特邦达赫杰 LNG 接收站容量从每年 1500 $×10^4$ t 扩大到 $2000×10^4$ t，扩建工程于 2019 年 6 月投入使用。

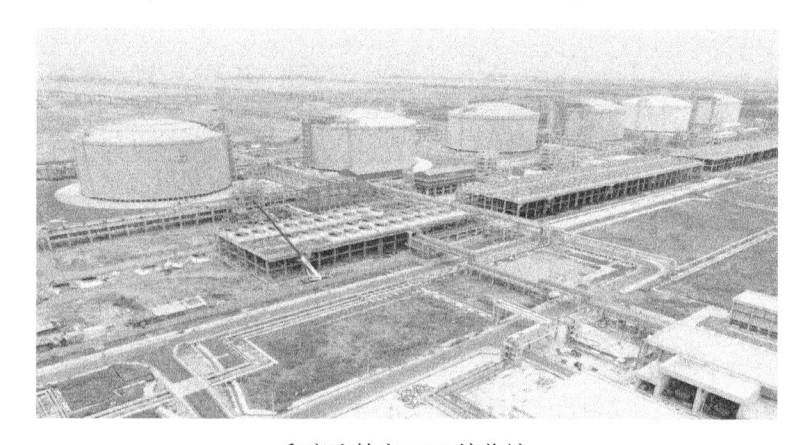

印度达赫杰 LNG 接收站

3.5.2 印度哈吉拉 LNG 接收站

印度哈齐拉(Hazira)LNG 接收站的建设于 2001 年 8 月开始，于 2005 年和 2006 年分两个阶段完成，耗资 6.41 亿美元，位于印度古吉拉特邦的苏拉特区，占地面积为 $36×10^4$ m^2，每年可输送 $2.5×10^4$ t LNG。壳牌哈兹拉港是荷兰皇家壳牌的子公司，负责经营该接收站，并拥有该接收站 74% 的权益，法国油气巨头道达尔(Total)持有剩余的 26% 权益。2010 年 7 月，壳牌宣布哈齐拉 LNG 接收站将开放给其他公司使用。古吉拉特邦石油公司成为首批使用该接收站的少数几家公司之一。该设施拥有一个 LNG 再气化终端，设计容量为 $500×10^4$ t/a 的 LNG。根据市场需求，产能可以扩大到 $1000×10^4$ t 的 LNG。该设施还具有 2 个全密封低温罐，每个容量为 $16×10^4$ m^3。储罐直径为 80m，高为 40m，它们可以在 -165℃ 的温度下储存 LNG。

印度哈吉拉 LNG 接收站

3.5.3　印度恩诺尔 LNG 接收站

印度恩诺尔(Ennore)LNG 接收站项目是由印度石油公司(90%)和泰米尔纳德邦工业发展公司(10%)在印度泰米尔纳德邦金奈附近的恩诺尔港口共同建设的接收站,该项目涉及 LNG 进口接收站的建设,包括建设一个 $500×10^4$t 再气化接收站和两个 $18×10^4 m^3$ 的 LNG 储罐。2013 年 12 月,印度环境和森林部授予沿海监管区(CRZ)用于开发再气化接收站。国际奥委会(IOC)发布了两个 LNG 储罐的建设招标,提交截止日期为 2013 年 10 月 15 日,后来延长至 2014 年 10 月 27 日。2015 年 3 月 3 日,国际奥委会重新发布了 2 个 LNG 储罐合同的新招标。2015 年 6 月,国际奥委会将合同授予日本三菱重工业股份有限公司建造 2 个 LNG 储罐,施工于 2015 年 8 月开始。2016 年 6 月,阿美科福斯特惠勒(Amec Foster Wheeler)获得了 LNG 再气化和海洋进口设施的项目监督合同。此外,公司将承担整个项目的项目管理咨询工作。2017 年 2 月,该项目已从印度国家银行获得 4.3 亿美元贷款。2017 年 6 月,美国查特工业公司(Chart Industries Inc)的子公司被指定为该项目提供低温处理设备,将提供一套热交换器,包括 30 个强制通风环境空气蒸发器(FDV)和 6 个大型管壳式单元。2018 年 5 月,92%的建设工作完成,该设施于 2018 年 8 月进行试运行,并在 2018 年 10 月投入使用。

印度恩诺尔 LNG 接收站

3.5.4 印度蒙德拉 LNG 接收站

印度蒙德拉(Mundra)LNG 接收站是印度古吉拉特邦的第三个 LNG 进口接收站,该接收站由海运天然气公司(GLL)开发。海运天然气公司是古吉拉特邦石油公司(GSPC,50%)和印度企业集团(Adani-Enterprises,50%)的合资企业。蒙德拉 LNG 接收站将使印度进口天然气的容量翻一番,同时满足印度西部和北部地区对天然气日益增长的需求。该项目于 2014 年 3 月获得了印度环境和森林部的环境和沿海监管区(CRZ)许可。蒙德拉 LNG 接收站位于蒙德拉多用途港口,该港口位于古吉拉特邦首府甘地讷格尔西南约 300km 处。开发分为三个阶段。第一阶段于 2018 年 10 月完成,产能为每年 500×10^4 t,占地面积为 28×10^4 m^2,拥有 2 个 LNG 储罐,每个储罐的净存储容量为 16×10^4 m^3,直径为 93m,高为 45m,还包括 LNG 运输船接收泊位、其他码头等设施,这些设施能够处理容量 7.5×10^4 ~ 26×10^4 m^3 范围内的 LNG 运输船。第二阶段和第三阶段建造额外的储罐和支持设施,将接收站的再气化 LNG 产能扩大到 2000×10^4 t/a。

印度蒙德拉 LNG 接收站

3.5.5 印度科奇 LNG 接收站

印度科奇(Koch)LNG 接收站是印度喀拉拉邦的 LNG 接收站,所有者是印度国有天然气进口商(Petronet LNG),它是一个合资企业,包括石油和天然气公司(12.5%),印度石油公司(12.5%),巴拉特石油公司(12.5%)和印度国有天然气公司(12.5%),印度公众(50%)。位于印度喀拉拉邦—高知普图维佩。该接收站于 2013 年运营,容量为 500×10^4 t/a。2017 年,该码头以 10% 的容量运营,只有两个本地客户。2019 年,印度国有天然气进口商将科奇 LNG 接收站通过科钦—库塔纳德—班加罗尔—芒格洛尔天然气管道连接到更北部的行业,从而将需求及其运行能力增加 40%。印度国有天然气进口商一直在等待印度国有天然气公司(Gail)解决管道建设方面的阻力,而政府则敦促解决争端。2020 年 11 月,连接科奇 LNG 接收站和电网的管道扩建完成,提高了该接收站的利用率。2024 年 5 月,印度国有天然气进口商扩建了科钦—班加罗尔管道,大大提高该设施的利用率。

印度科奇 LNG 接收站

3.5.6 印度达博尔 LNG 接收站

印度达博尔(Dabhol)LNG 接收站是印度马哈拉施特拉邦拉特纳吉里的 LNG 接收站，容量为 $500×10^4$ t/a。所有者为印度国有天然气公司(GAIL，31.52%)，印度国家电力公司(NTPC，31.52%)，印度金融公司(20.28%)，马哈拉施特拉邦控股公司(MSEB Holding，16.68%)。达博尔 LNG 接收站为印度南部和西部各地提供天然气供应，于 2013 年初投入使用，有 3 个 $16×10^4$ m³ 的储罐，接收能力为 $500×10^4$ t/a。自 2014 年以来，由于 LNG 价格高涨以及缺乏季风季节接收油轮的防波堤基础设施，接收站的容量利用率低，因此接收站的未来扩建已被搁置。截至 2017 年，该接收站无法在季风季节运营，但防波堤项目于 2019 年完成。2018 年 4 月，达博尔宣布将投资 5.56 亿美元，在未来三年内将接收站的容量翻一番，达到 $1000×10^4$ t/a。2020 年，马哈拉施特拉邦的达博尔 LNG 接收站投产了第三个容量为 $16×10^4$ m³ 的 LNG 储罐。

印度达博尔 LNG 接收站

3.6 土耳其 LNG 项目

3.6.1 马尔马拉 LNG 接收站

马尔马拉(Marmara)LNG 接收站是位于土耳其泰基尔达格的 LNG 进口陆上接收站。该接收站于1989年开始建设，是一个稳定输出的工厂，也作为在高峰时期对天然气的调峰手段，用于储存进口LNG，通过管道输送再气化LNG，并装载到卡车上。该接收站有3艘 $8.5×10^4m^3$ 的运输船。所有者是土耳其国家石油管道公司（100%），其产能为 $590×10^4t/a$。该接收站天然气供应来源多样化，可以用作基本负荷设备，在需要时可用作调峰手段，用于增加供应安全性和弹性。根据土耳其国家石油管道公司（BOTAS）和阿尔及利亚国家石油公司（Sonatrach）于1988年4月14日签署的20年LNG供应合同，土耳其购买LNG $20×10^8m^3$。海上接收站是一个380m长的钢桩结构，有73根钢桩，接收站设计用于停泊 $4×10^4 \sim 13×10^4m^3$ 级别的LNG运输船。

马尔马拉LNG接收站

3.6.2 阿利亚加LNG接收站

阿利亚加（Aliaga Izmir）LNG接收站是由Ege Gaz（爱琴海天然气公司）拥有的LNG接收接收站，该接收站位于土耳其伊兹密尔。阿利亚加LNG接收站是全球第一个在没有固定容量合同的情况下建造的LNG接收站，该接收站于2001年完工，并于2006年12月接收了第一批LNG，正式投入使用。阿利亚加LNG接收站包括两个LNG储罐和年容量为 $60×10^8m^3$ 的再气化设备，以及LNG运输船码头，而每个储罐的容量为 $14×10^4m^3$。该接收站主要用于向土耳其国家石油管道公司（BOTAS）供货。由于大部分交付给阿利亚加的LNG是现货交易，因此接收站的利用率取决于管道供应水平、天气条件和LNG与管道进口的压力。2019年初，为应对严寒天气带来的天然气需求骤增，阿利亚加的进口量达到了创纪录的水平。阿利亚加的再气化产能从2016年的 $5.8×10^8m^3/a$ 扩大至 $8.8×10^8m^3/a$，2017年再次扩大至 $16.6×10^8m^3/a$。

阿利亚加LNG接收站

3.6.3 德尔特约尔 LNG 接收站

2013 年 12 月，韩国大宇造船公司最终决定在巨济岛的玉浦（Okpo）造船厂建造一艘浮式 LNG 浮式储存和再气化装置（FSRU）船。该工程于 2015 年 4 月开始，并在 2018 年 2 月停靠在土耳其的德尔特约尔（Dörtyol）。该船的 LNG 储存能力为 $26.3\times10^4 m^3$，并具有 LNG 再运输和天然气输送能力，其规格允许 LNG 再出口，并向船舶所在的邻近地区供应 LNG。在 2020 年前该船一直由土耳其国家石油管道公司（BOTAS）租赁。德尔特约尔 LNG 接收站于 2018 年 7 月投入使用，允许来自不同来源、国家或现货市场的天然气供应，而无需依赖管道，确保 FSRU 船舶供应和系统安全。

德尔特约尔 LNG 接收站

3.6.4 埃特基 LNG 接收站

埃特基（Etki）LNG 接收站是土耳其爱琴海的一座浮式储存和再气化装置（FSRU），可以接收容量高达 $21.7\times10^4 m^3$ 的 LNG 运输船。该项目由土耳其科林（Kolin）和土耳其卡良集团（Kalyon）拥有的埃特基港口运营天然气进口和贸易股份有限公司（Etki Port Operations Natural Gas Import and Trade Inc.）开发，基础设施包括连接 LNG 接收站和 BOTAS 运营的国家天然气运输系统的码头和陆上天然气管道。2016 年 12 月 11 日，法国燃气苏伊士（GDF Suez）的海王星（Neptune）抵达埃特基 LNG 接收站。海王星是一艘浮式生产储存和卸载（FSRO）船，容量为 $14.513\times10^4 m^3$，于 2016 年 12 月 23 日落投入使用，成为土耳其第一个浮动 LNG 储存设施。它可以将天然气再气化并直接排放到国家天然气系统中，预计每年供应量为 $5.3\times10^8 m^3$。2019 年 7 月，原来的 FSRU 被新的大容量 FSRU 取代。第一艘浮船的储存能力为 $13.9\times10^4 m^3$，每天能够向土耳其管网提供 $1400\times10^4 m^3$ 的天然气。现代重工生产的新型 FSRU 的储气能力为 $17\times10^4 m^3$，每天将 $2800\times10^4 m^3$ 天然气压缩到国家天然气系统中。

埃特基 LNG 接收站

3.6.5 萨若斯湾 LNG 接收站

萨若斯湾(Gulf of Saros)LNG 接收站是位于土耳其海岸附近沙罗湾的浮式储存和再气化装置(FSRU)进口接收站，该项目由土耳其国家石油管道公司(BOTAS)全资拥有。2019 年 11 月，土耳其国家石油管道公司宣布购买一艘新的浮动 LNG 进口船(Ertuğrul Gazi FSRU)。这艘新船将用于向两个陆上接收站供应天然气：位于土耳其东地中海沿岸的德尔特约尔 LNG 接收站，以及正在土耳其西北部沙罗斯湾建造的新接收站。土耳其国家石油管道公司购买了自己的船只，并于 2020 年完成建造。虽然该船用于德尔特约尔天然气供应，但更频繁地用于沙罗湾接收站。土耳其国家石油管道公司于 2021 年在萨若斯(Saros)LNG 接收站和土耳其国家石油管道公司现有交通网络之间建设了一条连接线，即土耳其—希腊—意大利互连天然气管道(ITGI)。该线路还与新建跨阿纳托利亚天然气管道(Tanap)相连，该管道允许在萨若斯进口 LNG 并将其转运到 Tanap-Tap 走廊，出口到巴尔干半岛和意大利。2021 年 4 月，该项目由韩国现代重工建造后，再气化能力为 $2800×10^4 m^3/d$。2023 年 4 月，该接收站收到了来自阿尔及利亚的第一批 LNG 货物。

萨若斯湾 LNG 接收站

3.7 阿联酋LNG项目

3.7.1 阿拉伯迪拜杰贝阿里LNG接收站

阿拉伯杰贝阿里LNG接收站是杰贝阿里浮式LNG接收站，也称为迪拜浮式LNG接收站，是阿拉伯联合酋长国的LNG接收站。该接收站位于该地区的主要货运中心杰贝阿里港和自由贸易区。2012年，阿拉伯联合酋长国的天然气储量为$60000×10^8m^3$，这使得阿拉伯联合酋长国成为世界第五大天然气储量。2017年6月，阿拉伯联合酋长国与沙特阿拉伯、也门、马尔代夫、巴林和埃及一起切断了与卡塔尔的外交关系以及海陆空运输联系。他们指控天然气大国卡塔尔支持政治极端主义团体。阿拉伯联合酋长国的港口，包括杰贝阿里LNG接收站的所在地杰贝阿里和该地区最大的集装箱码头，都禁止所有卡塔尔的船只进出。尽管卡塔尔船只被禁止，但一艘名为"Maran Gas Amphipolis"的油轮于2017年6月停泊，最初将科威特的米纳艾哈迈迪LNG接收站列为目的地，最后根据运送LNG到迪拜杰贝阿里港。2017年7月，半岛电视台报道说，阿拉伯联合酋长国每天从卡塔尔接收约$5663×10^4m^3$的天然气。根据国际天然气联盟的2017年世界LNG报告，阿联酋是2015—2016年期间份额的第12大LNG出口国。该国每年出口LNG $560×10^4t$。2017年8月，卡塔尔航运公司将其枢纽从阿联酋迁至阿曼。以沙特阿拉伯为首的封锁国家拒绝卡塔尔船只进入其港口。通常，卡塔尔LNG停在阿联酋的杰贝阿里FLNG码头，迪拜或阿布扎比。然后，LNG在前往卡塔尔多哈的途中使用较小的船只。在封锁期间，卡塔尔很难进入杰贝阿里。阿曼宣布希望通过其港口运送卡塔尔的LNG，并在沙特领导的封锁中保持中立。行业分析师认为，科威特的米纳艾哈迈迪LNG接收站和阿曼都将从过去在阿联酋进行的LNG贸易交易中获得经济利益。卡塔尔石油公司每年运输$700×10^4t$，是世界上最大的LNG出口国。

阿拉伯杰贝阿里LNG接收站

3.7.2 达斯岛LNG工厂

达斯岛是一个面积为$2.5×10^6m^2$的岛屿，距离阿联酋海岸150km，是建设LNG工厂的理想地点。优越的地理位置使阿布扎比天然气液化有限公司(ADGAS)能够轻松进入中东、亚洲和欧洲不断增长的市场,同时使得阿布扎比天然气液化有限公司成为中东和北非地区天然气液化行业的先驱。该公司的前两套装置于 1977 年投入使用,第一批产品于 1977 年 4 月从工厂发货。1990 年,阿布扎比天然气液化有限公司与东京电力公司签署了一项新协议,从 1994 年开始的 25 年内供应双倍数量的 LNG,这需要在该设施建造第三条更大的 LNG 装置。随着新装置于 1994 年开始生产,阿布扎比天然气液化有限公司将 LNG 产能提高到 $800×10^4$ t/a。1997 年,达斯岛 LNG 工厂首次在一年内销售 LNG 超过了 $800×10^4$ t,到 2005 年底,该工厂已经处理了 LNG $1×10^8$ t。2017 年 10 月,阿布扎比天然气液化有限公司将其所有子公司合并到一个母品牌旗下,并将阿布扎比天然气液化有限公司更名为阿布扎比国家石油公司(ADNOC)。

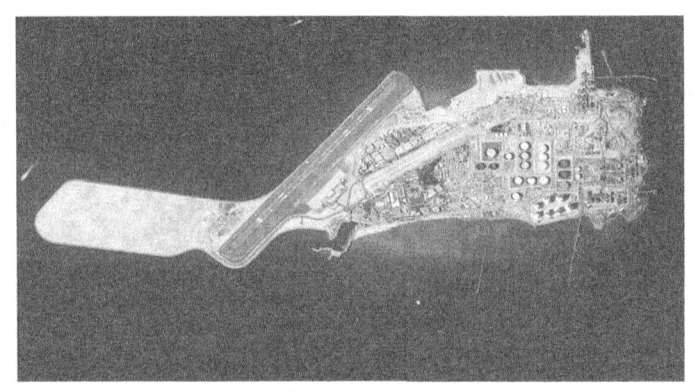

达斯岛 LNG 工厂

3.7.3 阿布扎比的鲁韦斯 FSRU

2016 年 8 月,卓越能源有限公司(Excelerate Energy)的浮式储存和再气化装置(FSRU)停泊在阿布扎比的鲁韦斯(Ruwais)。该 FSRU 建于 2006 年,产能为 $13.8×10^4$ m³/a,归卓越能源有限公司所有,由阿布扎比国家石油公司(ADNOC)、壳牌、道达尔和葡萄牙石油公司(Partex)合资经营的阿布扎比天然气工业公司(Gasco)特许经营。该船于 2016 年 7 月下旬在达斯岛装载试运行货物,然后抵达鲁韦斯。鲁韦斯 FSRU 每天可以向电网额外供应 $1400×10^4$ m³ 的天然气,是第一个允许阿布扎比进口 LNG 的设施。卓越能源有限公司的 FSRU 船停泊在阿布扎比的鲁韦斯,并于 2019 年被 Express FSRU 号取代。

阿布扎比的鲁韦斯 FSRU

3.8 泰国 LNG 项目

3.8.1 塔普 LNG 接收站

2008年2月，泰国国家石油管理局(PTT plc)与泰国亿科集团(Egco)和泰国发电局(Egat)进行谈判，规划组建一家新公司来运营新建的价值9.3亿美元的塔普 LNG 接收站。泰国国家石油管理局将保留塔普 LNG 接收站约45%的份额。该接收站涉及开发一个深水港、1个 500×10^4t 的再气化(蒸发器)装置、2个 16×10^4m³ 的 LNG 储罐、1个码头、1个蒸发气体再冷凝器、1个送出站和1个 LNG 泵。塔普 LNG 接收站于2011年6月竣工投产。并在第二阶段增加了1个 16×10^4m³ 的 LNG 储罐和1个容量为 750×10^4t 的码头。第三阶段建造了1个码头和另1个 16×10^4m³(1000×10^4t 容量)的 LNG 储罐。尽管泰国国家石油管理局未能就伊朗 Pars 油田二十年来每年 300×10^4t 的 LNG 供应合同达成协议，这在一定程度上推迟了再气化接收站，然而，在2008年2月，泰国国家石油管理局与多哈的卡塔尔天然气运营公司签署了一项协议，每年购买 LNG100×10^4t，并于2011年初开始交付，为期十年，与印度尼西亚、澳大利亚和中东的 LNG 供应商也进行了谈判，以填补新项目每年 500×10^4t 的全部产能。天然气实际上已经占泰国发电燃料的三分之二，开发新的能源对泰国建立长期能源安全至关重要。

塔普 LNG 接收站

3.8.2 农法 LNG 接收站

农法(Nong Fab)LNG 接收站是泰国重要的 LNG 进口设施，由泰国国家石油公司的子公司 PTT LNG 公司拥有和运营。该接收站位于泰国罗勇府的芒茂地区，距离曼谷东部约220km，毗邻马塔普工业区。农法 LNG 接收站于2022年完工并投入运营，旨在增强泰国的 LNG 进口能力以应对国内不断增长的能源需求。该接收站的设计年气化能力为 $750\times$

10^4 t，并能达到 $900×10^4$ t 的峰值输出能力。该接收站配备了两个容量为 $25×10^4 m^3$ 的储罐，是泰国最大的 LNG 储罐设施之一。其卸货接收站能够接收载重达 $26.6×10^4$ t 的 LNG 运输船。该接收站总投资约 385 亿泰铢，承建商包括意大利的赛普姆公司（Saipem）和台湾的中鼎工程股份有限公司（CTCI），主要工程于 2018 年启动。农法 LNG 接收站包括气化厂、蒸气回收系统、沸腾气体处理系统、装卸设施以及电气和控制系统。此外，还设有海水进出系统、内部发电设施和 LNG 冷能利用系统。

农法 LNG 接收站

3.9 文莱 LNG 项目

文莱 LNG 工厂：1963 年，在文莱海岸附近的西南安帕气田发现了大量天然气储量。为了将这些储备货币化，文莱必须克服距离潜在市场较远、天然气液化技术未经证实以及 LNG 运输经验不足等重大挑战。1969 年 12 月，文莱液化天然气有限公司成立，并于 1970 年 1 月与文莱政府、壳牌海外控股有限公司和三菱公司签署了合资协议。同年，冷气贸易有限公司（Coldgas Trading Limited）与东京电力公司、东京燃气株式会社和大阪燃气株式会社签署了为期 20 年的销售协议（SPA）。1972 年，位于文莱贝拉伊特区卢穆特（Lumut）的文莱 LNG 工厂成为太平洋西部地区第一家 LNG 工厂。定制建造的 LNG 运输船加迪尼亚号（S.S. Gadinia）从该工厂运送了第一批货物到日本大阪燃气株式会社的接收站。1989 年，该工厂进行了重大的翻新，以延长其使用寿命，这使得 1993 年与日本买家的销售协议得以延长 20 年。1994 年，文莱液化天然气有限公司与韩国客户签署了短期协议。2004 年，开始了第二个主要翻新项目。在 45 年多的时间里，文莱 LNG 工厂已发送了 6500 多批货物，总计超过 $2.1×10^8$ t LNG，使天然气成为文莱的主要收入来源。该工厂最初由文莱壳牌石油公司（BSP）的南海阿帕、费尔利和 Gannet 等海上油田提供天然气供应。1999 年，道达尔公司增加了来自其贾马鲁尔·阿拉姆和马哈拉贾·勒拉油田的供应。2003 年，文莱壳牌石油公司向其艾格特气田提供了供应。LNG 是文莱

LNG工厂的主要产品,而液化石油气则是副产品,用于国内销售。1987年,建成了一个联合循环发电厂,为该地区提供可靠和经济的电力,该发电厂的废热被利用来提高液化天然气工厂的效率。

文莱 LNG 工厂

3.10 新加坡 LNG 项目

新加坡 LNG 接收站是新加坡西部地区的 LNG 进口接收站。它由新加坡液化天然气公司拥有,产能为 600×10^4 t/a,于 2013 年投入使用。2018 年 1 月,新加坡 LNG 接收站的产能从 600×10^4 t/a 扩大到 1100×10^4 t/a,并于 2018 年底进一步扩建,建造了第四个可容纳 26×10^4 m³ 的天然气储罐,建造的第五个储罐容量为 $18 \times 10^4 \sim 26 \times 10^4$ m³。2020 年 7 月,新加坡能源市场管理局发布了一份征求建议书(RFP),并于 2021 年上半年做出决定,为新加坡再加入两家 LNG 定期进口商。新加坡 LNG 接收站的所有者和运营商对新加坡液化天然气公司进一步改建,以建立额外的接收站容量,来支持未来的小型 LNG 和 LNG 加注需求。

新加坡 LNG 接收站

3.11 孟加拉国 LNG 项目

莫斯卡(Moheshkhali)浮式 LNG 接收站在孟加拉国孟加拉湾的莫斯卡岛近海开发。这将是孟加拉国第一个 LNG 进口接收站，将有助于确保该国未来的能源供应。该接收站的成本为1.795亿美元，基本负载能力为 $5×10^8 m^3/d$。该接收站由卓越能源有限公司（Excelerate Energy）和孟加拉国国有石油天然气公司（Petrobangla）共同开发建设和运营。该接收站的建设于2017年最后一个季度开始，并于2018年中期完成。莫斯卡浮式 LNG 接收站将包括一个浮动储存和再气化装置（FSRU）、一个海底浮标系统和一条海底管道、连接接收站和陆上管道系统。莫斯卡浮式 LNG 接收站拥有 $13.8×10^4 m^3$ 的 LNG 储存能力和 $1.42×10^4 m^3/d$ 的再气化能力。该接收站的海上海底浮标系统将用于系泊，还将作为在陆上输送天然气的管道。莫斯卡浮式 LNG 接收站是卓越能源有限公司和国际金融公司（IFC、世界银行集团成员）根据联合开发协议共同努力的结果。经研究证实了卓越能源有限公司的 FSRU 和海上系泊设计的优越性以及整体项目成本和地点的可行性。与其他由多家公司分担责任的浮式接收站不同，莫斯卡浮式 LNG 接收站将是世界上第一个完全集成交付浮式 LNG 接收站，所有服务都将由单一供应商卓越能源有限公司根据单一合同提供。该公司将全面开发、设计、许可、建造、安装、融资和运营接收站。卓越能源有限公司将根据与孟加拉国国有石油天然气公司签订的15年协议拥有和运营该接收站。根据与孟加拉国国有石油天然气公司的合同，卓越能源有限公司将提供全面的运营服务，包括提供港口服务船和整体设施管理。

莫斯卡浮式 LNG 接收站

3.12 巴基斯坦 LNG 项目

3.12.1 卡拉奇 LNG 接收站

卡拉奇 LNG 接收站是位于巴基斯坦信德省的浮式储存和再气化装置（FSRU）。它是巴基斯坦信德省的第一个 LNG 进口接收站，于2014年提出，并于2015年完工。其卸货能力为 $1954×10^4 m^3/d$。2018年7月，荷兰皇家孚宝集团（Royal Vopak）以3800万美元的价格收购了该接收站29%的所有权。到了2018年11月，荷兰皇家孚宝集团将其所有权份额增加到44%。2020年2月，巴基斯坦能源公司和卓越能源有限公司签署了一项协议，将在同一地点建造一个新的 FSRU。新的 FSRU 将把 LNG 的发送能力增加 $100×10^4 t/a$，并将 LNG 储

存能力从 $15.09×10^4 m^3$ 增加至 $17.34×10^4 m^3$。巴基斯坦能源公司 FSRU 的总容量将达到 $590×10^4 t/a$。2021 年 6 月，巴基斯坦媒体报道称，巴基斯坦政府内阁能源委员会再次未能就允许该公司的 LNG 接收站用新的扩建项目取代现有的巴基斯坦能源公司 FSRU 达成共识，因为不同的利益相关者对此举表示保留。

卡拉奇 LNG 接收站

3.12.2　卡西姆港 LNG 接收站

环球航运集团(BW)的"BW Integrity"号 FSRU 停泊在巴基斯坦卡西姆港的码头旁边，用来支持巴基斯坦天然气港财团有限公司(PGPC)LNG 项目。该船在巴基斯坦减少天然气损失的计划中发挥着至关重要的作用，存储容量为 $17×10^4 m^3$，于 2017 年从三星重工(SHI)造船厂交付，与卡西姆港 LNG 接收站签约了 15 年的合同，每天能够再气化多达 $2124×10^4 m^3$ 的天然气。该船在众多 FSRU 中脱颖而出，是使用量最大的货船之一。卡西姆港 LNG 接收站是巴基斯坦信德省的 LNG 进口接收站，由新疆石油工程有限公司(XPE)、中交第三航务顾问有限公司和中交第三航务工程有限公司组成的财团为该接收站提供工程、采购、供应、疏浚和施工服务。该接收站于 2017 年 11 月投入商业运营。自 2020 年 8 月起，允许私营企业向该国进口 LNG，巴基斯坦的私营部门公司被允许使用巴基斯坦天然气港财团有限公司卡西姆天然气港口再气化接收站。

卡西姆港 LNG 接收站

3.13 约旦 LNG 项目

约旦首艘 LNG 船"Golar Eskimo"号于 2015 年 7 月在亚喀巴港接卸了来自特立尼达和多巴哥的 LNG 货物,这是该船自 5 月抵达亚喀巴港以来首次靠泊 LNG 船。"Golar Eskimo"号浮式储存和再气化装置(FSRU)是作为约旦首个 LNG 进口接收站使用的,该船能够提供高达 $1416\times10^4\mathrm{m}^3/\mathrm{d}$ 的输送能力,峰值输送能力达到 $2124\times10^4\mathrm{m}^3/\mathrm{d}$,与约旦天然气输送管道相连,将燃料输送到全国各地的发电厂。约旦只签署了一项通过亚喀巴 LNG 接收站进口 LNG 的协议,即与壳牌公司签订的为期 5 年、每天交付 $420\times10^4\mathrm{m}^3$ 天然气的协议。由 BAM 集团为该 LNG 接收站的工程项目设计、建造了一个 LNG 码头和引桥,包括机械、工程和管道服务、建筑、基础设施工程和拖船接收站,合同价值 6500 万欧元。

约旦 LNG 船"Golar Eskimo"号

3.14 以色列 LNG 项目

哈代拉 LNG 接收站是以色列沙龙的一个浮式储存和再气化装置(FSRU)。这是以色列的第一个 LNG 进口接收站。据《石油经济学家》报道,以色列是世界上唯一一个在海上进行船对船卸载 LNG 的国家,这限制了能够卸载的实体数量。在埃及供应于 2012 年中断后,以色列对 LNG 的需求增加,促使 LNG 基础设施的改善。2013 年,哈代拉 LNG 接收站完成了接收浮标的建设,该浮标将天然气输送到以色列的输电线路。水下炮塔装载浮标是 LNG 气化船的连接点,每年可输送 $425\times10^4\sim5663.36\times10^4\mathrm{m}^3$ 的天然气。2016 年,以色列政府从特立尼达进口 LNG 的价格比从以色列唯一的海上水库 Tamar 进口天然气的价格低 14%。以色列并不是中东唯一一个拥有天然气储量的国家进口天然气。以下是中东其他一些通过油轮进口 LNG 的项目,其中包括 2009 年科威特的阿哈姆 LNG 接收站项目(Mina Al-Ahmadi LNG),2010 年迪拜的阿布扎比浮式 LNG 接收站项目(Jebel Ali FLNG),2013 年以色列的哈代拉 LNG 接收站,2015 年约旦通过亚喀巴约旦 LNG 接收站，2016年阿布扎比的鲁韦斯（Ruwais）LNG接收站。2017年沙特阿拉伯考虑进口LNG。阿拉伯联合酋长国沙迦市于2018年进口LNG。巴林于2019年通过其巴林希得（Hidd）浮式LNG终端进口LNG。

哈代拉LNG接收站

3.15 科威特LNG项目

米纳艾哈迈迪（Mina Al Ahmadi）LNG接收站是科威特艾哈迈迪的一个LNG接收站。该接收站的基本负荷能力为$1415\times10^4 m^3/d$，峰值容量为$1698\times10^4 m^3/d$，约合$380380\times10^4 t/a$。米纳艾哈迈迪LNG接收站于2009年投入使用，是科威特第一个LNG进口接收站。美国的卓越能源有限公司（Excelerate Energy）与科威特国家石油公司（KNPC）合作设计和建造了该接收站。该接收站旨在成为弥合科威特现有天然气需求与国内天然气储量未来发展之间差距的临时解决方案。接收站最初从卓越能源有限公司的运输船上接收天然气，但科威特国家石油公司于2014年签署了一份为期五年的合同，从丹麦的Golar LNG公司获得浮式储存和再气化服务。

米纳艾哈迈迪LNG接收站

3.16 阿曼 LNG 项目

3.16.1 阿曼 LNG 工厂

阿曼 LNG 工厂拥有两套液化装置，LNG 生产能力为 $760 \times 10^4 t/a$，于 2030 年增加到 $810 \times 10^4 t/a$。第一套液化装置于 1999 年建设完成，2000 年，苏丹卡布斯·本·赛义德陛下为阿曼 LNG 工厂揭幕。2001 年 4 月，阿曼 LNG 工厂的首批货物被运往韩国。两套液化装置的成功引发了进一步的扩张计划，从 2004 年开始建造第三套液化装置，命名为盖勒哈特（Qalhat）LNG。第三套液化装置于 2006 年 3 月启用，2013 年 9 月，所有 3 套液化装置都已整合到阿曼 LNG 工厂旗下，综合容量为 $1040 \times 10^4 t/a$。2010 年，在运输其第 1000 批货物的一年内，阿曼因飓风"Phet"而遭受破坏，阿曼 LNG 工厂的业务暂时关闭。2015 年，由于阿曼国内需求增加，天然气短缺导致该工厂的一些出口重新安排。阿曼 LNG 工厂十年来一直以 75%~80% 的产能运行。然而，在 2017 年，英国石油阿曼公司（BP-Oman）的卡赞（Khazzan）大型天然气项目上线，首次将所有 3 套 LNG 装置的产量提高到满负荷运转。

阿曼 LNG 工厂

3.16.2 阿曼卡赞天然气项目

阿曼卡赞（Khazzan）天然气项目是由英国石油公司（BP）与阿曼石油公司勘探生产子公司合作运营的。阿曼卡赞的天然气储藏在地下最深 5km 处极其坚硬密实的狭长岩石带中，开采这种天然气需使用特殊钻井设备，对竖井和水平井的钻井精度要求高，并需使用增产技术。阿曼卡赞气田一期项目于 2017 年全面投产，二期项目于 2021 年投产，可为阿曼增加天然气产量 $1416 \times 10^4 m^3/d$。两期阿曼卡赞天然气项目可生产天然气 $2973 \times 10^8 m^3$。其中，阿曼卡赞天然气项目一期开发了 200 口气井，日均产量达 $2831.68 \times 10^4 m^3$。项目二期投产后，气井增至 300 口，日产量将增至 $4248 \times 10^4 m^3$。阿曼卡赞天然气项目将为阿曼提供天然气 $100 \times 10^8 m^3/a$，相当于该国当时天然气产量的 1/3。

阿曼卡赞天然气项目

3.17 马来西亚 LNG 项目

3.17.1 宾图鲁 LNG 工厂

1978年3月31日，马来西亚国家石油公司与壳牌公司、三菱公司和沙捞越政府签署了合资协议，启动了该国第一个 LNG 项目。马来西亚婆罗洲岛上的小镇宾图鲁由于它的战略位置和适当的地理条件，特别是为了满足未来停靠该港口的大型 LNG 船的需求，因此是开发第一个深海港口的理想地点。马来西亚第一座萨图(Satu) LNG 工厂于1982年11月开始运营，拥有3套 LNG 装置，总产能为 $810×10^4$ t/a。第一个 LNG 项目的成功和全球不断增长的 LNG 需求促使马来西亚迅速制订其 LNG 资产的扩张计划。马来西亚 Dua LNG 工厂于1995年5月19日装运了第一批重达 $960×10^4$ t 的货物，并进一步扩展，于是在马来西亚 Tiga LNG 项目下建造了2套液化装置，Tiga LNG 项目于2003年3月19日装运了第一批货物。同时，新气田的发现促使了萨图 LNG 工厂第九套液化装置的建设。2012年1月13日，马来西亚国家石油公司注册成立，建造了第九套 LNG 装置，以及额外的气体接收设施、酸性气体去除装置、脱水和脱汞装置、分馏和液化装置、LNG 蒸馏装置、第七个新 LNG 储罐，以及相关的公用设施和设备。该项目被称为马来西亚国家石油公司9号或马来西亚 LNG 工厂9号装置，由马来西亚国家石油公司(70%)、泰国国家石油全球 LNG 控股公司(10%)、沙捞越政府(10%)和日本吉坤日矿日石能源公司(10%)所有。

马来西亚液化天然气公司与韩国天然气公司(KOGAS)以及包括东京电力公司和东京燃气公司在内的几个日本客户签有长期合同，这些客户于2003年3月17日续签了20年的买卖协议。宾图鲁 LNG 工厂采用空气产品和化学品公司(APCI)的丙烷预冷混合制冷剂(C3-MR)液化概念，并保持了100%的客户交付率，在世界上建立了可靠的 LNG 供应商声誉。在卡塔尔成为国际 LNG 巨头之前，马来西亚国家石油公司 LNG 联合企业曾一度成为全球最大的 LNG 加工厂。

宾图鲁 LNG 工厂

3.17.2 马六甲 LNG 接收站

马六甲 LNG 接收站是位于马来西亚吉隆坡的 LNG 进口接收站。它于 2013 年投入使用，容量为 $380 \times 10^4 t/a$，由马来西亚国家石油公司拥有。马六甲 LNG 接收站是世界上第一个位于岛屿码头上的 LNG 再气化装置。马来西亚国家石油公司凭借行业领导地位，在全球范围内提供可靠的 LNG 供应，这是通过马来西亚石油公司专注于以客户为中心和灵活性来实现的，这些方案为 LNG 的新采用者提供了量身定制的解决方案，确保各种规模的企业都能感受到这种清洁能源的好处。迄今为止，马来西亚国家石油公司已从全球 LNG 资产组合中向全球安全交付了 12000 多批 LNG 货物。位于砂拉越民都鲁的马来西亚国家石油公司 LNG 综合体是该公司运营的基石，是世界上最大的 LNG 设施之一。马来西亚国家石油公司还是世界上第一个拥有和运营两个浮动 LNG 设施的公司（PFLNG Satu 和 PFLNG Dua）。

马六甲 LNG 接收站

3.17.3 彭加兰 LNG 接收站

彭加兰(Pengersang)LNG 接收站是马来西亚柔佛州的 LNG 接收站。该接收站于 2017 年 11 月投入商业运营,在位于柔佛州边佳兰的丹绒阿亚姆和丹绒卡帕尔之间的土地上开发,接收站设施拥有水深可达 24m 的深水接收站,能够处理超大型原油运输船,并进行原油、石油产品和 LNG 的散装拆装和散装建造活动。接收站的第一阶段由边佳兰独立码头拥有,边佳兰深水石油接收站是马来西亚柔佛州政府 SSI(10%)、荷兰孚宝(Vopak)公司(44%)以及马来西亚戴乐(Dialog Group)集团(46%)共同合资开发的项目。第一阶段建造了 $130\times10^4\mathrm{m}^3$ 的初始存储容量以及六个深水泊位,耗资 20 亿令吉,能够处理原油、石油、化学和石化原料、产品和副产品的存储和分配。

彭加兰 LNG 接收站

3.18 中国 LNG 项目

由于 LNG 环保性能非常优越,且具有高效经济、安全可靠等特点,使得 LNG 在资源竞争中,成为发展最快,前景最优的清洁燃料。国内现已建成大中小 LNG 工厂 120 多座,沿海地区已建成大型 LNG 接收站近 30 座。而我国 LNG 产量的提升以及不断增加的进口量与我国天然气的消费量息息相关。未来,随着节能减排力度的不断加强,能源结构的不断调整,LNG 的需求仍然呈现快速增长趋势。总体上,中国 LNG 工业化发展起步较晚,真正工业化应用及开发始于 2000 年前后,发展速度飞快,应用规模不断扩大,目前进口总量已超越日本,排名世界第一,但在成套液化技术及核心装备领域与国外的大规模工业化过程还有很大的差距,还有很大的发展空间。

中国 LNG 产业的发展经历了从无到有、由小到大、从弱到强的曲折历程。早在 20 世纪 60 年代初,国家科学技术委员会就制订了 LNG 发展规划,60 年代中期完成了工业性试验。1961 年,四川省科学技术委员会组织四川省机械研究设计院进行 LNG 汽车的试验研究。到了 20 世纪 70 年代初，国内又有重庆 4203 信箱和自贡天然气液化厂两个单位能生产 LNG。到了 20 世纪 80 年代末，陕北气田 LNG 示范工程建成，该工程采用林五井所产天然气为原料，LNG 量为 $2\times10^4 m^3/d$。1990 年，由国家科学技术委员会、北京市科学技术委员会组织开封深冷仪器厂和北京焦化厂在北京建成一套小型 LNG 试验装置，并生产出 50L LNG。1991 年四川石油管理局威远化工厂为航天部提供 30t LNG 作为火箭试验燃料。1993 年，中国科学院低温试验中心跟四川省绵阳燃气集团和中国石油天然气集团公司勘探局合作，研制了一套 300L/h 的小型 LNG 装置。1995 年中国启动进口 LNG 项目，当时国家计划委员会委托中国海洋石油集团有限公司进行东南沿海 LNG 引进规划研究。1996 年，吉林油田管理局与中国科学院低温试验中心和中国石油天然气集团公司勘探局合作，研制了一套 500L/h 的小型橇装式 LNG 试验装置，采用氮气膨胀闭式制冷循环。90 年代末，上海引进法国索菲公司 $10\times10^4 m^3$ 调峰型 LNG 工厂，储罐量为 $2\times10^4 m^3$，总投资 6.2 亿元。

2001 年 9 月，河南中原绿能高科建成国内首座 $15\times10^4 m^3$ 商业化运行的 LNG 工厂正式投产运行。该装置采用了比较先进的丙烷、乙烯复迭制冷工艺，设计日处理量为 $30\times10^4 m^3$，液罐量为 $2\times600 m^3$。2001 年，北京公交总公司跟首科中原公司合作建成一座 LNG 科技示范加气站。2004 年 8 月，新疆广汇在鄯善县建成 $50\times10^4 m^3$ LNG 工厂并投产，液罐量为 $3\times10^4 m^3$，采用混合制冷工艺，是当时国内投产最大的 LNG 工厂，同时由新疆广汇建设的全区首座加气站——乌鲁木齐 LNG 示范站于 2004 年 8 月建成投产，并于 2005 年 9 月 13 日通过国家清洁汽车行动领导小组组织的验收。2005 年 4 月，由河南中原绿能高科承担的海南福山 $30\times10^4 m^3$ LNG 工厂建成投产，采用氮气膨胀制冷。2005 年 9 月，北海涠洲岛 $25\times10^4 m^3/d$ LNG 工厂建成投产，采用甲烷膨胀制冷。2006 年 6 月，国内首个 LNG 接收站——深圳大鹏湾 LNG 接收站投入运行。2007 年 9 月，广东首座 LNG 汽车加气站在湛江建成投产。2007 年，江阴、苏州、成都等 LNG 工厂相继投产，一般产能在 $10\times10^4 m^3/d$ 以下。2008 年泰安深燃和西宁 $15\times10^4 m^3/d$ LNG 工厂投产。后期又有 $100\times10^4 m^3/d$ 四川达州和 $100\times10^4 m^3/d$ 内蒙古鄂尔多斯项目以及山西的几个煤层气液化项目等相继投产。2008 年后主要有靖边 LNG 项目、宁夏 LNG 项目、晋城 LNG 项目、阳城煤层气液化项目等。2009 年宁夏哈纳斯 $200\times10^4 m^3/d$ LNG 项目正式开工。2009 年 7 月 26 日，莆田 LNG 接收站投产。2009 年中国石油、中国海油、中国石化开始大规模建设 LNG 接收站及 LNG 工厂；2010 年新疆广汇哈密淖毛湖 $5\times10^8 m^3/a$ LNG 项目投产；2011 年引进哈萨克气源的吉木乃 $5\times10^8 m^3/a$ LNG 项目投产；2013 年富蕴煤制气一阶段 $20\times10^8 m^3/a$ LNG 项目投产。2014 年 6 月，华油天然气广元有限公司 $100\times10^4 m^3/d$ LNG 工厂投产；2014 年 6 月，中国石油昆仑能源湖北黄冈 $500\times10^4 m^3/d$ LNG 工厂建成投产。2014 年 8 月，$300\times10^4 t$ 级海南 LNG 接收站项目建成投产；2015 年 5 月，中国海外首个世界级 LNG 生产基地澳大利亚昆士兰柯蒂斯项目建成投产。柯蒂斯项目是全球首个以煤层气为气源的世界级 LNG 项目，也是中国首次参与海外 LNG 项目上、中、下游全产业链。项目煤层气源探明和控制开采储量合计达 $3500\times10^8 m^3$。通过柯蒂斯项目，中国可直接获得长达20年360×10⁴t/a的LNG资源供应，整套装置LNG产能可达850×10⁴t/a。2016年1月21日，中国石化自主设计建造的首座60万LNG工厂——四川中京燃气LNG工厂建成投产；2017年，中国海油粤东200×10⁴t/a以及广汇启东一期60×10⁴t/a LNG接收站项目投产；2017年12月20日，中国石化和重庆市政府联合开发的涪陵300×10⁴m³/d LNG工厂建成投产，标志着国内首个68×10⁴t/a页岩气LNG工厂进入试运行阶段；2017年12月，中国石油等参与投资的俄罗斯亚马尔1650×10⁴t/a LNG工厂建成投产。2018年3月6日，中国石化首座自主知识产权100×10⁴m³/d涪陵LNG工厂投产。2018年国内共计投产11家LNG工厂，涉及产能757×10⁴m³/d；3座LNG接收站建成投产，涉及产能1000×10⁴t/a。2019年7月，内蒙古兴洁天然气有限公司投资建设的40×10⁴t/a LNG工厂投产运行。2019年12月，陕西延长石油炼化公司志丹二期20×10⁴t/a LNG工厂投产。2020年6月，鄂尔多斯110×10⁴m³/d LNG工厂一期投产。到2020年底，国内共建成LNG接收站26座，在建一座，总接收能力共计8480×10⁴t/a，大多数为国企所有。2021年9月，重庆忠润能源60×10⁴m³/d LNG工厂投产。2022年7月，由哈密巨融能源燃气投资的西气东输二线配套50×10⁴t/a LNG工厂在哈密建成投产。2022年2月，中国海油盐城"绿能港"即江苏滨海LNG接收站项目，一期工程建造10座大型LNG储罐，包括2019年5月先建的4座22×10⁴m³储罐和2021年6月扩建的6座27×10⁴m³储罐。一期工程计划于2023年底全部投产运行，LNG年处理能力达600×10⁴t。

近20年来，中国在LNG液化领域内进步非常迅速，所建LNG液化厂的数量增长速度非常快捷，但所建LNG工厂的产能与国际大型LNG工厂相比都比较小。以下针对国内各省份近期建设的主要LNG项目情况进行简要说明。

3.18.1 湖北省LNG项目

3.18.1.1 湖北黄冈LNG工厂

湖北黄冈LNG工厂是我国首次自主建设的百万吨级LNG工厂，技术自主化率100%，装备国产化率99%，该工厂不仅是鄂东经济发展的一张新名片，还是中国LNG国产化的标杆。该工厂总投资36.85亿元，2013年建成投入使用，天然气处理能力为500×10⁴m³/d（年处理能力为18.25×10⁸m³）。除了满足湖北省天然气供应之外，还辐射湖南、江西、河南、安徽、广西等地。湖北黄冈LNG工厂原料气来自3km外的西气东输二线黄冈分输站，经过净化装置区除杂质、除酸，液化装置区除水、除固体颗粒和脱硫等工艺处理，成为安全、洁净、高效、高热值的合格天然气之后才能进入千家万户，该工厂成为湖北省重要天然气储备设施。湖北黄冈LNG工厂的成功投运，标志着中国石油以自有专利技术和国产化装备为依托，全面实现了我国大型LNG装置建设从技术到设备的全面国产化，说明我国已拥有自主建设大型LNG工厂的技术、装备的能力，在打破国外大型LNG技术与装备长期垄断、确保国家能源安全、巩固中国石油在天然气综合利用领域地位等方面意义重大。

中国湖北黄冈 LNG 工厂

3.18.1.2　湖北华商 LNG 工厂

湖北华商环保科技有限公司经湖北省发改委批复在武汉市江夏区五里界投资建设华商 LNG 工厂，占地面积约为 79337m²，原料天然气用气量为 30×10⁴m³/d，年处理量达到 1.2×10⁸m³，该工厂直接关系到武汉市天然气调峰及居民冬季用气，因此被列为武汉市江夏区招商引资重点项目。湖北华商环保科技有限公司主要合作伙伴为中国石油、中国石化、华润等。

3.18.1.3　宜昌市调峰储配液化项目

宜昌力能液化燃气有限公司建设的宜昌市调峰储配液化项目总投资 1 亿元，于 2013 年 12 月建成投产，该项目占地面积 55134.80m²，建筑面积约 4000m²，拥有一套 30×10⁴m³/d 的天然气预处理装置和天然气液化装置，一台 5000m³ 的 LNG 常压储罐。该项目可处理原料气 30×10⁴m³/d，全年生产 7×10⁴t（-162℃，10kPa）LNG。2017 年，受能源供需形势及结构调整影响，全国冬季大范围出现"气荒"，并波及宜昌。宜昌市委市政府高度重视城区天然气供需矛盾，专题研究宜昌城区天然气调峰设施建设与运营问题，决定从加快推进天然气储气调峰设施建设、研究完善天然气储气调峰运营机制、积极争取天然气储气调峰供应气源三方着手，着力解决城区天然气冬季缺口。并确定宜昌力能液化燃气有限公司为宜昌市储气调峰单位，要求其利用已建成日处理能力 30×10⁴m³ LNG 项目发挥调峰作用，接受政府主管部门的储气调峰调度，在发挥好现有储存能力 5000m³ LNG 储罐作用的基础上，尽快启动 30000m³ LNG 储罐项目建设，力争 2019 年冬季前投入使用。2019 年 1 月 3 日，宜昌市首场重大项目集中开工，宜昌力能液化燃气有限公司投资 2.2 亿元，天然气液化储气调峰基地 LNG 储罐扩建项目宣告开工，整个工程建设在当年 9 月底竣工，解决了宜昌市未来 5~8 年的冬季供气调峰问题。

3.18.2 天津市 LNG 项目

3.18.2.1 中国石化天津 LNG 接收站

中国石化天津 LNG 接收站隶属于中国石化天津液化天然气有限责任公司,位于天津滨海新区南港工业区,是继青岛董家口、广西北海后,中国石化的第三座 LNG 接收站。接收站工程包括 1 座容量为 $26.6\times10^4\text{m}^3$ 的 LNG 运输船,可兼顾 $3\times10^4\text{m}^3$ LNG 船装船功能,长度为 402m;1 座长度为 115m 的工作船。接收站的接收能力为 $300\times10^4\text{t/a}$,包括 4 座 $16\times10^4\text{m}^3$ LNG 储罐及配套工艺处理、海水取排、气化、天然气输送设施、冷能利用装置、LNG 汽车外销系统和火炬系统,气化外输能力为 $40\times10^8\text{m}^3/\text{a}$。该接收站于 2014 年 9 月 30 日开工,2018 年 2 月 6 日,来自澳大利亚的"中能北海"号顺利停靠在中国石化天津 LNG 接收站码头,这标志着中国石化天津 LNG 接收站正式进入调试阶段。中国石化是首次实现完全自主开发一次成功的 LNG 接收站。该接收站二期项目于 2020 年 4 月 5 日开工建设,包括 1 座 $26.6\times10^4\text{m}^3$ LNG 船舶接卸码头,5 座 $22\times10^4\text{m}^3$ LNG 储罐及相关配套设施。其中,船舶接卸码头工程已于 2021 年 12 月投入使用,是我国境内首座"双泊位"LNG 码头,2 座 $22\times10^4\text{m}^3$ LNG 储罐已于 2022 年供暖季投入使用,储气能力较一期项目相比提升 72%,剩余 3 座 $22\times10^4\text{m}^3$ LNG 储罐均已全部转入生产阶段,将新增储气能力 $4\times10^8\text{m}^3$。2023 年 9 月,中国石化天津 LNG 接收站二期项目全面完工并投入使用。目前,中国石化天津 LNG 接收站总储气能力将达到 $10.8\times10^8\text{m}^3$,在国内已投产的 LNG 接收站中居首位。

中国石化天津 LNG 接收站

3.18.2.2 天津南港 LNG 应急储备项目

2020 年 1 月,天津南港 LNG 应急储备项目获国家发改委核准批复,该项目位于天津经开区南港工业区。天津南港 LNG 项目设计建造 10 座 LNG 储罐,1 座 LNG 船泊位和 217km 外输管道,最终可实现 $12\times10^8\text{m}^3$ 天然气应急储气能力。天津南港 LNG 项目按照"同期建设、分期投产"原则,分三期建设,项目一期工程于 2020 年 3 月 24 日开工建设,包括1座接卸能力为$500×10^4$t/a的LNG码头,最大可靠泊载运量为$26.6×10^4m^3$的LNG运输船舶,以及4座LNG储罐、气化能力为$6000×10^4m^3$/d的接收站气化设施和配套汽车装载设施、1条长217km的天然气外输管线。二期工程于2020年9月开工建设,共设计建造4座LNG储罐,直径达86.7m,高为41.9m,均为$22×10^4m^3$的薄膜型储罐。这也是国内第一个采用薄膜技术建设陆上大型LNG储罐的项目,与传统镍钢储罐相比,薄膜罐钢材用量少,同等外径尺寸下,有效罐容增加约10%。同时,该项目也是国内第一个实现装船泵国产化应用的项目,解决了国内大流量LNG低温泵关键技术问题。项目三期工程于2024年底具备投产条件。全部建成后将实现$500×10^4$t/a LNG接卸能力,$6000×10^4m^3$/d的管道气化外输和$170×10^4$t/a LNG槽车装车的外输能力。

天津南港LNG应急储备项目

3.18.2.3 天津浮式LNG接收站

天津浮式LNG接收站隶属于中国海油天津液化天然气有限责任公司,站址位于天津港南疆码头,中国海油天津浮式LNG接收站采用"先浮式、后常规"的建设模式。一期工程建设浮式LNG接收站,实现天然气的快速供应。接收站长期租用一艘浮式储存气化船(FSRU),该船具备$17×10^4m^3$的储存能力,同时,该接收站有2座$3×10^4m^3$储罐,1座$16×10^4m^3$储罐。接收站的接收能力为$220×10^4$t/a。天津浮式LNG接收站二期工程项目是目前国内直径最大的$22×10^4m^3$储罐项目,其中,4号LNG储罐及接收站配套设施于2020年4月30日开工建设,主要包括4号LNG储罐($22×10^4m^3$)、1台SCV气化器、1台高压泵改造及配套电气、仪表、消防设备设施,涉及管线主要包含卸料总管、低压LNG输出总管、低压排净管及BOG总管等。设施国产化率由75%提升至95%,通过"智慧工地"系统实时掌握施工现场情况,应用BIM技术打造三维可视化LNG接收站。天津浮式LNG接收站二期工程是国家天然气产供储销体系重点项目,是天津市重点工程,二期工程后,天津浮式LNG接收站拥有6座$22×10^4m^3$储罐及配套设施,可在冬季供京津冀地区居民生活约80d。总罐容将由$22×10^4m^3$增至$154×10^4m^3$,陆地外输能力将由$1000×10^4m^3$/d增至$7000×10^4m^3$/d,处理能力可达$1200×10^4$t/a,比现有能力提升$600×10^4$t/a。

天津浮式 LNG 接收站

3.18.3 上海市 LNG 项目

3.18.3.1 上海五号沟 LNG 接收站

上海五号沟 LNG 接收站隶属于上海燃气（集团）有限公司，站址位于上海浦东新区曹路镇五号沟。有 5 座 LNG 储罐，其规模分别为：1 座 $2\times10^4 m^3$ 储罐、2 座 $5\times10^4 m^3$ 储罐、2 座 $10\times10^4 m^3$ 储罐。此外，有一座 $5\times10^4 t$ 级 LNG 专用码头和一个 6 车位槽车装车车间。上海五号沟 LNG 接收站是上海市的天然气应急气源储备站，1996 年开工，2000 年 4 月投产，以东海平湖气田天然气作为气源，服务于上海天然气供应的应急和调峰，站内建有 1 座 $2\times10^4 m^3$ 储罐和 1 套液化装置，是国内最早的天然气液化装置和应急储备站，也是国内第一座天然气液化工厂。

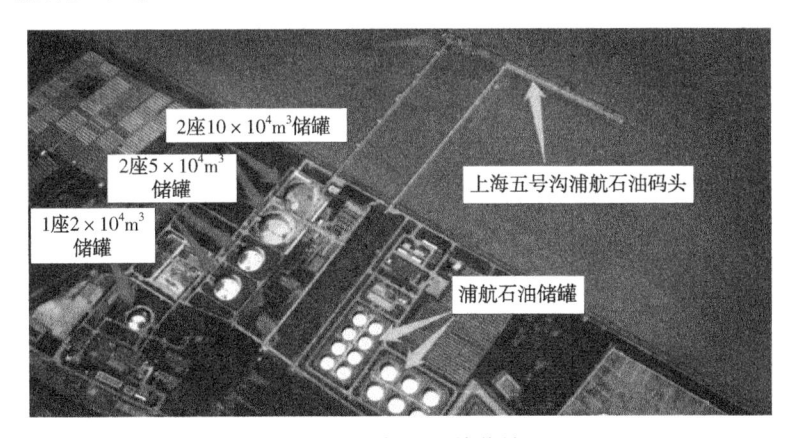

上海五号沟 LNG 接收站

3.18.3.2 上海洋山港 LNG 接收站

上海洋山港 LNG 接收站是上海市最大的 LNG 接收站，接收站位于上海洋山深水港。它是上海市天然气供应、调峰和应急的主力成员。其供气量占全市用气量的 50% 以上，高峰期间占比达 65%，是上海市的主力气源和天然气供应的"生命线"。该接收站于 2009 年

11月开始为上海市提供天然气,目前已成为上海市天然气稳定供应和调峰应急的主力气源。作为一流水平的清洁能源供应基地,与西气一线、西气二线、川气、江苏如东、东海天然气和上海五号沟LNG接收站一同构成多气源供应格局,共同保障上海的能源安全。该接收站包括3座$16×10^4m^3$LNG储罐(总罐容$48×10^4m^3$)、3台LNG卸料臂及其他相应的回收、输送、气化设施和公用配套工程,占地面积为$39.6×10^4m^2$。其中,6套LNG气化装置为:SCV×2+IFV×4。洋山港LNG接收站还包括一个$10×10^4$t级LNG专用码头、36km海底天然气管线和16km陆域输气管线。接收LNG船运来的LNG,再气化后进行外输,通过东海大桥预设的海底天然气管线输送到临港新城输气站,随后进入上海城市天然气高压主干网系统。

上海洋山港LNG接收站

3.18.3.3 上海LNG站线扩建项目

上海LNG站线扩建项目是国家油气重点工程,也是上海市和浙江省"十四五"能源发展规划中的重大工程。该项目总投资约170亿元,采用一次规划、分阶段实施的方式,计划在2025年建成4座储罐及其配套设施、码头工程和输气管道工程。后续将陆续建成6座储罐及其配套设施,LNG建设规模将达到$600×10^4$t/a。项目建成后,将提供超过$13.2×10^8m^3$的储气能力和$210×10^4m^3$/h的供气能力。该项目将与现有的上海洋山港LNG接收站共同承担上海市天然气的保障供应、调峰和应急储备的主要任务。

上海LNG站线扩建项目

3.18.4 河北省 LNG 项目

3.18.4.1 唐山 LNG 接收站

唐山 LNG 接收站隶属于中石油京唐液化天然气有限公司，站址位于河北省唐山市曹妃甸新港工业区，有 4 座 $16×10^4m^3$ 储罐，1 座 $8×10^4$~$27×10^4m^3$ 的 LNG 运输船专用码头，1 座工作船码头，以及相关配套设施和公共工程。唐山 LNG 接收站于 2010 年 10 月获得国家发改委核准，2011 年 3 月开工建设。2013 年 11 月第一艘 LNG 运输船成功靠岸卸载，标志着项目一期投产。2014 年，3 号罐、4 号罐建设完成，二期工程完工。一期接收能力为 $350×10^4t/a$，二期接收能力为 $650×10^4t/a$。三期增建 4 座 $16×10^4m^3$ 储罐。

唐山 LNG 接收站

3.18.4.2 华港河间 LNG 储备库

河间 LNG 调峰储备库是我国首座陆上 $2.9×10^4m^3$ LNG 薄膜型储罐。该储备库主要功能是接收、储存并将 LNG 气化后，通过天然气管道向沧州"西四县市"（任丘市、河间市、肃宁县、献县）居民及工商业用户供气，同时具备 LNG 装车外销功能。该储备库由中国石油工程建设有限公司华北分公司作为 EPC❶ 总承包商，沪东中华造船（集团）有限公司、上海海威斯特保温工程有限公司、沈阳工业安装工程股份有限公司组成的联合体负责薄膜罐各阶段施工，法国 GTT 公司提供专利授权。LNG 薄膜型储罐作为一种新型储罐，目前全球已有近百座陆地 LNG 薄膜罐建成，但对国内而言，薄膜罐技术的应用仍是一片空白。相比常见的 9%镍钢全容薄膜罐，薄膜罐设计更为紧凑，在提升安全稳定性、增大有效罐容、降低单方造价、缩短建造周期、节能降耗等方面具有不可比拟的技术和经济优势。中国工业气体协会 LNG 分会副会长汪晔表示，以 $16×10^4m^3$ 为例，同样外形尺寸条件下，薄膜罐可节约投资 15%，建设周期缩短 2~3 个月，有效容积可增加 10%，而且薄膜罐具有更好的抗震性能。

---

❶ EPC，即 Engineering（设计）、Procurement（采购）、Construction（施工）的组合，中文叫设计采购施工总承包，是指由工程总承包企业依据规定，承担项目的设计、采购、施工和试运营等工作，并对工程全面负责的项目模式。

河间 LNG 调峰储备库项目

3.18.5　浙江省 LNG 项目

3.18.5.1　温州华港 LNG 储运调峰中心

华峰集团投资建设的温州华港 LNG 储运调峰中心一期项目处理能力为 300×10^4 t/a，该项目由中国寰球工程有限公司总承包，总投资 106 亿元，分三期建设完成。一期投资约 28 亿元，占地面积 285 亩❶，建设内容主要包括 1 座 10×10^4 t 级码头（满足 18.2×10^4 m³ 的 LNG 船舶靠泊）、2 个 16×10^4 m³ 的 LNG 储罐及配套工艺设施，于 2023 年 3 月建成投产。二期、三期项目建设完成后，将形成共 6 座 16×10^4 m³ LNG 储罐及其配套工艺设施，1 条约 40km 的海底天然气管道，周转规模达到 1000×10^4 t/a，营业收入达到 300 亿元/a。

3.18.5.2　宁波 LNG 接收站

宁波 LNG 接收站隶属于中海浙江宁波液化天然气有限公司，站址位于宁波市北仑区穿山半岛东北部的白峰镇中宅村，是浙江省第一座 LNG 接收站。有 3 座 16×10^4 m³ 储罐、1 座可靠泊 $8\times10^4 \sim 26.6\times10^4$ m³ LNG 船舶的卸船码头、1 座工作船码头及相关配套设施。2009 年开工，2012 年 9 月建成投产，2017 年 11 月达到设计产能。接收能力为 300×10^4 t/a。二期项目扩建 3 座 16×10^4 m³ 储罐，2021 年建成投产，接收站总接转能力达到 600×10^4 t/a。

宁波 LNG 接收站

---

❶　1 亩 ≈ 666.6667 平方米。

3.18.5.3 舟山 LNG 接收站项目

舟山 LNG 接收站隶属新奥(舟山)液化天然气有限公司,站址位于舟山本岛经济开发区新港工业园区(二期)区域内,舟山 LNG 接收站一期工程接收能力为 300×10^4t/a,包含 2 座 16×10^4m³ 储罐、1 座可靠泊 $8\times10^4\sim26.6\times10^4$m³LNG 船舶的卸船码头、1 座多功能码头(含两个 LNG 装船泊位,并可兼顾卸船作业)、1 座滚装船码头(含两个 30 车位滚装船泊位),并建有 14 台槽车装车橇、IFV 气化设施、高压外输、冷能发电等配套工艺及辅助设施。2018 年 6 月竣工,2018 年 10 月 19 日投产。接收能力为 300×10^4t/a。二期建设了 2 座 16×10^4m³ 储罐,接收能力扩展到 500×10^4t/a,于 2021 建成投产。

舟山 LNG 接收站项目

3.18.5.4 嘉兴 LNG 接收站

嘉兴 LNG 接收站位于杭州湾北岸、嘉兴港东部的独山港区石化作业区。其具体位置为东侧距离浙沪分界线约 25km,距离上海国际航运中心洋山深水港约 77km,西侧距离嘉兴港乍浦港区约 16km,北侧距离江苏、浙江、上海交界线约 50km。该接收站的建设单位为浙江杭嘉鑫清洁能源有限公司,由杭州市燃气集团和嘉兴市燃气集团股份有限公司于 2017 年共同出资设立。嘉兴 LNG 接收站包括库区工程、码头工程和外输管线工程三个部分。储运站设计 LNG 年周转量为 100×10^4t。库区工程包括两座 10×10^4m³ 的混凝土全容储罐、工艺设施及辅助设施。码头工程分别在 A 区的 A7 泊位和 A8 泊位拥有两个 LNG 泊位,其中,A7 泊位的船型为 3×10^4GT LNG 船,A8 泊位的船型为 5000GT LNG 船。外输管线与浙江省网和嘉兴市网连接。

嘉兴 LNG 接收站

3.18.5.5 温州 LNG 项目

温州 LNG 项目于 2016 年 9 月 26 日获得国家发改委能源局项目核准，是在全省范围内布局的一项重点战略项目，项目选址于大门镇，建成了温州地区规模最大的 15×10^4 t 级 LNG 泊位一座，及后方陆域接收站工程（含储罐区及管道）和输气管道工程等三个部分；一期工程可接卸 LNG 300×10^4 t/a，后期将达到 1000×10^4 t/a。作为大小门岛石化产业基地一体化开发建设的核心重点工程，项目成为大小门岛产业引进的重大突破口，而且有效保障浙南片区天然气供应需求，实现优化能源结构，带动温州市整体经济发展等目标。

温州 LNG 项目

3.18.5.6 玉环大麦屿 LNG 中转储运项目

玉环大麦屿能源（LNG）中转储运项目是浙江省的重点项目，总投资 41 亿元，包含储运站、码头以及配套外输连接管道工程。该项目由上海建工安装集团新建，主要设施包括两个 LNG 全容储罐及一个 10×10^4 t 级码头、气化装置、槽车装车等配套设施。两个储罐为双金属壁全包容储罐，体积达到 10×10^4 m³，以最大单罐罐容创下国内之最。项目建成后，将实现近期每年 200×10^4 t 的天然气接收能力，远期每年达到 600×10^4 t，成为浙东南地区主要的天然气应急储备库和重要的战略能源保障基地。

玉环大麦屿 LNG 中转储运项目

3.18.5.7 浙能舟山六横 LNG 接收站项目

浙能舟山六横 LNG 接收站项目选址于六横港区小郭巨山西侧,包括码头工程和接收站工程两部分。该项目的建设规模为 600×10^4 t/a,计划建设 4 座 22×10^4 m^3 LNG 储罐及其配套设施,以及 1 座 15×10^4 t 级的 LNG 码头,预计于 2026 年建成。其中,接收站工程占地面积为 44.5×10^4 m^2,包括 22×10^4 m^3 的 LNG 储罐、工艺装置及配套公用设施等。项目的最大气化外输能力为 5700×10^4 m^3/d,最大 LNG 汽车装车能力为 80×10^4 t/a。项目的建设投资约为 70 亿元。

浙能舟山六横 LNG 接收站项目

3.18.5.8 中国石化六横 LNG 项目

中国石化六横 LNG 项目位于舟山市普陀区六横岛西南侧,总投资约 104 亿元。该项目建设内容包括码头和接收站两部分,其中码头工程内容为建设 26.6×10^4 m^3 LNG 卸船码头 1 座(泊位长度为 415m)、4×10^4 m^3 LNG 装船码头 1 座(2 个泊位,泊位总长度 461m)、卸船和装船码头各 1 座引桥(长度分别为 674.3m 和 604.3m)、工作船码头 1 座(泊位 4 个,泊位总长度 225m,后方引桥长 33.1m)、取排水口各 1 个(取水管长 580m、排水管长 220m)及其他配套工程、码头前沿回旋水域及港池疏浚方量为 330×10^4 m^3(疏浚面积为 45hm^2)。LNG 码头设计吞吐量为 800×10^4 t/a(其中卸船量为 700×10^4 t/a、装船量为 100×10^4 t/a),LNG 卸船泊位设计通过能力为 752×10^4 t/a,装船泊位总设计通过能力为 184×10^4 t/a,设计海水取排水量为 32450m^3/h(合 17500×10^4 m^3/a)。接收站建设规划总面积为 69.67×10^4 m^2,其中一期工程规划面积为 47.64×10^4 m^2,新建 5 座 22×10^4 m^3 LNG 预应力钢筋混凝土全容式储罐及 LNG 生产生活辅助区等,总有效罐容 110×10^4 m^3,汽化能力为 1030t/h,供气量为 77×10^8 m^3/a,LNG 汽车装车量为 50×10^4 t/a,装船量为 100×10^4 t/a。

3.18.6 山西省 LNG 项目

3.18.6.1 山西鸿达 LNG 项目

山西鸿达 LNG 项目位于襄垣县经济技术开发区王桥新型煤化工工业园区,于 2019 年 3 月开工建设,项目总投资 50 亿元,占地面积为 1.106×10^6 m^2,项目规划建设 253×10^4 t 冶金焦、20×10^4 t LNG、2×25MW 发电机组和 1000×10^4 t 铁路装车站场。一期建设 127×10^4 t 焦化、10×10^4 t LNG 及配套工程。二期建设 126×10^4 t 焦化、10×10^4 t LNG 及配套工程。该

项目由中冶焦耐工程有限公司总体设计,新地能源工程公司负责 LNG 设计。选用德国 6.25m 捣固焦炉炉型,配套干熄焦发电、污水处理全部回用、脱硫制酸、烟气脱硫脱硝、挥发性有机化合物(VOC)治理等先进环保设施。

山西鸿达 LNG 项目

3.18.6.2 山西华港 LNG 项目

山西沁水华港煤层气液化调峰储备中心项目(简称山西华港 LNG 项目)是华港燃气有限公司在山西沁水设立的 LNG 工厂。该项目位于沁水县,由中国石油投资建设,是华北油田公司以及省、市、县三级重点项目。建设用地面积为 $11.6×10^4m^2$,日调峰能力为 $200×10^4m^3$,年产优质低温 LNG 近 $45×10^4t$,集 LNG 生产、储存和销售于一体,是目前国内最先进的 LNG 项目,也是目前山西地区最大的天然气液化工厂。该项目对于有效平抑峰谷差、保障晋城市煤层气安全生产、平稳供气具有重要意义。液化工厂按单元划分,包括天然气预处理单元、液化单元、BOG 增压装置、冷剂及重烃储存系统、$3×10^4m^3$ 全容式 LNG 储罐及其控制系统、装车系统等;此外,还包括火炬及放空系统、空氮站、分析化验室、辅助生产设施,以及配套的自控、通信、供热和暖通、供电、给排水及消防系统等公用工程。

山西华港 LNG 项目

3.18.7 辽宁省 LNG 项目

3.18.7.1 大连 LNG 接收站

大连 LNG 接收站隶属于中石油大连液化天然气有限公司，站址位于大连市大孤山新港，是中国石油第二个 LNG 接收站，是辽宁省第一座 LNG 接收站，同时也是我国内地第五个 LNG 接收站，占地面积为 $24\times10^4m^2$，有 3 座 $16\times10^4m^3$ 储罐，1 座 $8\times10^4\sim26\times10^4m^3$ 的 LNG 运输船专用码头，1 座工作船码头。大连 LNG 接收站有 14 台槽车装车橇。接收能力可达 $600\times10^4t/a$。一期工程于 2008 年 4 月开工，2011 年 11 月投产。二期工程在一期原址扩建，包括 1 台中压泵、2 台高压泵、2 台开架式海水气化器、2 台浸没燃烧式气化器、3 台海水泵、1 台 BOG 压缩机及相应配套设施，可新增接收和气化能力 $300\times10^4t/a$。二期工程已于 2016 年投产。

大连 LNG 接收站

3.19.7.2 中交营口 LNG 接收站

中交营口 LNG 接收站位于辽宁省营口市仙人岛港区，接收站年最大接收能力为 620×10^4t，总投资约 70.09 亿元，总占地面积为 $55.2\times10^4m^2$，包括码头与栈桥区、LNG 储罐区及工艺生产区等九大区域，涉及工艺、自控、电气及设备等十六大专业类别。主要建设内容包括 1 座容量为 $8\times10^4\sim26.6\times10^4m^3$ LNG 专用泊位，4 座容量为 $20\times10^4m^3$ LNG 储罐，以及配套的工艺、公用工程及辅助工程设施。该接收站可为东北及蒙东地区提供 $87\times10^8m^3/a$ 的天然气供应量，年均产值超过 300 亿元，年均利税超过 20 亿元，每年可减排二氧化碳 1151×10^4t、二氧化硫 8.9×10^4t、二氧化氮 7.8×10^4t。

中交营口 LNG 接收站

3.18.8 吉林省 LNG 项目

3.18.8.1 天富能源 LNG 工厂

天富能源 LNG 工厂位于乌兰图噶工业园区,主要依托东北油气分公司气源,工厂内设有一座 LNG 储罐,可储存 LNG 340t,日加工能力为 60~70t。它的投入使用为吉林石油天然气业务发展提供了稳定的资源保障,对于吉林石油做大做强天然气业务起到了极大的促进作用。2018 年 4 月 24 日,吉林石油迎来了又一重要的历史时刻,随着第一辆天然气槽车满载着 LNG 缓缓驶出乌兰图噶天富代加工 LNG 工厂,标志中国石化在吉林第一座代加工 LNG 工厂正式投产运营。

3.18.8.2 吉林吉港 LNG 工厂

2012 年 9 月 26 日,吉林吉港 LNG 工厂在吉林省松原市举行奠基仪式。该工厂首期投资建设生产能力为 $50×10^4$ t/a,2014 年建成投产,并实现年产值 25 亿元。扩建后该工厂产能为 $200×10^4$ t/a,实现年产值 120 亿元。吉林吉港 LNG 工厂成为推进"气化吉林"惠民工程的主要力量,这将对吉林省推动实施"三化"[1]统筹战略,振兴吉林老工业基地发挥重要作用。

吉林吉港 LNG 工厂从成立到奠基开工只用了 4 个月时间,相继完成 LNG 厂址选定、立项审批、项目初设、资源和队伍整合等工作,创造国内 LNG 项目前期效率最高、审批速度最快、从科研到开工时间最短纪录。中国石油吉林油田加大天然气勘探开发力度,相继发现长岭气田、龙深气田和王府断陷三个千亿立方米含气区。2011 年,吉林油田生产天然气 $20×10^8 m^3$。2015 年,吉林油田率先建成我国东部 $50×10^8 m^3$ 以上规模气田。同时,随着"西气"北上、"俄气"引入和吉林省"一干八支"输气管网建设步伐的日益加快,为吉林吉港 LNG 工厂大力发展 LNG 业务提供坚实的资源基础。

3.18.8.3 乾源能源 LNG 项目

乾源能源 LNG 项目坐落于吉林省松原市前郭尔罗斯蒙古族自治县查干花工业园区,总投资 7 亿元,占地面积为 $15×10^4 m^2$,经吉林省发展和改革主管部门于 2012 年核准开始建设,2014 年 8 月 29 日试车运行,LNG 生产能力为 $50×10^4 m^3/d$。该项目采取 EPC 模式,由美国康泰斯公司设计、采购及施工,核心装置使用美国原装进口设备,是目前东北三省规模最大的 LNG 装置,装备能力和工艺水平均达到国际一流水平,堪称世界级 LNG 样板工厂。2015 年 6 月 18 日,乾源能源开发有限公司与中国石油吉林销售分公司签订合作建设接收站 LNG 销售站框架协议,进一步拓宽了 LNG 的销售渠道,扩大了接收站销售市场。

3.18.8.4 吉林省天富能源 LNG 项目

吉林省天富能源集团有限公司在乌兰图嘎工业园区建设的 $10×10^4 m^3/d$ 的 LNG 一期项目,是东北地区唯一一家 LNG 生产加工企业。该公司还在乌兰图嘎工业园区建设了 $30×10^4 m^3/d$ 的二期 LNG 项目。吉林省天富能源集团有限公司由前郭县天富天然气销售有限公

---

[1] "三化"指吉林省的工业化进程、城市的现代化和农业的现代化建设。

司组建,专注于天然气等能源的综合开发利用,主要从事 LNG 和 CNG(压缩天然气)的生产、加工和销售,天然气管道输送、陆路运输及其他新能源项目的开发。吉林省天富能源集团有限公司已与中国石化东北油气分公司和中国石油吉林油田分公司建立了互助互信的战略协作关系,并分别与两大气源供货方签订了供应 $60×10^4m^3/d$ 天然气的供气协议,成为中国石化东北油气分公司和中国石油吉林油田分公司最大的民营企业用户。

3.18.9 黑龙江省 LNG 项目

3.18.9.1 大庆庆然 LNG 调峰项目

大庆庆然天然气有限公司于 2010 年 6 月经黑龙江省大庆市政府招商引资成立并落户于大同区祝三乡,同年 10 月获大庆市工商局批准注册成立,获市发改委批准立项。公司充分利用油田伴生气天然气资源,投资开发 CNG,并为二期同样规模的 LNG 生产做了预留。整体投资约 12.8 亿元,全部为公司自筹资金。项目总筹建周期预期 24 个月,与政府恰签协议并通过批准,获得 $10×10^4m^2$ 的土地使用权,由于天然气调峰项目的建设,在黑龙江省内建设 10 座 $5000m^3$ 级别的 LNG 低温储罐。2010 年 8 月在取得中国石油大庆油田相关方面的同意后,获得供给油田伴生气天然气以缓解黑龙江省天然气调峰问题的批复,缓解了黑龙江省省内用气紧张的矛盾,同时也促进了地方经济的发展。是黑龙江省该领域里的第一家,也是黑龙江省规模最大的伴生气天然气加工生产企业。

3.18.9.2 鹤岗市 LNG 项目

鹤岗市征楠煤化工有限公司是该市大型民营企业,主要以煤化工为核心,业务涵盖城市燃气、焦油、硫铵和粗苯化产品。公司于 2011 年在鹤岗市投资建设鹤岗市 LNG 项目,项目总投资为 15.4 亿元,占地面积为 $287521m^2$。一期工程包含炼焦区、化产回收区、煤储运区、焦储运区、生活办公区及其他辅助区。主要建设内容包括 TH5550D 型双联下喷单热式捣固焦炉及其配套设施,如备煤工段、干法熄焦及余热发电系统、备用湿法熄焦系统、装煤推焦二合一地面除尘站、煤气净化及副产品回收系统。项目投产后,年生产焦炉煤气 $4.9×10^8m^3$,年生产冶金焦炭 $120×10^4t$、煤焦油 41130t、粗苯 13710t、硫黄 2850t、硫铵 16260t。二期工程投资 4 亿元,建设 $8×10^4t/a$ LNG 项目及 $180×10^4t$ 的洗煤厂。所有项目已于 2014 年底全部投产,并实现年产值 38 亿元,税金 15000 万元,安排就业 860 余人。

3.18.10 江苏省 LNG 项目

3.18.10.1 启东 LNG 接收站

启东 LNG 接收站隶属广汇能源综合物流发展有限责任公司,站址位于江苏省南通港吕四港区,该接收站包括 1 座 $15×10^4m^3$ 的 LNG 运输船码头,1 座工作船码头,2 座 $5×10^4m^3$ 储罐,1 座 $16×10^4m^3$ 储罐,以及配套设施。一期工程于 2014 年 12 月开工建设,2017 年 6 月 4 日,首艘 LNG 船舶 $14.7×10^4m^3$ 的"阿卡西娅(Grace acacia)"号到达启东 LNG 接收站,标志着广汇启东 LNG 接收站投入试运营。2018 年 11 月 20 日,二期工程新建的 1 座 $16×10^4m^3$ 储罐投运。所有建设完成后,启东 LNG 接收站项目一期接收能力为 60

$\times 10^4 t/a$,二期接收能力可达 $115\times 10^4 t/a$。

启东 LNG 接收站

3.18.10.2 如东 LNG 接收站

江苏如东 LNG 接收站是中国石油的第一个 LNG 接收站,是如东县洋口港的首个开港工程,也是江苏省第一座且最大的 LNG 接收站,同时是我国大陆第四个 LNG 接收站。该接收站隶属于中石油江苏液化天然气有限公司,主要由人工岛、接收站、码头栈桥和跨海外输天然气管道四部分组成。如东 LNG 接收站所在地的地质海况复杂,施工异常困难,技术难点多。接收站建设过程可谓是创造了业界奇迹,是国内第一个"自主设计、自主采办、自主施工、自主管理"的 LNG 接收站,接收站工程建设创造了多项国际与国内纪录。历经七年艰苦奋斗,终于按期建成了高水平、世界一流的 LNG 接收站。江苏如东 LNG 接收站现有 6 座 LNG 储罐,总罐容为 $108\times 10^4 m^3$,接卸周转能力为 $650\times 10^4 t/a$。该接收站是如东阳光岛上落户的第一个重大能源项目,历经两次扩容,气化、存储能力均达到千万吨级。为保障辖区 LNG 等重点物资运输安全,南通海事局实施了"一船一评估、一船一会商、一船一方案",并综合运用 VTS、AIS、CCTV 等信息化系统强化远程指挥、调度和监控。

如东 LNG 接收站

3.18.10.3 江苏滨海 LNG 接收站

中国海油盐城"绿能港",即江苏滨海 LNG 接收站,其一期工程建设了 10 座大型 LNG 储罐,包括 2019 年 5 月先建的 4 座 $22\times10^4m^3$ 储罐和 2021 年 6 月扩建的 6 座 $27\times10^4m^3$ 储罐。一期工程于 2023 年底全部投产运行,LNG 年处理能力达 600×10^4t。盐城"绿能港"不仅具备 LNG 接收、储存和外输功能,还配套了冷能利用、燃气发电、燃气制氢等多种功能,成为一个综合性绿色清洁能源供应站和重要枢纽。江苏滨海 LNG 接收站的外输管网起自江苏省盐城市滨海县,止于安徽省合肥市肥东末站,沿途主要向盐城、淮安、宿迁、徐州、滁州等地供气。外输管道终端到达安徽合肥,并与国家管网公司青宁管道和中俄东线互联互通。在液态外输方面,江苏、滨海 LNG 接收站最初建成了 9 个 LNG 装车橇,并于 2022 年 10 月 10 日开始正式对外销售 LNG。随后,又建成了 29 个 LNG 装车橇,并于 2023 年底与一期扩建的 LNG 储罐共同投入使用。据中国海油测算,600×10^4t LNG 相当于气态天然气 $85\times10^8m^3$,按照 2020 年江苏省全省居民每天用气量约 $1000\times10^4m^3$ 计算,可供该省民生用气约 28 个月。以 $1m^3$ 天然气发电 $5kW\cdot h$ 计算,$85\times10^8m^3$ 天然气可发电约 $425\times10^8kW\cdot h$。可实现减排二氧化碳 2850×10^4t,二氧化硫 23.25×10^4t,相当于植树 6000 万棵。二期项目建造 10 座 $27\times10^4m^3$ LNG 储罐,新增 $1000\times10^4t/a$ LNG 接收能力,为长江经济带绿色发展提供更大助力。

江苏滨海 LNG 接收站

3.18.10.4 江阴 LNG 接收站

江阴 LNG 接收站项目是江苏省重点招商引资项目,位于长江三角洲经济带和江海联运长江首站,水陆交通便捷。该接收站主体包括 LNG 储配站、LNG 码头和天然气门站三个子项目。该接收站周转 LNG 的能力约 $200\times10^4t/a$,天然气门站可输送 LNG $28\times10^8m^3/a$,两个泊位年接收能力为 500×10^4t,可承担无锡市全年平均 3 天用气量的应急储备。

江阴 LNG 接收站优势明显:具有上游稳定的供货渠道,加拿大的油气田为接收站提供了稳定的供货来源;接收站所在地天然气市场发达且容量大,无锡市预计 2025 年天然气用量缺口将达到 $25\times10^8m^3$;下游拥有销售公司,保障 LNG 到达国内后的销售和变现。该接收站预计年销售收入达 80 亿元,每年减排 CO_2 约 361×10^4t,减排 SO_2 约 35×10^4t,经济和社会环境效益俱佳。

江阴 LNG 接收站

3.18.10.5 张家港海进江 LNG 接收站

张家港海进江 LNG 接收站(苏州 LNG 储备中心)的选址位于苏州港张家港市东沙物流园东南约 807m 处，总投资额 523003 万元，包括码头工程、接收站工程以及配套外输管线，其中，码头工程建设了 2 个 3×10^4t 级 LNG 泊位(最大可靠泊 4×10^4m^{3}LNG 船)及相应的配套设施，占用岸线长度 606m。该码头设计 LNG 通过能力为 332×10^4t/a，设计吞吐量为 310×10^4t/a(卸船量为 300×10^4t/a，装船量为 10×10^4t/a)。进口 LNG 规模为 300×10^4t/a，其中，汽化外输能力为 240×10^4t/a，槽车外运能力为 50×10^4t/a，LNG 船舶转运共 10×10^4t/a。张家港海进江 LNG 接收站的建设对苏州市经济发展具有重要意义。首先，该接收站的建成将有助于提高苏州市的能源利用效率，减少对传统能源的依赖，促进经济可持续发展。其次，该接收站将为苏州市及周边地区提供稳定的天然气供应，满足市场需求，促进社会和谐稳定。最后，该接收站的建设将带动相关产业的发展，促进苏州市经济的多元化发展。

张家港海进江 LNG 接收站

3.18.10.6 赣榆 LNG 接收站

赣榆 LNG 接收站项目隶属于中国华电集团有限公司,是列入国家天然气发展规划、江苏省能源发展规划、长三角一体化发展规划"十四五"实施方案重大项目库的全省重点项目;是积极响应国家构建清洁低碳、安全高效能源体系要求,重点推进的国家天然气基础设施互联互通重点工程;是延伸天然气发电产业链、提升发电用气保障能力、实现气电一体化运营的重要支撑项目。该接收站的建设将进一步提升江苏省及周边地区的天然气供应和储气能力,促进长三角地区经济社会发展和能源结构优化,改善大气环境质量。

赣榆 LNG 接收站位于连云港赣榆港区,由码头工程、接收站工程和输气管道工程三部分组成。赣榆 LNG 接收站建设规模为 $300×10^4$t/a(约合 $42×10^8$m³ 天然气),最大接卸能力为 $610×10^4$t/a,建设了 3 座 $22×10^4$m³LNG 储罐及辅助设施,配套建设 1 座最大可停靠 $21.7×10^4$m³LNG 船泊位和 24.7km 外输管道,在青宁输气管道柘汪分输清管站接入国家干线管网,纳入"全国一张网"运营调度,整体工程预计 2027 年建成投产,总投资约 64 亿元人民币。

赣榆 LNG 接收站

3.18.10.7 协鑫汇东 LNG 接收站

协鑫汇东 LNG 接收站位于江苏省如东县洋口港区,该港口地处长三角北翼江海交汇处,是我国 $10×10^4$t 级以上港口中距上海最近的沿海港口,也是江海联运最便捷的黄金区域。该接收站一期总投资约 50 亿元,建设规模为 $300×10^4$t/a(约合 $42×10^8$m³ 天然气),建设 1 座 LNG 卸船码头,最大可停靠 $21.7×10^4$m³LNG 船舶(码头结构预留 $26.6×10^4$m³),1 座装船码头(包括两个泊位),最大可停靠 $4×10^4$m³LNG 船型(码头结构预留 $6×10^4$m³),2 座 $20×10^4$m³LNG 储罐(二期预留 3 座 $20×10^4$m³LNG 储罐)及配套工艺和公用工程设施。该接收站集 LNG 接卸储存、气液外输、装船转运等多业务、多功能于一体,其中装船转运功能是江苏省内 LNG 接收站首例,未来长江通航 LNG 船舶开放后能有效服务整个长江流域,市场潜力巨大,同时也对"气化长江"战略具有产业支撑和重要意义。该接收站一期在 2024 年底投产运营,一期产能达 $300×10^4$t/a,二期规模将达 $650×10^4$t/a。该接收站极大提升了江苏省内天然气供应和储备能力,为缓解长三角地区天然气供应紧张,提升企地储气调峰能力,改善区域生态环境,促进长三角区域经济社会发展,助力实现"碳达峰、碳中和"目标,贡献力量。

协鑫汇东 LNG 接收站

3.18.10.8　江苏省 LNG 储运调峰工程项目

江苏省 LNG 储运调峰工程项目是《江苏省储气设施建设专项规划》的核心项目，也是江苏省控股建设的第一个 LNG 接收站，作为江苏省自主掌控的重要能源战略保障。项目由江苏国信 LNG 有限公司投资建设。一期总投资 52 亿元，建设 3 座 $20\times10^4 m^3$ LNG 储罐及配套设施设备，年周转量为 $295\times10^4 t$；二期总投资 21 亿元，建造 1 座 $20\times10^4 m^3$ LNG 储罐和 1 座 $8\times10^4 \sim 26.6\times10^4 m^3$ LNG 专用码头。项目年销售收入达 20 亿元。江苏省 LNG 储运调峰工程接卸周转能力达到 $600\times10^4 t/a$，约合 $84\times10^8 m^3/a$，可为江苏年新增气源百亿立方米，满储情况下，可满足"十四五"末全省平均三天应急调峰需求，最大外输能力达 $6000\times10^4 m^3/d$。该项目对增强江苏省天然气储运、调峰、应急和保障能力具有至关重要的作用，同时对优化长三角地区能源消费结构、推进节能减排具有重要意义。

江苏省 LNG 储运调峰工程项目

3.18.10.9　江苏国信滨海港 LNG 接收站

江苏国信滨海港 LNG 接收站是江苏国信滨海港综合能源基地的重要工程，是江苏省天然气保供体系的重要气源点之一。该接收站总投资 150 亿元、占地面积为 $466669 m^2$，由江苏省国信集团建设，先期建设 $500\times10^4 t$ LNG 项目和 $2\times1000 MW$ 火电项目，其中，$500\times$

10^4t LNG 项目投资 63 亿元，用地面积约 333335m²，建设 4 座 22×10⁴m³LNG 储罐及配套气化设施，一期工程设计规模为 500×10⁴t/a。

3.18.11 山东省 LNG 项目

3.18.11.1 山东华胜能源 LNG 生产调峰储存项目

山东华胜能源 50×10⁴m³/d LNG 生产调峰储存项目分二期建设，一期建设规模为 50×10⁴m³/d，二期建设规模为 50×10⁴m³/d。项目总投资 25938.34 万元。天然气源来自中国石油西气东输冀宁联络线济宁分输站，供气量为 50×10⁴m³/d，原料气压力为 4.0MPa，温度为 35℃。管道运输长度约 8.5km，管道尺寸为 φ273mm×8mm，管道材质为直缝 L360 钢管。管线由供气方负责建设，直接敷设到该调峰厂门口供本项目使用。项目建设主体是中国石油天然气集团公司旗下的中石油昆仑天然气利用有限公司。该项目的建设可以在用气低谷(即夏季和秋季)将天然气液化后储存，液化的主要目的是增加储存规模。当冬季气源紧张，出现气荒时，将 LNG 运至气化站气化后供居民使用。该项目建设的 LNG 调峰工厂是一座真正意义上的调峰 LNG 生产基地，提高了山东省用气的安全性，对落实我国能源安全的战略方针、构建和谐社会、维护社会安定具有十分深远的意义。

3.18.11.2 山东亿业石油化工厂项目

山东亿业石油化工有限公司位于菏泽市定陶区化工园区，公司总投资 31 亿元，用地面积为 674980m²，分两期建设。一期建设投资 14.6 亿元，建设处理能力为 70×10⁴t/a 的天然气化工厂，建设周期为 18 个月，于 2012 年 2 月开工，建设一座处理 300×10⁴m³/d 的天然气液化工厂，并配备专用储存、装车等设施。2013 年 8 月建成投产。一期建成投产后，是当时国内最大天然气液化能力的天然气液化工厂，处理能力为天然气 10×10⁸m³/a，生产 LNG 70×10⁴t/a，年销售收入 40 亿元。该项目属于国家新能源及节能环保项目，采用国际最先进和成熟的液化工艺，液化成本较低，经济效益显著。本产品是国家大力推进的清洁能源，市场需求巨大，回报率较高。二期建设投资 17 亿元，建设生产 60×10⁴t/a 甲醇汽油项目。

3.18.11.3 山东泰安 LNG 装备国产化项目

山东泰安 60×10⁴t/a LNG 装备国产化项目作为国家能源局和中国石油指定建设的国产化依托工程，被列入《山东省储气设施规划建设方案》。这是我国首个利用自主技术和国产设备建设的规模最大的天然气液化项目，也是山东省唯一的内陆省级 LNG 储备基地，对提升储气和系统增强调峰保供能力，确保全省安全稳定供气具有重要意义。该项目天然气处理能力为 260×10⁴m³/d，可供应 LNG 60×10⁴t/a，工艺技术采用中国寰球工程有限公司自主开发的双循环混合冷剂(DMR)液化技术，实现了天然气净化技术、液化技术及储运技术的系列化和标准化。在项目实施过程中，共取得了 46 项国家专利，制定了 3 项国家标准，形成了 50 余项专有技术和施工工法。山东泰安 LNG 工厂的工业原料气来自泰青威管线中国石油范镇分输站。天然气进入工厂装置后，先后经过预处理、液化等流程，生成 LNG，进入储罐储存，并根据需求计划装车外运，满足山东省乃至华东部分地区天然气调峰保供需求。2020 年 5 月 28 日，昆仑能源所属山东泰安 LNG 工厂内 70 辆槽车缓缓驶出，1400t LNG 输送至山东济南、济宁、潍坊等 16 地市 70 个场站，为山东省天然气综合利用再添新动能。

山东泰安 LNG 项目

3.18.11.4　青岛董家口 LNG 接收站

青岛董家口 LNG 接收站隶属于中国石化青岛液化天然气有限责任公司，位于山东省青岛市黄岛区西南的董家口港。青岛董家口 LNG 项目于 2010 年 9 月 10 日奠基，2011 年 6 月正式开工建设，2014 年投产运行，是中国石化旗下的第一座 LNG 接收站。作为国家"十一五"规划的重点能源项目，青岛董家口 LNG 项目包括接收站工程、配套码头工程及配套输气管线工程三部分。一期接卸能力为 $300×10^4$ t/a，配套 4 座 $16×10^4 m^3$ 的 LNG 储罐。码头工程包括 1 座可停靠 $8×10^4 \sim 27×10^4 m^3$ LNG 运输船的接卸码头以及 1 座工作码头。2014 年 11 月，青岛董家口 LNG 接收站接收了第一船 LNG 并开始试运行。2014 年 12 月 13 日，青岛董家口 LNG 正式投产。一期工程（包含接收站和码头工程）于 2015 年 7 月全部建成并投入试运行。2016 年 3 月 16 日，青岛董家口 LNG 接收站的 4 号储罐正式投产。2018 年 7 月 25 日，青岛董家口 LNG 项目二期工程取得山东省核准，并于 2018 年 10 月正式开启建设。二期工程主要包括新建 2 座 $16×10^4 m^3$ 的 LNG 储罐及配套设施，二期工程项目占地面积约为 $2.9×10^4 m^2$，于 2021 年 8 月建成投产。二期项目建成达产后，青岛董家口 LNG 接收站的接卸能力提升至 $700×10^4$ t/a。2020 年 3 月 5 日，青岛 LNG 项目三期工程正式获得山东省发改委核准批复。作为国家发改委和能源局关于完善国家天然气产供储销体系建设的重点督办项目，也是山东省新旧动能转换新能源产业重点项目，三期工程建设了 1 座最大可靠泊 $26.6×10^4 m^3$ LNG 船舶的专用 LNG 泊位，新增 LNG 接卸能力 $400×10^4$ t/a，一座 $27×10^4 m^3$ LNG 储罐及配套附属设施。2022 年 11 月 23 日，山东 LNG 项目三期码头工程顺利完成中交。三期工程的建成，使得青岛董家口 LNG 接收站周转能力达到 $1100×10^4$ t/a。

青岛董家口 LNG 接收站

3.18.11.5 龙口南山 LNG 接收站

龙口南山 LNG 接收站位于烟台市龙口港区屺姆岛,是我国环渤海地区天然气产供储销体系建设的重要组成部分。2020 年 5 月,接收站一期工程正式开工,设计 LNG 接卸能力为 500×10^4 t/a,同时建造 6 座 22×10^4 m³ LNG 储罐,其中包括 1 座半地下式储罐、1 座坐地式储罐、4 座常规高桩承台式储罐。接收站配套外输管道从龙口南山 LNG 接收站连接至山东省管网北干线,并与山东省主管网以及中俄东线、中海油蒙西管线互联互通。这不仅能满足烟台市和山东省的天然气需求,还可以向北方和华东地区供气,成为中海石油气电集团有限责任公司全国 LNG 布局的重要组成部分。该接收站通过山东省天然气环网北干线实现气源外输,每天最多可为山东省供应天然气达 4000×10^4 m³。该接收站远期规模为 2000×10^4 t/a,将打造成北方地区大型清洁能源储运基地。这对进一步提升环渤海及山东地区的天然气供应和储备能力,保障北方地区采暖季用气需求,促进山东省经济社会发展和能源结构优化具有重要意义。

龙口南山 LNG 接收站

3.18.11.6 龙口 LNG 项目

中国石化龙口 LNG 项目位于山东省烟台市龙口港区,是山东省新旧动能转换重大能源项目。龙口 LNG 项目于 2021 年 12 月 1 日举行开工仪式。项目一期 LNG 接转能力为 650×10^4 t/a，主要包括 1 座 26.6×10^4 m³ LNG 船泊位、4 座 22×10^4 m³ LNG 储罐及配套气化外输设施，气化外输量为 3400×10^4 m³/d，新增储气能力 5.5×10^8 m³，于 2023 年 10 月建成投产。该项目的投产进一步提高了中国石化在环渤海及华北、华东地区的资源供应能力，对优化调整能源结构、促进经济可持续发展、助力实现"双碳"目标具有重要意义。龙口 LNG 项目的建设将增强山东天然气进口终端接收能力，对保证市场供应、优化调整能源结构、促进经济可持续发展、保护生态环境具有重要意义。

3.18.11.7 烟台西港 LNG 项目

烟台西港 LNG 项目位于烟台港西港区，通过黄渤海与世界相连，地处胶东半岛和环渤海经济圈，紧邻京津冀城市群以及山东、河南、河北等能源消费大省，区位优势得天独厚，是国家环渤海地区 LNG 储运体系建设的重点项目，承担着政府储气能力建设的重要任务。目前，该项目是全国唯一拥有 LNG 独立作业港池、专用航道和专用锚地的理想港址，预留了冷能综合利用的发展空间，海、陆域具备巨大的发展潜力和优越的建设条件。该项目由接收站工程、配套码头工程、防波堤工程和专用通道工程等组成。其中，接收站工程一期由中城乡（烟台）LNG 有限公司投资 83.16 亿元建设，占地面积为 47.7×10^4 m²，建设 5 座 20×10^4 m³ LNG 储罐、1 座 26.6×10^4 m³ LNG 接卸泊位、1 座 5×10^4 m³ LNG 转水泊位以及生活办公设施。

该项目于 2020 年 10 月 31 日正式开工，2021 年 2 月 24 日完成首台储罐桩基施工，同年 10 月 29 日完成全部 5 台储罐承台浇筑，2024 年底建成投产，最大通过能力达到 590×10^4 t/a。在总平面布置及工艺设计上，还充分考虑远期发展，预留未来年总接收规模 1000×10^4 t 以上的拓展空间，可提供天然气供应量约 83×10^8 m³/a，减排二氧化硫 13.06×10^4 t/a、氮氧化物 4.32×10^4 t/a、烟尘 15.46×10^4 t/a。海上天然气将通过此枢纽的输气管网，输送至华东、华北等地区多个省份，极大提升山东省储气调峰能力，对改善区域生态环境，促进烟台市和山东省经济及能源的可持续协调发展具有重要意义。

烟台西港 LNG 项目

3.18.12 安徽省 LNG 项目

3.18.12.1 合肥燃气应急调峰项目

合肥燃气集团有限公司始建于 1982 年,是集天然气储配与销售、燃气设计、管道安装、燃气器具制造于一体的市属国有独资大型企业。目前主要承担合肥市建成区(除滨湖新区)、庐江县和寿县南部 12 个乡镇及新桥产业园的天然气供应任务。在肥东三十埠、肥西北张和长丰罗集各建有 1 套 LNG 应急调峰储气设施。合肥燃气应急调峰项目于 2008 年 10 月 26 日正式投产运行,总投资 1.03 亿元,主要建设 1 座 LNG 储罐和相应气化设施。2009 年初,合肥市天然气工程荣获第八届中国土木工程"詹天佑"奖。2021 年供气量为 10.83×10^{8}m^3,管道天然气供应规模在安徽省城市供气行业中排名第一。为提高供气保障能力,2008 年合肥燃气前瞻性推进 LNG 应急调峰工程建设。该工程是西气东输沿线城市第一个以 LNG 为气源的大型城市应急调峰项目。

合肥燃气应急调峰项目

3.18.12.2 芜湖长江 LNG 内河接收站

2016 年 8 月,淮河能源燃气集团有限责任公司经安徽省国资委批准成立,代表安徽省引进新气源,代表淮河能源控股集团开展天然气基础设施的投资、建设、运营和管理等工作。淮河能源燃气集团有限责任公司拥有 LNG、管道气和煤层气三大气源优势,并全资建设全国首座内河 LNG 接收站——芜湖长江 LNG 内河接收站。该接收站总投资 29.2 亿元,设计 LNG 接卸规模为 150×10^{4}t/a。接收站包括建设 3 座 0.6×10^4~4×10^{4}m^{3}LNG 接卸泊位,1 座 1×10^{4}t 级集装箱泊位,1 座 0.5×10^{4}t 级内河 LNG 加注泊位,2 座 10×10^{4}m^{3}LNG 储罐及配套设施。该接收站在 2024 年 9 月底正式投产,是全国首座内河 LNG 接收站,定位为长三角区域的重要能源供应点,对提升安徽省的天然气供应保障能力具有重要意义。

芜湖长江 LNG 内河接收站

3.18.12.3 合肥庐江 LNG 应急调峰储备站

合肥庐江 LNG 应急调峰储备站及配套管线工程位于合肥市庐江县龙桥镇境内,该储备站以 LNG 为气源,规划 LNG 总储存规模为 $20\times10^4m^3$(约 $1.2\times10^8m^3$ 天然气),占地面积约 $21.4\times10^4m^2$。一期工程的主要内容包括储备站工程和配套管线工程。储备站工程主要建设 2 座 $5\times10^4m^3$ 低温混凝土全容储罐,并设置装卸车系统、LNG 低温泵、浸没燃烧式气化器、水浴式气化器、空温式气化器、BOG 压缩机、BOG 加热器、调压计量设施等工艺设施,最大供气能力为 $26\times10^4m^3/h$,并配套建设相关土建、消防、电气、自控设施;配套管线工程包含 1 座龙桥阀室的改扩建和管线工程,配套管线的设计压力为 6.3MPa,设计管径为 DN600,管线全长约 10.2km。远期预留 2 座 $5\times10^4m^3$ LNG 储罐及相关的配套设施。工程总投资约为 13.8 亿元,建安费约 3.4 亿元。

3.18.13 福建省 LNG 项目

3.18.13.1 福建莆田 LNG 接收站

福建莆田 LNG 接收站建设运营单位为中海福建天然气有限责任公司,隶属于中国海油,站址位于福建省莆田市秀屿港区,是中国内地第一个完全由国内企业自主引进、建设、管理的大型 LNG 项目。福建莆田 LNG 接收站包括接收站、码头和输气干线三个单项工程,规划 LNG 处理规模达 $500\times10^4t/a$,于 2005 年 4 月正式开工建设,2008 年 4 月接收第一批 LNG 用以接收站调试,2009 年 2 月正式投产。福建莆田 LNG 接收站的资源购销协议合同期为 25 年,气源来自印度尼西亚东固 LNG 项目。自 2009 年开始,印度尼西亚东固 LNG 项目可为福建莆田 LNG 接收站提供 $260\times10^4t/a$ LNG。

福建莆田 LNG 接收站

3.18.13.2 漳州 LNG 接收站

漳州 LNG 接收站位于福建省漳州市龙海区隆教畲族乡兴古湾北侧,于 2017 年 11 月获国家发改委核准。该接收站由接收站工程、码头工程和外输管线三部分组成,是国家天然气"产供储销"体系建设项目、福建省和漳州市重点建设项目。一期工程建设规模为 300×10^4 t/a 的 LNG 接收站，包括一座 $8 \times 10^4 \sim 27 \times 10^4$ m³LNG 专用接卸码头，3 座 16×10^4 m³ 储罐和 4 套高压气化外输设备设施和 10 台槽车装车橇以及相关配套生产设施。漳州 LNG 接收站工程包括集散控制系统（DCS）、安全仪表系统（ESD）、火灾和气体检测报警系统（FGS）、智能设备管理系统（AMS）以及振动监测系统（VMS）。其中，DCS 配置中控 ECS-700 系统，ESD 和 FGS 配置中控 SIL3 认证的 TCS-900 系统，DCS、ESD 和 FGS 连接在一个网络上，共用工程师站、操作站和 AMS 站等。该接收站是中控首次采用国产系统实现 LNG 接收站的 SIS 和 FGS 安全仪表系统的紧急停车及连锁报警系统控制，并首次在国产系统上集成第三方主要设备的 VMS 振动监测系统、火灾报警盘和后备电池等。该接收站一期投产后，LNG 加工能力为 300×10^4 t/a，高压气化外输能力为 1800×10^4 m³/d，每天槽车装车橇外输能力为 180 车。该接收站通过建设 LNG 冷能利用综合产业园实现年冷能利用相关产值达 10 亿元，可替代煤炭使用 540×10^4 t/a，减排二氧化碳 900×10^4 t/a、二氧化硫 18×10^4 t/a，相当于年植树 2400 万棵，这将对建设绿色低碳"美丽福建"作用显著。2024 年 5 月 21 日，一艘满载 6.6 万吨 LNG 的"玛可玛"号 LNG 运输船靠泊厦门港后石港区隆教作业区 1 号泊位，顺利开展接卸作业，标志着漳州 LNG 接收站落地投产，填补了厦门、漳州、泉州地区无 LNG 接收站的空白，为福建省清洁能源进口开辟了新通道。另外，一期工程中兼顾考虑了二期工程的场地预留和天然气外输总管线以及海水总管线的预留空间。

漳州 LNG 接收站

3.18.13.3　哈纳斯莆田 LNG 接收站

哈纳斯莆田 LNG 接收站于 2023 年 5 月份全面开工建设。建设地点位于福建省莆田市湄洲湾港东吴港区，总接收能力为 1000×10^4 t/a，总投资 120 亿元，分两期建设。全部建成投产后供应天然气达 140×10^8 m³/a，可满足约 7000 万个家庭一年的用气量，约可替代煤炭近 1700×10^4 t/a，年产值可达 300 亿~450 亿元。其中，一期工程接收 LNG 能力为 $565 \times$

10^4 t/a，投资 52.6 亿元，建设期 3 年，2023 年 5 月全面开工建设，2026 年建成投产，投产后供应天然气达 $80×10^8 m^3/a$，可满足约 4000 万个家庭一年的用气量，约可替代煤炭近 $1000×10^4 t/a$。作为宁夏哈纳斯在福建投资的第一个重大能源工程，该接收站标志着闽宁协作由单向投资转为双向互助，通过清洁能源协作扩展闽宁合作模式的新内涵。该接收站通过配套天然气管道与国家天然气主干管网实现互联互通，为福建省和宁夏及周边地区增加天然气供应量 $80×10^8 m^3/a$。这不仅将提升福建省及周边地区的天然气供储能力，还可通过异地管输气量置换，为宁夏提供中长期天然气应急储备，保障国家能源安全。

3.18.14 江西省 LNG 项目

3.18.14.1 湖口 LNG 储配项目

江西省鄱阳湖液化天然气有限公司新建湖口 LNG 储配项目，项目建设地点位于江西湖口金砂湾工业园区，项目主要建设内容为新建厂前区、辅助区、装置区、储罐区、装车区、LNG 船舶加气区和 LNG 集装箱区。项目达产后 LNG 处理能力为 $19.6×10^4$ t/a。主要耗能设备为冷剂压缩机、原料气压缩机、BOG 压缩机、冷却塔风机和循环泵等。项目生产工艺流程为：原料气净化→净化气液化→LNG 储存→LNG 气化（LNG 运输）。主要耗能工序为原料气净化和净化气液化。该项目能耗种类为电力、燃料气、新水、乙烯、丙烷和异戊烷，年综合能源消耗、新增能源消费量为 29712.48t 标准煤（等价值），其中消耗电力 $6859.09×10^4$ kW·h/a，折 22909.36t 标准煤；燃料气 $540.78×10^4 m^3$，折 6565.07t 标准煤；新水 $2.73×10^4$ t，折 2.34t 标准煤；乙烯 40t，折 62.86t 标准煤；丙烷 50t，折 78.57t 标准煤；异戊烷 60t，折 94.28t 标准煤。

3.18.14.2 九江港湖口港区船舶 LNG 加注工程

九江港湖口港区船舶 LNG 加注工程是江西省首个船舶液化天然气加注项目，也是长江干线沿线 45 个 LNG 加注工程之一。该加注工程的核心设施包括一个 5000t 级的 LNG 加注码头，同时兼顾柴油加注，设计年通过能力为 $1.91×10^4$ t，其中 LNG 加注能力为 $1.1×10^4$ t。工程采用了"油气合一"的集约化建设方式，不仅为过往船舶提供清洁能源，还包括岸电、供水、环保接收等多项服务。该加注工程的完工填补了江西省在水上 LNG 加注领域的空白，对推进水运行业的节能减排、转型升级有着重要意义。此外，它也为九江港打造成为区域航运中心和江西省大开放门户提供了强有力的基础设施支撑。

3.18.15 广东省 LNG 项目

3.18.15.1 深圳市 LNG 储备与调峰库项目

2019 年 8 月 18 日，深圳市 LNG 储备与调峰库项目成功接卸首船 LNG，标志着该项目进入投产试运行阶段。项目站址位于深圳市大鹏新区，总投资约 16 亿元，于 2014 年正式开工建设。项目建设包括 1 座容量为 $8×10^4 m^3$ 的 LNG 储罐、$24×10^4 m^3/h$ 的气化调峰设施、

5套LNG槽车装卸系统以及1座5×10^4t级的LNG码头，能够接卸$1 \times 10^4 \sim 9 \times 10^4 m^3$LNG的LNG船舶。同时，项目配套建设了约6.4km的高压和中压燃气管道，连接深圳市天然气高压输配系统，实现了储备库与城市天然气管网的互联互通。该项目使得深圳市的LNG应急储备库容将从现有的$2 \times 10^4 m^3$提升至$10 \times 10^4 m^3$，储气调峰能力跃居国内大中城市前列。

深圳市LNG储备与调峰库项目

3.18.15.2 深圳LNG应急调峰站项目

深圳LNG应急调峰站项目由国家管网集团建设项目管理分公司负责建设，站址位于大鹏湾北侧海域，是全国天然气"一张网"和"南气北送"互联互通工程的重要组成部分，占地面积约$17333m^2$，建成后将成为国内功能完备、同等规模用地最少的LNG接收站。该项目分为码头工程和接收站工程，其中码头工程建设1座$8 \times 10^4 \sim 26.7 \times 10^4 m^3$LNG装卸船码头，1座$0.5 \times 10^4 \sim 2 \times 10^4 m^3$LNG装船码头。接收站工程分两期建设，一期建设2座$20 \times 10^4 m^3$LNG储罐，是目前深圳市容积最大的LNG储罐，气化能力达$3000 \times 10^4 m^3/d$；二期建设2座$27 \times 10^4 m^3$LNG储罐，与目前全球单体最大的LNG储罐容积相当，气化能力达$4200 \times 10^4 m^3/d$，建成后最大储气能力将达到$5.8 \times 10^8 m^3$。

深圳LNG应急调峰站项目

3.18.15.3 阳江 LNG 调峰储气库

阳江 LNG 调峰储气库位于阳江市江城区 LNG 码头。该储气库的外输管道工程从阳江市高新区的海陵湾首站开始，终点为阳江市江城区双捷镇的阳江分输站，管道全长 41.5km，途经高新区和江城区，预计输气量为 $73\times10^8m^3/a$，年均小时输气量约 $86.61\times10^4m^3/h$，为满足储气库最大气化能力外输，管道系统设计的最大输出量为 $176.12\times10^8m^3/h$。项目建设包括 2 座站场（海陵湾首站和平冈分输站）和 1 座分输监控阀室（马岗阀室）。工程涉及 2 处水域大型穿越和 1 处水域中型穿越。在国家管网广东省管网阳江分输站附近，新建 1 座末站，站内设置清管收球、过滤、计量、流量调节、放空、排污及配套公用工程设施，并新建双捷末站至阳江分输站的联络线，实现阳江 LNG 调峰储气库项目外输管道工程与广东省管网阳江分输站的连通。设计一期运输气量为 $27.63\times10^8m^3/a$，二期运输气量为 $63.05\times10^8m^3/a$，设计压力为 9.2MPa，管径为 DN813mm，长度为 0.331km，设计温度范围为 $0\sim60℃$。项目总投资 5600 万元。该储气库的码头工程主要建设 1 座容量为 $17.5\times10^4m^3$ 的 LNG 泊位和配套建设 1 个工作船泊位，泊位长分别为 360m 和 115m。该储气库采用 500t 起重船进行吊装作业，确保预制预应力构件的安全高效安装。

阳江 LNG 调峰储气库的配套码头工程是广东省"一带一路"优先推进项目。该项目对提升粤西及周边地区的天然气供应和储备能力，缓解粤西地区能源供应压力，促进阳江沿海开发和绿色产业发展具有重大意义。

阳江 LNG 调峰储气库

3.18.15.4 广州 LNG 应急调峰气源站项目

广州 LNG 应急调峰气源站项目由广州发展集团旗下广州燃气集团有限公司负责实施，是广东省、广州市"十三五"和"十四五"能源规划的重点建设项目以及省、市两级供给侧结构性改革"补短板"重点项目，也是广州市攻城拔寨作战图的重点建设项目。该项目分为两期建设，一期工程包含储气库项目和配套码头工程两个项目，储气库项目一期工程于 2019 年 9 月正式开工，设计的周转量为 $100\times10^4t/a$，主要包括 2 个 $16\times10^4m^3$ 的 LNG 储罐、3 条升压气化生产线，以及厂区相关配套设备设施，现已建成投产。配套码头工程建设了 1 座可靠泊仓容为 $3\times10^4\sim14.7\times10^4m^3$ LNG 船舶的专用接卸码头，其中，水工结构按

靠泊仓容为 $18×10^4m^3$ LNG 船舶的规模建设。储气库二期工程项目同样为 2 座 $16×10^4m^3$ 的 LNG 储罐。

广州 LNG 应急调峰气源站项目

3.18.15.5 广东大鹏 LNG 接收站

广东大鹏 LNG 接收站是中国内地的第一座 LNG 接收站,位于广东省深圳市大鹏半岛迭福湾近秤头角(香港东平洲对岸),与位于其西北方向的中海石油深圳 LNG 接收站相邻(该站于 2017 年启用,由中国海油及深圳能源集团参与)。广东大鹏 LNG 接收站于 2006 年完工,主要气源来自澳洲西北气田,有时也有来自中东地区的 LNG。该接收站设有 1 个码头和 4 个容量为 $16×10^4m^3$ 的 LNG 储罐(其中 2 个在 2006 年投入使用,另外 2 个分别于 2007 年和 2015 年投入使用),用于储存 LNG。站内还设有 9 台气化装置,将 LNG 气化后外输至珠三角的各用户,包括电厂用户和城市燃气用户。气化装置包括 7 台开架式气化器(ORV)和 2 台浸没燃烧式气化器(SCV),在用气高峰时期,2 台浸没燃烧式气化器会启用,以加快天然气外输。此外,该接收站拥有三艘 LNG 运输船(大鹏月、大鹏昊及大鹏星)及拖船(通常以四艘拖船牵引一艘 LNG 运输船),用于将 LNG 海运至接收站。自 2006 年正式运营以来,至 2020 年 5 月,广东大鹏 LNG 接收站累计接卸来自亚洲、非洲、澳大利亚和美洲等 20 多个国家的 LNG 超过 $7400×10^4t$,其 LNG 进口量占同期全国 LNG 进口量的 25%,占同期中国海油 LNG 进口量的 40%。截至 2023 年 9 月,据中国海油消息,广东大鹏 LNG 接收站累计接卸量突破 $1×10^8t$,成为中国接卸量最大的 LNG 接收站。目前,广东大鹏 LNG 接收站的供气范围已覆盖深圳、东莞、广州、佛山、惠州和香港,其供气量约占广东省天然气累计消费量的 60%,约占香港同时期天然气累计消费量的 40%。

3.18.15.6 九丰 LNG 接收站

九丰 LNG 接收站由东莞市九丰天然气储运有限公司建设及运营,接收站位于东莞市立沙岛作业区立沙大道 16 号,拥有 1 座 $5×10^4t$ 级($8×10^4t$ 级水工结构)的综合油气石化码头,码头岸线 301m,包括 $14.4×10^4m^3$ LPG/DME 储罐、$20×10^4t/a$ 二甲醚生产装置和 2 座

$8\times10^4m^3$ LNG 储罐。2009 年开工,并于 2012 年投产。该接收站总接收能力为 $150\times10^4t/a$。

广东大鹏 LNG 接收站

九丰 LNG 接收站

3.18.15.7 汕头 LNG 接收站

汕头 LNG 接收站位于汕头濠江区广澳港区,总投资金额约为 88 亿元,分两期建设。一期建设投资约为 66 亿元,设计接卸能力为 $300\times10^4t/a$,主要建设内容包括 3 座 $20\times10^4m^3$ LNG 储罐及配套工艺处理设施,1 座可靠泊 $8\times10^4\sim21.7\times10^4m^3$ LNG 船的接卸码头(水工结构按可靠泊 $26.7\times10^4m^3$ LNG 船舶设计建设)和 1 个工作船泊位;二期扩建工程完成后,总处理能力超过 $600\times10^4t/a$。2015 年,广东省粤电集团有限公司(现更名为广东省能源集团有限公司)在对濠江区进行多次考察后,由其全资子公司广东粤电天然气有限公司(现更名为广东省能源集团天然气有限公司)与濠江区政府就投资建设 LNG 接收站及配套项目有关问题展开多轮洽商,达成了在濠江区投资建设 LNG 接收站及配套项目的一致意见,并明确由广东省能源集团天然气有限公司、汕头市赛洛能源有限公司与集团下属子公司汕头市粤鑫资产投资有限公司共同出资成立广东汕头液化天然气有限公司,负责汕头 LNG 接收站的建设及运营。

汕头 LNG 接收站

3.18.15.8 潮州华丰 LNG 接收站

潮州华丰 LNG 接收站业主单位是广东华丰中天液化天然气有限公司，接收站位于潮州市饶平县所城镇龙湾村，占地面积为 $24.2×10^4m^2$，项目一期建设两座 $10×10^4m^3$ 的 LNG 储罐及配套设施，加固改造原有码头至 $8×10^4t$ 级 LNG/LPG 码头，接收能力为 $300×10^4t/a$，于 2022 年实现投产。项目二期新建 2 座 $16×10^4m^3$ LNG 储罐及配套设施，这使得潮州华丰 LNG 接收站总接收能力提升至 $600×10^4t/a$。

3.18.15.9 揭阳 LNG 项目

揭阳 LNG 项目位于广东省揭阳市惠来县大南海国际石化综合工业园内，总投资约 60 亿元。项目主要包括接收站储罐、码头及外输管线三部分。接收站储罐方面，原计划分两期建设，一期接收能力为 $300×10^4t/a$，二期接收能力为 $350×10^4t/a$，后来由于接收站用地面积所限，施工场地较小，为保证二期施工不对一期已建设备产生影响，一期、二期统一纳入一期建设范围，共建设 3 座 $20×10^4m^3$ LNG 储罐，总接收能力为 $650×10^4t/a$，对外装车能力达到 $50×10^4t/a$。码头方面，建设 1 座可接卸 $3×10^4$~$26.6×10^4m^3$ LNG 船的专用码头。外输管线方面，建 1 条 LNG 接收站外输管道，设计压力为 10MPa，管径为 D813mm，长度约为 3.2km，外输供气能力达到 $2475×10^4m^3/d$（高压）$+540×10^4m^3/d$（低压）。

3.18.15.10 华瀛 LNG 接收站

华瀛 LNG 接收站作为国家能源战略和广东省天然气产供储销体系建设的重要组成部分，一期工程建设规模为 $600×10^4t/a$，建设 3 座 $20×10^4m^3$ LNG 储罐、1 座 $3×10^4$~$21.7×10^4m^3$ LNG 船舶接卸泊位、1 座工作船泊位及相关的配套接卸、储存、加压、气化、外输等主要工程设施，工程基础设计批复总投资 63.9 亿元。一期工程使得接卸能力达 $600×10^4t/a$，大约可以气化 $84×10^8m^3$ 的天然气。跟同等热质的煤炭来相比，可以减排二氧化碳约 $2100×10^4t/a$，减排二氧化硫约 $20×10^4t/a$，减排烟尘约 $10×10^4t/a$，这相当于种植

4200万棵树的环境效益。接收站投产后，将对广东省打赢蓝天保卫战做出积极的贡献，也将对"碳达峰、碳中和"目标的推进和实现具有重要的促进作用。

揭阳LNG项目

华瀛LNG接收站

3.18.15.11 惠州LNG接收站

惠州LNG接收站位于广东省惠州市惠东县稔平半岛西南部平海镇碧甲作业区，占地面积约$38×10^4m^2$，计划分两期建设。其中，一期工程投资66.36亿元，建设3座容量为$20×10^4m^3$LNG储罐，设计接收规模为$400×10^4t/a$，最大处理能力为$610×10^4t/a$。后续二期工程拟扩建3座容量为$26×10^4m^3$LNG储罐，建成后最大处理能力可增至$1000×10^4t/a$，年营业额约15亿元。惠州LNG接收站一期工程于2023年5月完成建设。二期工程计划投资30亿元，已启动项目报批前期工作，规划建设3座容量为$27×10^4m^3$的LNG储罐及配套设施，建成后接收能力达$1000×10^4t/a$。建设惠州LNG接收站是广东省重大能源项目和重点工程，是广东省天然气管网互联互通的主要气源支撑点之一，也是惠州市贯彻落实国家"碳达峰、碳中和"战略，推进能源产业高质量发展，构建清洁低碳现代能源体系的重要举措。接收站建成后，将为惠州打造世界级绿色石化产业，有助于促进粤港澳大湾区能源结构优化和生态环境建设，对提升粤港澳大湾区天然气供应和储备能力发挥重要保障作用。

惠州 LNG 接收站

3.18.15.12 粤东 LNG 接收站

粤东 LNG 接收站隶属于中海油粤东液化天然气有限责任公司，站址位于广东省揭阳市惠来县前詹镇沟疏村，一期建设规模为 200×10^4 t/a，建设 3 座 16×10^4 m³ LNG 储罐；港口工程则建设一座 $8\times10^4\sim26.7\times10^4$ m³ LNG 运输船专用码头（长 397m）、1 座 1000t 级重件泊位，以及防波堤、栈桥、取排水口等配套设施。2012 年开工，2017 年 5 月 26 日正式投产，总接收能力为 200×10^4 t/a。自投产以来，由于配套外输管道尚未建成，该接收站只能依靠槽车拉运和闪蒸汽综合利用装置解决 LNG 外输和储存问题。2017 年 6 月，配套外输管道正式开始建设，全长约 115km，途经汕头、潮州、揭阳三市的 9 个区县，设计运输气量近 53×10^8 m³/a，将来自粤东 LNG 接收站的进口气通过广东省网与西气东输二线、西气东输三线相连，实现"南气北上"。2021 年 3 月 1 日，国家管网集团发布消息称，当日粤东 LNG 接收站一期工程配套外输管道互联互通段正式投产运行，标志着粤东 LNG 接收站正式新增气化外输渠道，LNG 接卸量将近 300×10^4 t。

粤东 LNG 接收站

3.18.15.13 广海湾 LNG 接收站

广东江门广海湾 LNG 接收站由广东广海湾能源控股有限公司建设，规划总用地面积约 $93.3\times10^4m^2$。接收站按"总体规划，分期实施"的原则，一期接收能力为 $300\times10^4t/a$（其中气化外输 $250\times10^4t/a$，液态 LNG 外运 $50\times10^4t/a$），二期接收能力为 $600\times10^4t/a$，远期达到 $1200\times10^4t/a$。一期建设 5 座 $22\times10^4m^3$ LNG 储罐、1 座 $26.6\times10^4m^3$ LNG 船舶接卸泊位和 1 座 2000t 的工作船码头，同步建设约 100km 的外输管道；二期建设 6 座 $22\times10^4m^3$ LNG 储罐、1 座 $26.6\times10^4m^3$ LNG 船舶接卸泊位和 1 座 $3\times10^4m^3$ 的出运和加注船泊位；远期规划再建设 9 座 LNG 储罐。

广海湾 LNG 接收站

3.18.15.14 珠海 LNG 接收站

珠海 LNG 接收站由广东珠海金湾液化天然气有限公司建设，位于珠海市南水镇高栏港经济区高栏岛平排山，距离澳门市区 50km，占地面积为 $40.6\times10^4m^2$。接收站有 3 座容量为 $16\times10^4m^3$ 的全容式 LNG 储罐、1 座可接卸 $8\times10^4\sim27\times10^4m^3$ LNG 运输船的专用码头、1 座工作船码头及相关配套设施。接收站于 2010 年 10 月开工建设，2013 年 10 月 25 日完成首船 LNG 接卸，标志着接收站正式投产运营，总接收能力可达 $350\times10^4t/a$。作为国家石油天然气基础设施重点工程之一，珠海 LNG 接收站二期项目于 2021 年 6 月开工建设，采用中国海油 CGTank®超大型 LNG 储罐核心技术自主设计，建设 5 座世界单罐容量最大的 $27\times10^4m^3$ LNG 储罐及配套设施，珠海 LNG 接收站将成为华南地区规模最大的天然气储运基地，LNG 年处理能力可达 700×10^4t，折合气态天然气约 $100\times10^8m^3$。按照每户居民每月用气 $30m^3$ 计算，这相当于可以供近 3000 万户居民使用一年。珠海 LNG 接收站作为中国海油在珠江西岸的唯一陆地气源点，LNG 进口气源地遍布全球六大洲。这些清洁能源源源不断地输送到广州、佛山、珠海、中山、江门等城市，与此同时，珠海 LNG 接收站与南海荔湾 31 气田、惠州 211 气田和番禺 301 气田形成战略性互补，成为保障粤港澳大湾区和华南地区能源安全的"主力军"之一。此外，珠海 LNG 接收站三期项目已经提上议事日程，三期项目作为珠海 LNG 接收站的重要组成部分，拟建 4 座容量为 $27\times10^4m^3$ 的 LNG 储罐及配套气化设施、BOG 处理系统等。第三期工程建成之后，珠海

LNG 接收站将拥有多达 12 座 LNG 储罐，LNG 储存能力达到 128×10^4 t，接收站总规模可达 1200×10^4 t/a，这不仅有利于提高广东省乃至华南地区天然气的利用率，还对珠海市实现能源可持续发展、保障国民经济快速健康发展提供重要保障。

珠海 LNG 接收站

3.18.15.15 深圳 LNG 接收站

深圳 LNG 接收站位于广东深圳大鹏湾，大鹏 LNG 接收站北侧。该接收站于 2012 年开工建设，包含 4 个 16×10^4 m³ 全容式 LNG 储罐、1 座可接卸 $3\times10^4 \sim 26.6\times10^4$ m³ LNG 船的专用泊位及配套气化外输设施。2018 年 8 月 1 日，首船 LNG 顺利抵达，标志着深圳 LNG 接收站投产运营，总接收能力为 400×10^4 t/a。深圳 LNG 接收站每年外输 400×10^4 t LNG，相当于 56×10^8 m³ 天然气。按照 1 m³ 天然气发电 5 kW·h 计算，这些天然气可发电约 280×10^8 kW·h。使用 56×10^8 m³ 天然气，可减排二氧化碳 1520×10^4 t、二氧化硫 12.4×10^4 t 和氮氧化物 110×10^4 t，相当于植树约 3200 万棵。绿色低碳效应显著，进一步优化能源结构，助力落实"碳达峰、碳中和"战略目标。该接收站由中国海油集团全资子公司中海石油气电集团有限责任公司与深圳能源集团股份有限公司(深圳能源)共同出资组建，双方分别占 70% 和 30% 股份。

深圳 LNG 接收站

3.18.15.16 深圳 LNG 应急调峰站

深圳 LNG 应急调峰站位于深圳市大鹏湾东北岸迭福北片区北侧海域,设计周转能力为 $300×10^4$ t/a,远期扩建至 $600×10^4$ t,总投资约 50.44 亿元。该调峰站由接收站工程和配套码头工程组成,占地面积约 $26×10^4 m^2$,由填海造陆而成,是国内首次在海基做超大型人工基坑,调峰站一期建设 2 座 $20×10^4 m^3$ 下沉式 LNG 储罐,单个基坑直径 100m,挖深达 50m,建成后最大储气能力为 $5.8×10^8 m^3$,是目前国内最大的深基坑基础工程,于 2022 年 6 月 2 日正式开工,并于 2024 年达到机械完工条件。该调峰站成为国内外同等规模 LNG 项目中用地面积最小的接收站,节约了深圳的土地资源,并实现陆上管道气和进口 LNG 资源互补,提升粤港澳大湾区的天然气供应、调峰、储备和保供能力。该调峰站也是深圳市实现清洁低碳、包容多样、智慧互联、安全高效的能源供应服务体系,保障民生用气的惠民工程。

3.18.16 河南省 LNG 项目

3.18.16.1 濮阳 LNG 工厂

2001 年 11 月,我国第一座采用丙烷预冷+乙烯深冷+节流膨胀制冷工艺流程生产 LNG 的濮阳 LNG 工厂在河南中原油田如期建成投产,该工厂的生产规模为 $15×10^4 m^3$/d。这标志着我国在 LNG 领域迈出了重要的一步,为我国能源行业注入了新的活力。2003 年 7 月 8 日,中国石化组织全国专家对濮阳 LNG 工厂进行了技术论证、鉴定、验收,专家一致认为这座液化天然气厂具有巨大的发展潜力,纷纷建议加大生产能力,积极推广应用这项生产工艺,以满足我国日益增长的能源需求。

3.18.16.2 博爱三峡 LNG 项目

博爱三峡 LNG 项目位于焦作市博爱县磨头镇,被业内人士称为"三峡液",属于煤层气的一种。该项目由博爱三峡益众新能源有限公司运营,利用山西通豫煤层气输气管线(端氏—晋城—博爱)提供的煤层气作为原料。原料气从厂区西侧的通豫煤层气公司博爱磨头末站,通过 720m 长的管线输送至厂区,经过脱 CO_2、脱水、脱汞等预处理工艺后,最终液化制成 LNG 产品,并将其存入 LNG 储罐进行储存。这些 LNG 产品主要用于城市燃气和工业燃料,为当地提供清洁高效的能源。

3.18.16.3 河南金瑞能源 LNG 项目

河南金瑞能源有限公司建设的河南金瑞能源 LNG 项目其生产规模为 $1×10^8 m^3$/a。该项目于 2018 年 3 月 28 日进气,4 月 10 日产出合格的 CNG(压缩天然气),并充装第一辆 CNG 运输车,4 月 15 日打通深冷流程,产出合格的 LNG 产品,最终在 4 月 20 日开始出售第一车 LNG 产品。该项目采用了自主专利技术,并配套提供了焦炉气净化、超精净化剂、关键设备甲烷化反应器、甲烷化催化剂等系列专有设备和材料。河南金瑞能源有限公司针对项目工况复杂的特点,经过专业人员的多次详细论证,最终完成了从可行性研究报告编制、初步设计到施工图设计的全过程项目策划与工程设计。金瑞能源 LNG 项目生产的 LNG 气质优良,甲烷含量高达 99.3%,气化率达到 1489,热值更是高达 8800kcal/m^3。

博爱三峡 LNG 项目

河南金瑞能源 LNG 项目

3.18.16.4 河南绿能融创 LNG 调峰站

河南绿能融创燃气有限公司由河南中原绿能高科有限责任公司、北京融创禹城科技发展有限公司共同出资组建，注册资本 5000 万元。LNG 调峰站站址位于濮阳县文留镇，一期设计规模为液化 $50×10^4 m^3/d$ 天然气，总投资约 2.6 亿元，注册资金 1.2 亿元，占地面积 $13.33×10^4 m^2$，年产值 5 亿~7 亿元。该调峰站于 2010 年 6 月开工建设，2012 年 1 月完工投产，建设周期 18 个月。调峰站建成投产后，平均年销售收入约 3.9 亿元，平均年成本 3.36 亿元，每年可实现利润总额 5400 万元。LNG 即先将气田生产的天然气净化处理，再经超低温（-162℃）加压液化形成 LNG，本调峰站采用河南中原绿能高科有限责任公司自主研发的混合制冷工艺，具有技术成熟、运行稳定、易操作的特点。当主要天然气输气管道发生事故或维修时，可用 LNG 调峰站确保城市安全正常用气，如每天供气 $40×10^4 m^3$，可连续供气 14d。该项目的建成，将有利于能源供应方式多元化、优化能源结构，提高天然气的应用程度，从而减少污染，保护环境。

3.18.17 重庆市 LNG 项目

重庆忠润能源 LNG 项目是重庆市忠县 2019 年重大招商引资项目,是重庆市 2021 年重点建设项目之一。项目位于重庆市忠县工业园区乌杨新区,总投资约 8 亿元,占地面积约 12.33×10^{4}m^2,分两期完成,其中,一期产能为 60×10^{4}m^3/d 的生产装置已于 2021 年 9 月建成投产,平稳运行,产品得到广大用户的认可。2022 年 9 月,二期完成建设,其产能为 100×10^{4}m^3/d。该项目的 2×10^{4}m^3 LNG 储罐可储存气态天然气 1300×10^{4}m^3,能发挥全市天然气在需求高峰时的调峰作用。项目建成投产后,年产值可实现 20 亿元,将助力重庆市忠县清洁能源产业发展再上新台阶。重庆忠润能源 LNG 项目是忠县首个 LNG 项目,可为全市及周边天然气安全平稳供应、车用清洁燃料提供可靠保障。该项目通过 9.8km 管线将天然气从国家管网重庆管道输送至 LNG 工厂,通过物理过程将气态天然气转化为 −162℃ 的 LNG 产品,从而提高存储和运输能力。产品覆盖重庆、四川、贵州、湖南、湖北等周边主要省份,为周边地区的民生和车船 LNG 燃料供应保驾护航,致力于实现"气化长江"和"以气代油"的目标。

重庆忠润能源 LNG 项目

3.18.18 湖南省 LNG 项目

岳阳 LNG 接收站(储备中心)总投资约 20 亿元,站址位于岳阳市君山区广兴洲镇,拥有 1 个 LNG 接收码头和 1 个 LNG 储备站。LNG 接收码头工程包括 5 个 LNG 接卸泊位、2 个加注泊位及 1 个工作船泊位,占用岸线 0.9km;LNG 储备站占地面积约 28.85×10^{4}m^2,配置 3 座 5×10^{4}m^3 LNG 储罐,项目分三期建设,一期、二期、三期建设接收能力分别达到 50×10^{4}t/a、100×10^{4}t/a、150×10^{4}t/a。接收站在 2019 年底开工建设,2021 年底建成,2022 年投产,该接收站的建成投产可为岳阳市君山区带来 2 亿元左右的税费,附带的冷链、分布式、空分、物流等产业也可带来约 1 亿元左右的税费,同时解决约 300 个当地就业岗位。

3.18.19 贵州省 LNG 项目

贵州中弘 LNG 项目由贵州中弘新力清洁能源有限公司投资建设。该项目分两期建设,一期总投资约7.05亿元，二期总投资约9.2亿元。建设的一期工程包括$20×10^4$t LNG项目、50MW天然气分布式能源发电项目和$12×10^8m^3$输气管线项目，于2019年底建成投产。贵州中弘新力清洁能源有限公司与中国电建湖北电力建设有限公司举行了项目建设签约仪式，这标志着贵州中弘新力清洁能源有限公司成为独山县清洁能源和可再生能源项目投资、建设、运营的战略合作伙伴。双方的全方位合作必将对独山培育壮大新能源产业、增强区域能源安全与保障能力、加快新旧动能转换、实现高质量发展形成有力的推动作用。

岳阳LNG接收站

3.19.20 海南省LNG项目

3.19.20.1 海南福山气田LNG工厂

海南福山气田LNG工厂规模为$25×10^4m^3/d$，于2005年4月建成投产。该液化天然气工厂由海南海然高新能源有限公司投资兴建，是国内第三座LNG工厂，仅次于吐哈LNG工厂和中原LNG工厂。工厂的液化生产能力位居全国第二，达到$25×10^4m^3/d$。工厂的液体储存罐采用2个$1750m^3$的子母罐结构，是国内最大的LNG子母结构储槽。每个母罐内均匀布置7个$250m^3$的子罐，单个母罐的储存液体容量为$1750m^3$，两台储罐的总储存能力为$3500m^3$。该工厂采用先进的珍珠岩粉末绝热技术，在母罐与子罐间的夹层进行绝热处理，并充入密封氮气进行保护，确保了储存液体的质量和安全性。海南福山气田LNG工厂的建成投产，不仅推动了海南省清洁能源的发展和应用，也为国内LNG产业的发展提供了有力的支持和保障。同时，该工厂为海南省及周边地区提供了更加清洁、高效、安全的能源供应，对促进当地经济发展和社会进步具有积极的意义。

3.18.20.2 海南中油深南LNG储备库

海南中油深南LNG储备库位于海南澄迈县老城经济开发区。该储备库于2014年正式投产运行，是中国石油在海南布局的唯一一座LNG储备库，隶属于海南中油深南能源有限公司。2012年6月，为增加海南省天然气供应，提高海南省天然气应急保障能力，海南省发改

海南福山气田 LNG 工厂

委批准同意建设海南中油深南 LNG 储备库及配套码头工程项目。2012 年 4 月 28 日，储罐基础动土开挖，标志着海南中油深南 LNG 储备库项目正式开工。该项目由储备库和码头两部分组成，总投资约 7 亿元，占地面积约 28.7×10^{4}m^2。该项目定位为中国石油 LNG 二级接收站，主要接收中国石油大型 LNG 接收站的转运资源。该项目配套 2 座 2×10^{4}m^{3}LNG 单包容双壁金属储罐，1 座最大可靠泊 2×10^{4}m^{3}LNG 运输船的 LNG 接卸码头(水工结构按接卸 4×10^{4}m^{3}LNG 船舶设计)。2014 年 11 月 6 日，第一艘 LNG 运输船停靠海南中油深南 LNG 储备库码头。该船的 LNG 为大连 LNG 接收站转运资源，这也标志着本储备库的正式投运。目前，该储备库项目一期周转能力为 60×10^{4}m^3/a(约 28×10^{4}t/a)的 LNG。海南中油深南 LNG 储备库最终建设规模为 20×10^{4}m^3。一期为 2 座 2×10^{4}m^{3}LNG 储罐，二期、三期分别建设一座 8×10^{4}m^{3}LNG 储罐。

海南中油深南 LNG 储备库

3.18.20.3 海南洋浦 LNG 接收站

海南洋浦 LNG 接收站是海南省的重点能源项目，总投资超 65 亿元，占地面积约 57.2×10^{4}m^2，是海南省第一个 LNG 接收站。该接收站一期设计处理规模为 300×10^{4}t/a，其输气能力为 42×10^{8}m^3/a。该接收站是中国海油第六个开工建设的 LNG 接收站(前面有广东大鹏 LNG 接收站、福建 LNG 接收站、上海 LNG 接收站、浙江 LNG 接收站以及珠海 LNG 接收站)。2011 年 8 月 2 日，海南洋浦 LNG 接收站项目正式开工建设，项目由接收站工程、配套港口工程及配套输气管线工程三部分组成。项目总承包联合体由日本株式会社 IHI、台湾中鼎工程股份有限公司以及中国五环工程有限公司组成。这三家公司共同承担海南洋浦 LNG 接收站项目2座16×10⁴m³LNG储罐和配套工程的EPC工作。码头工程包括1座可停靠3×10⁴~26.7×10⁴m³LNG运输船的接卸码头及1座3000t级重件码头(兼工作船码头),接收站配套4台ORV(开架式气化器)。海南洋浦LNG接收站输气管线工程建设输气管线113km,与海南省环岛天然气管网相连接。2014年8月投产,与来自崖城13-1气田、东方1-1气田和乐东气田的海上天然气形成能源互补,有效缓解了海南天然气供应不足的局面。海南洋浦LNG接收站供气范围覆盖了海南全岛,并辐射粤西和广西地区。2018年,海南洋浦LNG接收站开展了罐式集装箱LNG多式联运业务。2019年3月,海南洋浦LNG接收站槽车扩建项目投入生产运行,在原来5台装车橇的基础上,新增10台装车橇。接收站目前共有15台槽车装车橇,每台装车橇的装车能力为60m³/h。

海南洋浦LNG接收站

3.18.21 四川省LNG项目

3.18.21.1 四川达州汇鑫能源LNG项目

四川达州汇鑫能源LNG项目于2010年7月1日进气,当天一次开车成功,经过稳定调试,于7月5日达到满负荷稳定生产,运行平稳。康泰斯为该项目提供了工程设计、设备和材料采购,并在装置施工、安装及开车阶段提供了全方位的现场服务。并采用康泰斯转让的美国博莱克·威奇的PRICO单级混合冷剂工艺,该工艺成熟简单,效率高,已成功运用于全球20多套不同规模的装置中。产能为100×10⁴m³/d的四川达州汇鑫能源LNG项目于7月8日正式对外销售,主要销售区域辐射云南、贵州、四川、广西、江西、湖南、湖北、山西、陕西等地。

3.18.21.2 闽清广安LNG气化站

闽清广安LNG气化站由闽清广安天然气有限公司投资建设,是目前亚洲最大的LNG气化站,共有12台150m³立式低温储罐。闽清广安天然气有限公司不但承建了其二期改扩建工程,而且负责了三期扩建工程。三期扩建工程包括工艺、给排水、供配电、自控线缆敷设、建筑与结构等五个专业,施工内容为新增4台150m³立式低温储罐、4台6000m³/h立式(二组)空温气化器、2台400m³/h卸车增压橇、2台800m³/h储罐增压橇、1套12000m³/h水浴式加热器及调压装置等设备的安装。2015年8月2日,闽清广安LNG

气化站三期扩建工程完成了 4 台 150m³ 立式低温储罐的吊装工作,并于 2023 年 8 月完成了三期扩建工程主要的建设工作,整个三期工程于 2024 年初完成。

四川达州汇鑫能源 LNG 项目

闽清广安 LNG 气化站

3.18.21.3　四川巴中同凯 LNG 项目

四川巴中同凯 LNG 项目设计产能为 $150×10^4 m^3/d$,气源来自中国石化的元坝气田,位于四川省巴中市平昌县驷马镇(巴中至达州的巴达高速驷马站出口处)。该项目由四川同凯能源科技发展有限公司投资建设,采用世界最先进的技术和设备,建成了 $35×10^4 t/a$ LNG 的一期生产装置,于 2018 年完成混合所有制改革(由央企与国企共同参股、控股),并陆续实施二期 $35×10^4 t/a$ LNG 装置建设和三期 $50×10^4 t/a$ LNG 装置规划,最终实现 $120×10^4 t/a$ LNG 的产能目标。四川同凯能源科技发展有限公司是一家专门从事清洁能源产业的高科技公司,总投资 18.5 亿元,占地面积约为 $23.66×10^4 m^2$,是巴中市最大的招商引资工业项目。此外,平昌县还有 $70×10^4 t/a$ 的大型天然气汽车清洁燃料项目,也是由四川同凯能源科技发展有限公司负责实施。该项目一期工程于 2011 年 9 月开建，2015 年 1 月底竣工并点火调试。5 月 23 日，该项目首条 35×10⁴t/a LNG 生产线点火生产，经专业机构检测，其产品达到清洁能源优等级别。

四川巴中同凯 LNG 项目

3.18.21.4 达州鼎富 LNG 生产基地项目

达州鼎富安凯清洁能源发展有限公司的 60×10⁴t/a LNG 生产基地项目一期工程，对于加快达州市天然气资源就地转化、优化能源使用结构、有效缓解成品油供应紧张局势、促进达州清洁能源汽车产业发展以及推进节能减排工作具有重要意义。该项目年销售收入可达 23.4 亿元，年利税总额为 4.8 亿元，年利润约为 3 亿元。

3.18.21.5 四川广能 LNG 工厂

四川广能能源有限公司位于四川省广汉市小汉镇川商产业园，成立于 2012 年 11 月，是省政府"30 家联系企业"之一的四川金广实业（集团）股份有限公司（简称金广集团）的全资子公司。四川广能能源有限公司致力于能源新技术研发、应用与服务，目前已在广汉市建成一条输气能力为 8×10⁸m³/a 的天然气管道输送设施及输配气门站，同时已经启动清洁燃料气综合利用建设项目。天然气管道输送设施及输配气门站建设工程接管点为中国石油北外环连山输气站，途径连山镇、金鱼镇、小汉镇，终点为金广配气站，全线长度约 17km，设计年输气能力为 8×10⁸m³，主要服务于川商产业园内的企业。清洁燃料气综合利用建设项目，占地面积为 20×10⁴m²，投资 6 亿元，配置世界的净化液化技术和进口设备，建设一座处理 100×10⁴m³/d 天然气的广能 LNG 工厂，其生产能力为 22×10⁴t/a，可辐射川、渝、云、贵等地区的工业用户、LNG 调峰及物流应用。2015 年 5 月建成投产，每年将产生 12 亿元的销售收入，解决 400 余人就业。同时，公司依托金广集团产业物流系统，积极开拓下游市场，正在四川、云南、广西、内蒙古等地广泛与其他企业开展多形式的合作，建设一批 LNG 加气站。

3.18.21.6 华气广元 LNG 工厂

广元 LNG 工厂是中国石油昆仑能源有限公司为支援革命老区、推动成渝经济圈 LNG

终端利用市场发展,由中国石油天然气股份有限公司四川销售分公司在广元市实施的"气化广元"项目的一部分。工厂选址位于广元市利州区回龙河工业园区,包括建设一座天然气联合处理厂,规模为日处理天然气$100\times10^4m^3$,年处理天然气$3.3\times10^8m^3$,生产能力为$24\times10^4t/a$,总占地面积约$20\times10^4m^2$。工厂于2010年10月20日开工建设,2014年6月15日实现一次性投产出液。

"气化广元"项目在广元市还建成了长13.8km、输气能力为$10\times10^8m^3/a$的天然气高压管线,以及20座固定式液态轻烃加注站和10座移动式液态轻烃加注站,可满足7000辆液态轻烃车辆的用气需求。华油天然气广元有限公司投资购买30辆液态轻烃槽车,并分期购入液态轻烃示范车100辆,使广元市区域内35%的货运车辆使用清洁能源,彻底实现"气化广元"造福百姓的目标。项目可解决就业300人,实现年销售收入9亿元以上。二期项目建设规模为日处理天然气$200\times10^4m^3$的天然气处理厂,并建设输气规模为$6.6\times10^8m^3/a$的输气管道,投资约20亿元。

华气广元LNG工厂

3.18.21.7 四川中京燃气LNG工厂

中国石化西南油气分公司旗下的四川中京燃气有限公司,于2013年1月正式成立。2014年底,四川中京燃气有限公司在四川省德阳市设计建设一座生产能力为$13\times10^4t/a$,处理天然气$60\times10^4m^3/d$的LNG工厂。该工厂是由中国石化自主设计和建造的首个LNG工厂。经过不懈努力,于2016年1月21日实现首批LNG槽车装车外运。四川中京燃气LNG工厂的建成,标志着中国石化在LNG领域又迈出了坚实的一步,为国家能源事业做出贡献!

3.18.21.8 宣汉宏浩LNG项目

宣汉宏浩能源科技发展有限公司对宣汉宏浩LNG项目二期工程总投资为5.3亿元,建设地点位于宣汉县普光化工园区。该项目新征用地面积为$87999.5m^2$,建设一套处理规模为$100\times10^4m^3/d$的LNG装置,并建设一台$2\times10^4m^3$全容式LNG储罐。此外,项目还包括配套的公辅装置,如LNG装车系统、加注区、空压站、软化水装置、循环水设施、联合变电所、控制室、地面火炬等，以及安全环保设施。该项目产能达到 $23 \times 10^4 t/a$ 的 LNG，为当地经济发展注入新动力，提供更多就业机会，促进当地社会稳定与繁荣。该项目成为宣汉县乃至整个地区的一张闪亮名片。

3.18.22 甘肃省 LNG 项目

3.18.22.1 昆仑燃气 LNG 项目

甘肃省的昆仑燃气 LNG 项目由中国石油昆仑能源有限公司负责，这是一家隶属于中国石油的子公司。该公司在全国范围内开展了多项天然气相关业务，而甘肃省的项目则是其布局的重要组成部分。昆仑燃气 LNG 项目在甘肃省主要从事天然气的液化、储存和分销业务，并通过多个小型的 LNG 工厂和加气站来支持区域内的能源供应。昆仑燃气 LNG 项目在甘肃省不仅为当地提供清洁能源，还推动了区域内的经济发展和环境改善。通过这些工作，昆仑燃气 LNG 项目能够有效提升甘肃省的能源安全性和环保水平，特别是在交通和工业领域。近年来，昆仑能源有限公司在天然气销售和 LNG 加工储运方面取得了显著的增长，进一步巩固了其在清洁能源市场的地位。甘肃省的昆仑燃气 LNG 项目也成为该公司整体战略中的重要一环，为推动地方经济的绿色转型提供了有力支持。

昆仑燃气 LNG 项目

3.18.22.2 永靖三峡赛普 LNG 项目

永靖三峡赛普 LNG 项目是永靖三峡赛普液化天然气有限公司在甘肃永靖县刘家峡经济开发区内的 LNG 液化项目。该项目气源为中石油涩宁兰管线，配套建有一个库容为 $1500m^3$ 的 LNG 储备罐，产出的 LNG 将面向全国市场进行销售。该项目 LNG 生产建设按三期工程实施。一期工程投资 1.5 亿元，于 2010 年启动，2012 年 7 月投产，LNG 生产能力为 160t/d，年产值超过 2 亿元。二期工程投资 1 亿元，于 2013 年 4 月启动，于 2014 年 6 月投产，LNG 生产能力为 160t/d，公司年总产值将超过 4 亿元。三期工程于 2014 年 3 月启动，2015 年 6 月投产，投资 4 亿元，LNG 生产能力为 300t/d，年产值将增加至 7.8 亿元。

永靖三峡赛普 LNG 项目

3.18.22.3 甘肃新连海 LNG 项目

甘肃新连海天然气有限责任公司是一家新能源企业，总部位于甘肃省兰州市，成立于 2006 年。公司主要从事天然气的加工生产、经营，以及销售天然气、压缩天然气（CNG）和液化天然气（LNG）。此外，公司还涉及城市天然气管网输配工程和汽车加气站等业务。甘肃新连海 LNG 项目共分为三期，一期项目 LNG 产能为 $8\times10^4 m^3/d$，二期项目 LNG 产能为 $30\times10^4 m^3/d$，三期项目 LNG 产能为 $25\times10^4 m^3/d$。

3.18.23 云南省 LNG 项目

3.18.23.1 云南先锋化工项目

云南先锋化工有限公司是一家由云南解化清洁能源开发有限公司和云南省工业投资有限公司共同出资组建的新公司。公司位于云南省昆明市寻甸县金所工业园区，注册资本为 12.5 亿元。为推动云南褐煤资源的洁净化综合利用，公司在昆明市寻甸县金所工业园区投资 45.25 亿元建设"先锋褐煤洁净化利用试验示范项目"。该项目于 2009 年动工建设，于 2013 年 7 月投入试生产，连续四年被列为省政府重点推进的重大工业项目。

云南先锋化工有限公司以先锋褐煤洁净化利用试验示范工程为依托，建设了大型褐煤清洁煤气化装置、LNG 装置、煤焦油加工及合成油装置等。项目主产品包括甲醇、汽油、液化天然气（LNG）、压缩天然气（CNG）等，并副产液化石油气、均四甲苯、工业硫酸、柴油、燃料油、苯酚、邻甲酚、间对甲酚等产品。主要产品规模为：93#汽 $20\times10^4 t/a$、0#柴油 $7.8\times10^4 t/a$、LNG $14.7\times10^4 t/a$、液化石油气 $0.96\times10^4 t/a$、均四甲苯 $1.3\times10^4 t/a$、苯酚 $0.82\times10^4 t/a$、二甲酚 $0.59\times10^4 t/a$、间对甲酚 $0.55\times10^4 t/a$、邻位甲酚 $0.41\times10^4 t/a$、硫酸 $4.43\times10^4 t/a$、硫酸铵 $3.92\times10^4 t/a$。

3.18.23.2 镇雄县中城燃气 LNG 项目

镇雄县中城燃气有限公司成立于 2012 年 6 月，是一家专业经营天然气管道输配、城镇民用、商用、工业用气及 LNG、CNG 为主营业务的公司。公司注册资金为 1000 万元，其中四川新天朝投资有限公司持股 51%，尹书兰持股 49%。公司已建设完成临时供气门站一座、CNG 加气站一座，已完成城区管网建设约 58.012km，并在伍德大火地工业园区建设了 2 座 1000m³ LNG 立式常压储罐，供气规模为 $1000×10^4 m^3/d$ 的应急储气调峰站，同时建设了伍德到城区的 15km 连接管线。水富至昭通主干线于 2018 年 5 月正式供气，镇雄支线途经彝良进入镇雄县境，沿杉树乡、罗坎镇、木卓乡、芒部、赤水源镇，经大老沟进入镇雄县。

云南先锋化工项目

镇雄县中城然气 LNG 项目

3.18.24 陕西省 LNG 项目

3.18.24.1 安塞 LNG 工厂

安塞 LNG 工厂是中国石油天然气集团公司支援延安革命老区建设的重点工程。该工厂实现了主要材料、部分设备和控制系统的国产化，是我国将大型液化工艺自主知识产权的首次工业化应用，并完成了国产化大型冷箱终试的首套 LNG 项目。该工厂年开工 330d，生产 LNG $48.1×10^4$ t。陕西华油 LNG 工厂位于安塞区化子坪镇，占地面积约 $34.66×10^4 m^2$，总投资 11.94 亿元。其 LNG 产量为 $200×10^4 m^3/d$，年产量为 $6.67×10^8 m^3$。

安塞 LNG 工厂

3.18.24.2　杨凌 LNG 应急储备调峰项目

陕西液化天然气投资发展有限公司投资建设的杨凌 LNG 应急储备调峰项目和西安 LNG 应急储备调峰项目是陕西省"气化陕西"工程的重要组成部分。项目均采用国际先进的技术工艺，主低温换热器、MR 压缩机、BOG 压缩机等核心设备由美国、日本等业内国际著名公司提供，是目前国内采用引进技术单线生产能力最大的 LNG 项目，也是我国第一个以应急调峰储备为目的的大型 LNG 调峰工厂。两个项目总的液化处理能力将达到 $800\times10^4 m^3/d$，调峰处理能力为 $900\times10^4 m^3/d$，应急储备调峰能力为 $12\times10^8 m^3/a$，满足 $9.4\times10^8 m^3$ 的调峰用气量需求，从而根本上解决陕西省冬季用气紧张问题，形成与全省天然气市场和管网相适应的 LNG 应急调峰系统，促进天然气上游资源、中游管道、下游用户的紧密衔接，对陕西省能源结构调整、改善大气环境、大幅降低有害物质排放和减少雾霾天气，提高陕西省天然气供应保障能力发挥十分重要的作用，对保证天然气的安全平稳供应及提高天然气在一次能源中的利用率，推动区域经济协调和可持续发展具有深远意义。

杨凌 LNG 应急储备调峰项目

3.18.24.3 定边 LNG 项目

陕西众源绿能天然气有限责任公司成立于 2009 年，位于我国西气东输的重要源头和腹地——榆林，由定边县众源天然气有限责任公司与绿能高科集团有限公司组建而成。公司承建的"定边县天然气存储调峰液化项目"是陕西省和榆林市重点项目，也是气化榆林、气化陕西的重点工程。公司实行董事会领导下的总经理负责制，下设 LNG 工厂、综合办公室、财务部、销售部、业务部、对外协调部、工程管理部和安全环保部。现有员工 300 余人，项目总投资 12 亿元，处理天然气能力为 $300 \times 10^4 m^3/d$，年产 LNG $60 \times 10^4 t/a$，年产值 30 亿元。公司的业务领域涵盖 LNG 生产、运输、销售，加气站建设、城市燃气调峰及燃气管道建设等领域，已发展成了一家大型的高新技术低碳能源企业。

定边 LNG 项目

3.18.24.4 延长 LNG 项目

延长 LNG 项目是陕西延长石油(集团)有限责任公司炼化公司项目建设指挥部、陕西延长石油天然气股份有限公司在陕西省延安市宝塔区临站经济区建设的 LNG 储气调峰项目。该项目总占地面积约 496.65 亩，可研批复投资约 26.5 亿元，储存能力为 $40 \times 10^4 t/a$。主要建设 4 座 LNG 储罐，每座储罐的容量为 $5 \times 10^4 m^3$；1 套气化量为 $4 \times 10^4 m^3/h$ 的气化装置；2 套 $100 \times 10^4 m^3/d$ 天然气液化装置，含脱碳系统、脱水系统、脱汞系统、脱重烃系统、液化及冷剂循环系统、闪蒸气增压系统、冷剂储存系统等。公用设施主要有：综合办公楼、倒班宿舍、食堂、消防站、备品备件库、污水处理站、110kV 变电站、LNG 装卸车设施、火炬系统、空氮站、燃料气系统等；以及与主体工程配套的地基处理、自控、通信、信息、智慧工厂、管道绝缘防腐保温保冷、电气、给排水、土建、消防、环保、安全、职业卫生等内容。

3.18.24.5 吴起天然气液化项目

陕西金源投资控股集团有限公司成立于 1994 年，是一家综合性、现代化的民营企业集团，主要业务涵盖能源矿产、房地产开发、金融投资等多个领域，旗下拥有二十余家子

延长 LNG 项目

公司。其控股子公司陕西绿源天然气有限公司主要从事天然气的液化处理、储运及应用开发推广业务。公司以推动社会能源消费的低碳化、便捷化、文明化和舒适化为己任。成立三年来，凭借强大的技术、资金和市场运营能力，已立项并建设了五个 LNG 项目，年处理加工天然气规模达到 160×10^4t。其中，吴起天然气液化项目位于陕西省延安市吴起县，该项目的 LNG 处理能力达到 $80\times10^4t/a$，占地面积为 $20\times10^4m^2$，总投资 25 亿元。陕西金源投资控股集团有限公司致力于打造全产业链运营，并于 2018 年，LNG 保供能力达到 $30\times10^8m^3$，在全国建设 500 座加气站，年产值达到 500 亿元，并实现两个子公司上市的战略目标。

3.18.24.6 陕北子洲天然气综合利用存储调峰液化项目

陕北子洲天然气综合利用存储调峰液化项目是陕西金源集团进军清洁能源领域的首个项目，也是陕西省发展和改革委员会核准的榆林市重点能源化工项目。该项目总投资 3.86 亿元，地址位于陕西省榆林市子洲县苗家坪工业园区，占地面积为 $8\times10^4m^2$，日处理天然气 $100\times10^4m^3$，年处理天然气 $3\times10^8m^3$，属国内 LNG 项目中规模较大的液化工厂之一。该项目于 2011 年 9 月份开工建设，2013 年 3 月 6 日正式投产，历时 18 个月，圆满完成了各项建设任务，实现了一次成功投产、完全平稳运行的既定目标。

陕北子洲天然气综合利用存储调峰液化项目

3.18.24.7 陕南天然气液化项目

陕南天然气液化项目位于汉中西乡县李河村邓家坝，占地面积为 $6.67\times10^4m^2$，LNG

处理能力可达 $45×10^4 m^3/d$，主要负责天然气的液化、储存和运输，旨在提升区域内天然气供应的稳定性和应急保障能力。该项目采用单循环混合冷液化工艺，总投资约 11 亿元，处理加工天然气 $9×10^8 m^3/a$。陕南天然气液化项目是陕西省在天然气产业发展中的重要组成部分，由陕西液化天然气投资发展有限公司主导建设。陕南天然气液化项目的成功实施，不仅能有效缓解区域内的能源供应压力，还推动了陕西省在全国能源结构优化中的战略地位。

陕南天然气液化项目

3.18.24.8　长天 LNG 工厂

榆神工业园区长天天然气有限公司是一家集 LNG 生产、销售和储运于一体的新型能源化工股份制企业，注册资本为 9000 万元人民币。该公司在榆林市榆神工业区清水工业园占地面积约 $33.33×10^4 m^2$，投资建设长天 LNG 工厂。一期工程投资约 4.5 亿元，设计处理天然气能力为 $60×10^4 m^3/d$，最大处理量可达 $80×10^4 m^3/d$。该工厂于 2018 年 8 月底试车投产。一期工程的建成，使得 LNG 年销售收入达 7 亿~10 亿元。长天 LNG 工厂的建设不仅有助于缓解当地天然气供应紧张的问题，还为周边地区提供更加稳定和高效的能源供应。

长天 LNG 工厂

3.18.24.9 卤阳湖 LNG 工厂

西安庆港洁能科技有限公司是由中国石油昆仑能源有限公司控股，长庆油田分公司参股的外商投资类企业，公司于 2009 年 7 月在西安经济技术开发区注册成立，主要经营油气田伴生资源综合利用和天然气终端销售业务。卤阳湖 LNG 工厂，也叫卤阳湖 LNG 调峰站，是 2011 年西洽会上，渭南市卤阳湖现代开发区最大的招商引资之一，该工厂于 2013 年 6 月破土动工，2015 年 10 月建成，2016 年 5 月 20 日开车调试。该工厂是西安庆港洁能科技有限公司所属渭南卤阳湖庆港天然气资源利用有限公司投资兴建的，整个 LNG 工厂项目占地面积为 $12 \times 10^4 m^2$，加工能力为 $60 \times 10^4 m^3/d$，年产 LNG 约 $14 \times 10^4 t$，建成的一期加工能力为 $30 \times 10^4 m^3/d$，投资 2.5 亿元，年产值约 1.6 亿元。

卤阳湖 LNG 工厂

3.18.24.10 陕西泓澄项目

陕西泓澄新能源有限公司是一家专业从事 LNG 生产、销售、储运以及 LNG 在各领域的应用的企业，致力于清洁能源开发应用。澄城煤层气液化工厂及下游配套工程项目占地面积约 $9.85 \times 10^4 m^2$，注册资金 5000 万元，总投资 1.63 亿元。主要装置规模包括：1 台 $1000 m^3$ LNG 储罐、$10 \times 10^4 m^3/d$ 液化装置、$10 \times 10^4 m^3/d$ 的装车规模、5 座 LNG 加注站（用气规模 $1.5 \times 10^4 m^3/d$）。该项目其产能为 $10 \times 10^4 m^3/d$，其中 $7.5 \times 10^4 m^3/d$ 可供 5 座 LNG 加注站，余下的 $2.5 \times 10^4 m^3/d$ 为园区调峰用气。预计每年可实现营业收入 16380 万元，净利润近 4000 万元，解决当地劳动力就业 70 人，对区域经济发展具有良好的带动效应。

3.18.25 青海省 LNG 项目

3.18.25.1 昆仑能源青海有限公司 LNG 工厂

昆仑能源青海有限公司 LNG 工厂位于青海省格尔木市，是一项重要的能源基础设施。一期工程于 2010 年 6 月开始筹建，2012 年 12 月建成投产，占地面积为 $18 \times 10^4 m^2$。该工厂由昆仑能源有限公司投资，青海油田负责建设和运营管理，旨在改善青海和西藏的能源供应结构，延长青海油田天然气业务的产业链，增加产品附加值。工厂总投资为 2.25 亿元,一期建设规模为日产天然气 $35\times10^4 m^3$,主要向西藏等地供应 LNG。与此同时,西藏加气站的土建、工艺、电气和自控设备全部完成,为当地提供了更加便捷、高效的能源供应服务。昆仑能源青海有限公司 LNG 工厂的建设对于缓解当地能源供应压力、促进经济发展具有重要意义。该工厂不仅为当地带来了经济效益和社会效益,还为居民提供了更加清洁、高效的能源选择,改善了当地的环境质量。

3.18.25.2 中油中泰 LNG 项目

中油中泰 LNG 项目于 2007 年 5 月开建,2008 年 8 月正式投产运行。该项目一期生产规划为 $5.76\times10^4 m^3/d$,二期生产规划为 $20\times10^4 m^3/d$,三期生产规划为 $20\times10^4 m^3/d$。三期工程均已投产。公司有 12 个 $150 m^3$ LNG 储罐和 1 个 $1750 m^3$ 的 LNG 子母罐。气源来自涩北气田,经涩兰宁线输送至西宁分输站。

中油中泰 LNG 项目是中国石油天然气集团公司旗下的一个重要项目,旨在将清洁能源推向更广泛的市场。该项目充分利用了当地的天然气资源,同时也减少了对环境的影响。目前,该项目的产品已经成功地进入市场,为广大用户提供了更加清洁、高效的能源选择。

3.18.25.3 庆华青海焦炉气制 LNG 项目

庆华青海焦炉气制 LNG 项目一期产能为 $10\times10^4 t/a$,于 2014 年 10 月在青海国家级柴达木循环经济试验区乌兰煤化循环经济工业园正式开工,该项目可利用剩余焦炉煤气、煤泥和中煤等资源生产 LNG,减少排放,变废为宝,加快产业转型升级和结构调整。该项目总建设规模为 $140\times10^4 t$ LNG,总投资约 150 亿元。一期项目利用乌兰工业园剩余焦炉煤气,投资 9.1 亿元,建设周期两年,建成后可实现产值 3.4 亿元;二期项目主要利用 $300\times10^4 t$ 洗煤厂及 $200\times10^4 t$ 焦化产生的煤泥、中煤、焦粉及青海地区不粘煤生产 $60\times10^4 t$ LNG;三期项目将利用青海地区不粘煤、弱粘煤等低质煤生产 $70\times10^4 t$ LNG,并利用剩余煤气 $3.096\times10^8 m^3/a$,节约标煤约 $18.3\times10^4 t/a$,减少二氧化硫排放 $1.1\times10^4 t/a$。

3.18.26 台湾省 LNG 项目

3.18.26.1 永安 LNG 接收站

中国台湾建立了 $150\times10^4 t/a$ 的永安 LNG 接收站,并与印度尼西亚签订了 20 年 LNG 供应合同。该接收站由中华石油公司(CPC)管理。第一期工程建造 3 座 $4.5\times10^4 t$ 储气槽。1984 年 9 月至 1990 年 4 月第一艘 LNG 运输船从东加里曼丹到达高雄,完成进港卸气,每年可接收 $150\times10^4\sim250\times10^4 t$ 天然气。第二期工程建造 3 座 $5.8\times10^4 t$ 储气槽。从 1991 年 12 月至 1996 年 11 月,每年可接收 $450\times10^4\sim550\times10^4 t$ 天然气。第三期扩建工程含敷设从永安接收站至通霄管径为 91cm、长达 226km 的海底输气管线及铁砧山储气库;另外陆上管径为 91cm,从通霄至桃园地区长约 153km。从 1996 年 7 月至 2000 年 3 月完工。扩建后,每年可接收 $744\times10^4\sim900\times10^4 t$ 天然气。永安 LNG 接收站是中国台湾重要的能源基础设施之一,为当地的经济和社会发展提供了可靠的清洁能源支持。该接收站不仅有助于满足台湾地区的能源需求,同时也为中国台湾与印度尼西亚之间的经济合作提供了坚实的基础。该接收站的扩建工程将进一步增强其能源供应能力和稳定性，为中国台湾的经济发展提供更加有力的支撑。

3.18.26.2 台中 LNG 接收站

台中 LNG 接收站是为台电大潭电厂提供燃料的关键设施，大潭电厂在台湾能源分配中占有重要地位，因此该接收站的供气稳定性至关重要。为了响应政府的清洁能源可持续发展政策，台湾中油股份有限公司对台中 LNG 接收站进行了二期扩建计划，以满足通霄电厂更新扩建需求，并增加台湾中北部工业及民生用户的天然气供应。该计划不仅增设了气化设施和电力系统，还新增了三座 LNG 储罐以及程控核心系统（DCS、SIS、FGS 和 SCADA）、天然气长途输气管线等，工程界面非常复杂。工程于 2014 年 10 月开工，历时 46 个月，于 2018 年 8 月完工。工程内容包括增设开架式气化器、二级加压泵、BOG 压缩机及 3000kW 紧急发电机组及电力系统，整合 LNG 储罐、程控核心系统及长途输气管线的管线、仪控、电力等工作，并配合进行整合测试及试车。该计划完成后，接收站的供气能力将从每年 300×10^4 t 提升至 500×10^4 t，尖峰用气周转天数由 7.5d 增加至 10.4d，有效提高了供气的可靠性和备载容量。

台中 LNG 接收站

3.18.27 广西壮族自治区 LNG 项目

3.18.27.1 广西北海涠洲岛 LNG 工厂

广西北海涠洲岛 LNG 工厂于 2006 年 3 月建成投产，处理能力为 15×10^4 m^3/d。该工厂是由新奥集团在 2004 年 6 月宣布在北海市涠洲岛建设的，整个工厂计划投资 3.5 亿元人民币，其中一期投资 1.5 亿元人民币，建成投产后处理天然气 15×10^4 m^3/d；二期投产后天然气处理能力达到 48×10^4 m^3/d。该工厂是中国第四个 LNG 制造项目，在国内同类项目中具有技术成熟、生产稳定等优势。新奥集团之所以投资北海，主要是看好北海的发展潜力。此外，北部湾东南部海域的海底油气储量丰富，其北部湾盆地和莺歌海盆地两个海底油气田预测储存量超 $12×10^8$t，发展潜力巨大。该工厂生产的 LNG 将采用槽车运输、管道输送等方式，可辐射至广东、广西及云南、贵州等地，对促进北海的经济社会发展，以及广西乃至大西南地区能源结构调整将发挥重大作用。

3.18.27.2 藤县 LNG 应急调峰储备站

2022 年 12 月 15 日，北京燃气集团藤县 LNG 应急调峰储备站投产仪式在藤县中和陶瓷产业园举行。该储备站于 2018 年建成天然气接收门站一座，分输能力为 $66×10^8m^3$。2022 年 12 月建成的 LNG 应急调峰储备站拥有 6 个 $150m^3$ 的 LNG 储罐，总储存规模为 $900m^3$，气化能力为每小时 $1.5×10^4m^3/h$。项目总投资约 1.5 亿元（包括与国家管网的接驳线），能够充分保障藤县民生用气和各类工业企业用气需求，并可向周边地区提供燃气应急保障。北京燃气集团藤县 LNG 应急调峰储备站的建成投产将全面提升藤县天然气的安全保障供给能力，优化藤县天然气的储备结构，促进经济社会的稳定发展。该储备站对保障和改善民生、提升人居环境以及促进经济健康快速发展具有重要意义。

3.18.27.3 广西北海 LNG 接收站

广西北海 LNG 接收站是由中国石化集团旗下的中石化北海液化天然气有限责任公司投资建设，站址位于广西北海港铁山港区。该接收站包括 1 座 $8×10^4$~$26.6×10^4m^3$ 的 LNG 船专用码头、1 座工作船码头及相应的配套设施，4 座 $16×10^4m^3$ LNG 储罐，以及 LNG 接卸、增压、气化、计量、输送、装车及公用工程等系统。该接收站于 2012 年开工，经过 4 年的建设，于 2016 年 4 月 19 日，来自澳大利亚的 LNG 运输船载着 $16×10^4m^3$ LNG，在北海 LNG 接收站到港接卸，标志着该接收站投入商业运营。该接收站的设计接收能力为 $300×10^4$t/a，是目前西南地区唯一的大型 LNG 接收站。该接收站的建成，有力地推动广西以及周边地区的天然气供应保障体系建设，形成"海陆互保"的能源战略安全格局，为湘、粤、滇、黔、桂五省区的经济发展提供更加可靠的能源保障。

广西北海 LNG 接收站

3.18.27.4 广西防城港 LNG 接收站

广西防城港 LNG 接收站是中国海油建成的第十座 LNG 接收站,也是国产化程度最高的接收站。该接收站位于广西防城港东湾液体化工码头北侧吹填区,总投资达 18.6 亿元,历时 7 年建成。接收站拥有 2 座 $3\times10^4 m^3$ 的 LNG 储罐、一座 $5\times10^4 t$ 级的液体化工码头及配套设施,设计产能为 $60\times10^4 t/a$,每月可提供 $6\times10^4 t$ LNG 清洁气源。为了保障 LNG 的运输,中国海油还拥有一艘名为"海洋石油 301 号"的 LNG 运输船。这艘船由江南造船(集团)为中国海油建造,是国内首艘设计体积为 $3\times10^4 m^3$ 的 LNG 运输船。在防城港接收站投产后,该船将作为运输船,往返于防城港和海南杨浦 LNG 接收站之间,为广西地区供应优质高效的清洁能源,同时也惠及云南和贵州地区,使这些地区能够像沿海地区一样,用上清洁能源。

广西防城港 LNG 接收站

3.18.28 内蒙古自治区 LNG 项目

3.18.28.1 内蒙古兴圣 LNG 项目

内蒙古兴圣 LNG 项目利用当地丰富的天然气资源,投资建设 $200\times10^4 m^3/d$ 天然气液化项目。该项目总投资达到 10 亿元,总产值达每年 10 亿元,由四川天一科技股份有限公司设计,属于政府重点的招商引资项目。该项目投入运行后,可减少东部地区 LNG 进口,减轻外汇负担,对改善国家能源安全程度有重大作用,市场前景非常广阔。该装置是国内投产最大的基于混合制冷液化工艺(MRC)的全国产化 LNG 装置,装置工艺技术软件包和主要核心装备(冷剂压缩机和液化冷箱)全部国产化,装置各项指标处于国内领先水平。该装置的成功投产表明内蒙古兴圣天然气有限责任公司进入了天然气直接液化装置设计新领域,彻底打破国外大公司长期的技术垄断,大幅降低我国 LNG 项目建设成本,为内蒙古兴圣天然气有限责任公司开拓 LNG 装置市场打下了坚实的基础。

内蒙古新圣 LNG 项目

3.18.28.2 鄂尔多斯市 LNG 工厂

鄂尔多斯市杭锦旗新圣天然气发展有限公司成立于 2008 年,注册资金为 3000 万元,主要负责建设处理能力为 $13.5\times10^4 m^3/d$ 的 LNG 工厂。公司位于鄂尔多斯市杭锦旗锡尼镇,定位为城市管道燃气专业投资运营商和优质能源供应商,现为杭锦旗锡尼镇城市天然气的独家经营企业,提供优质洁净的能源,是当地政府重点招商引资项目。公司主要经营项目包括城市天然气管道安装、天然气销售、天然气液化,并为东胜区城市用气提供储备调峰气源,确保东胜区城市用气的调峰应急。

鄂尔多斯市 LNG 工厂总投资 1.3 亿元,建设了一座处理能力为 $13.5\times10^4 m^3/d$ 的 LNG 调峰储气设施和杭锦旗城镇天然气输配管网,于 2010 年正式运行。鄂尔多斯市杭锦旗新圣天然气有限责任公司天然气针对二期项目——输气管道工程应急调峰储运系统工程,总投资 3.3 亿元,建设 LNG 生产能力为 $75\times10^4 m^3/d$,已于 2015 年 9 月份投产试运行。

3.18.28.3 星星能源 LNG 工厂

星星能源 LNG 工厂位于内蒙古鄂尔多斯,是由鄂尔多斯星星能源有限公司投资、康泰斯国际有限公司承建的 $20\times10^4 t/a$ 天然气液化装置。该工厂项目经过三年的艰辛和努力,于 2008 年 11 月 30 日一次性试车成功,该装置生产已达到设计产能,并持续满负荷稳定运行。康泰斯国际有限公司为星星能源 LNG 工厂以及 $1\times10^4 m^3$ 的 LNG 储罐提供了包括项目管理、基础工程设计、详细设计、关键设备采购、施工、调试和开车等全套技术服务。这是中国第一座采用 Black&Veatch 的 PRICO® 单级混合冷剂技术的 LNG 工厂。

3.18.28.4 内蒙古汇能 LNG 项目

内蒙古汇能煤化工有限公司是内蒙古汇能煤电集团有限公司的全资子公司,全面负责汇能煤制天然气及天然气液化项目的建设、生产、经营管理工作。为落实内蒙古地方政府要求的煤炭就地转化政策,从 2007 年开始,汇能集团开始了产能为 $16\times10^8 m^3/a$ 煤制天然气项目前期工作。2008 年。汇能集团完成了项目规划、上报国家发改委等待核准。根据项目规划，内蒙古汇能煤化工有限公司建设的 $16\times10^8m^3/a$ 煤制天然气项目位于汇能煤化工工业园区内，项目总占地面积为 $137.62\times10^4m^2$，以煤为原料生产天然气。项目总投资 94.52285 亿元，其中汇能自筹 28 亿元。另外，内蒙古汇能煤化工有限公司还有总规模为 $20\times10^8m^3/a$ 煤制天然气及 $12\times10^8m^3/a$ LNG，项目总投资 170 亿元。项目以煤为原料。经过气化、变换、净化、硫回收、甲烷合成及液化等工序。生产合成天然气及 LNG。该项目气化选用西北化工研究院的多元料浆气化专利技术，空分装置选用法国液化空气制品公司提供的专利技术及全套设备，甲烷合成技术选择了丹麦托普索公司提供的专利技术和催化剂。整套甲烷合成装置设备共计 43 台套。

内蒙古汇能 LNG 项目

3.18.28.5　鄂托克旗建元 LNG 项目

由上海华西化工科技有限公司提供技术，安徽华东化工医药工程有限责任公司进行工程设计的鄂托克旗建元煤焦化有限责任公司焦炉煤气制 LNG 装置于 2013 年 10 月 12 日成功投产，一次试车成功并生产出合格的 LNG 产品。该装置生产的 LNG 总烃含量达到 98% 以上，处理焦炉煤气的能力为 $1.8\times10^4m^3/h$，生产 LNG 约为 $6000m^3/h$。该装置的工艺过程包括焦炉煤气预处理、精脱硫、一段等温甲烷化、干燥脱水、深冷等环节。其中，焦炉煤气预处理、精脱硫、一段等温甲烷化、干燥脱水等技术均采用了上海华西化工科技有限公司开发的先进技术。该装置一次投产成功，为内蒙古乌海地区大量焦化装置副产的焦炉煤气综合利用提供了一个良好的解决方案，既具有经济效益，又带来社会效益，减少了环境污染。

3.18.28.6　天昱园新能源项目

天昱园新能源项目一期工程于 2010 年 6 月动工建设。该项目依托"西气东输"，主推清洁能源 LNG，进行 LNG 的生产、销售、存储与运输。项目总投资 2.3 亿元，建设 1 套可处理 $36\times10^4m^3/d$ 的 LNG 液化装置及配套公用工程和辅助设施。项目可处理天然气 $1.08\times10^8m^3/a$ 或年产 LNG 7.44×10^4t，实现年利税总额 1.3 亿元。二期项目总投资 9.26 亿元，LNG 液化能力为 $120\times10^4m^3/d$，年产天然气 $3.6\times10^8m^3/a$ 或 24.768×10^4t，实现年利税总额 4.5 亿元。

3.18.28.7 天昱园 LNG 项目

天昱园新能源液化天然气有限责任公司兴建的煤制天然气液化项目(简称天昱园 LNG 项目)是 2014 年巴彦淖尔市固定投资超亿元建设项目之一,该项目位于乌拉特前旗工业园区内,总投资 9.2 亿,总占地面积约 $14.86\times10^4\text{m}^2$。整个项目分为两期实施,其中一期工程总投资 4 亿元,于 2012 年 9 月开工建设,先后完成了动力站、中控室、变电站、压缩机车间等土建工程以及压缩、过滤、冷凝等生产设备的安装。该项目以西部丰富的天然气资源为依托、采用了脱水、脱硫、脱碳、脱泵等工艺技术。项目日处理天然气 $36\times10^4\text{m}^3$,可加工处理煤制天然气 $1.08\times10^8\text{m}^3/\text{a}$,或年产 LNG $7.4\times10^4\text{t}$,年销售收入 3.5 亿元。

3.18.28.8 呼和浩特市万特 LNG 项目

呼和浩特市万特新能源有限公司是一家致力于清洁能源,尤其是 LNG 推行与应用的公司,成立于 2009 年 2 月。公司位于呼和浩特市察素齐镇东 110 国道南侧,土旗气象局东侧,占地面积约 $8\times10^4\text{m}^2$,一期投资约 7000 多万元,建成可处理天然气 $10\times10^4\text{m}^3/\text{d}$ 的全自动化控制天然气液化项目——呼和浩特市万特 LNG 项目。该项目位于内蒙古自治区呼和浩特市土默特左旗,于 2009 年底建成投产,投产后年产 LNG $3135\times10^4\text{m}^3$。产品气化率约为 $1460\text{m}^3/\text{t}$。同时,配套投运了 1 座 900m^3 的 LNG 储备罐,该储罐在充分利用的情况下能够满足 5~6d 的用气需求。生产厂地理位置靠近河北及东北地区,因此该项目所产出的 LNG 主要面向东北市场进行销售。

3.18.28.9 时泰 LNG 工厂

内蒙古鄂托克前旗时泰天然气经营有限责任公司是全国先进的 LNG 生产公司之一,具有 $1.1\times10^8\text{m}^3/\text{a}$ 的 LNG 处理能力,2014 年达到 $5.1\times10^8\text{m}^3/\text{a}$。该公司成立于 2002 年 12 月,是内蒙古自治区首家民营天然气经营企业,主要从事城镇管道天然气供应、压缩天然气(CNG)和液化天然气(LNG)。随着鄂托克前旗境内著名的国内大型高品质整装苏里格气田的开发和国家级上海庙能源化工基地的高速发展,该公司获得中国石油长庆油田分公司 $3.5\times10^8\text{m}^3/\text{a}$ 的天然气用气指标,为天然气能源的开发和利用提供了充足的气源保障。此外,公司城镇管网总长超 100km,供应天然气 $10\times10^4\text{m}^3/\text{d}$,CNG、LNG 汽车加气站加气能力可达 $3\times10^4\text{m}^3/\text{d}$。另外,公司投资 3 亿元建成投产的昂素镇 LNG 工厂可处理天然气 $50\times10^4\text{m}^3/\text{d}$,年产 LNG $12\times10^4\text{t}$。上海庙镇 LNG 工厂年产 LNG 可达 $40\times10^4\text{t}$,为公司天然气规模化经营奠定坚实的基础。

3.18.28.10 内蒙古镶黄旗项目

内蒙古镶黄旗绿能公司成立于 2008 年 8 月,是河南中原绿能高科有限责任公司控股的子公司,是一家集天然气处理、加工于一体,生产液化石油气、压缩天然气和 LNG 的技术密集型企业。该公司属于易燃易爆甲级要害单位,无毒无害。该公司地处内蒙古自治区锡林浩特盟镶黄旗,并先后投资 1.2 亿元,已建成了国内先进的伴生气处理回收装置,包括 $9\times10^4\text{m}^3$ 天然气处理工段和 $7\times10^4\text{m}^3$ 的天然气液化工段以及配套的运输车队、天然气发电等相关设施,天然气的生产加工能力达到了 $16\times10^4\text{m}^3/\text{d}$,年产 LNG $6000\times10^4\text{m}^3$,实现产值 7200 万元。

时泰 LNG 工厂

3.18.28.11 内蒙古乌海市焦炉煤气制 LNG 工厂

内蒙古乌海市焦炉煤气制 LNG 工厂由中国石油昆仑能源华油天然气有限责任公司投资建设，总投资为 47 亿元。该工厂于 2011 年 4 月开工建设，2012 年 10 月宣布投产，2014 年 1 月工厂全面建成投产。根据乌海市政府发布的消息，该工厂采用了世界先进技术，将焦炉煤气高效利用，是实现节能减排的示范项目。投产后，该项目可回收利用 $15\times10^8 m^3/a$ 的焦炉煤气，生产出 $3.2\times10^8 m^3/a$(约 $25\times10^4 t$)的 LNG。此举每年可节省 $94\times10^4 t$ 标准煤，减少 $104\times10^4 t/a$ 二氧化碳排放，减少二氧化硫排放 $820\times10^4 t/a$。生产出的 LNG 代替柴油后，可减少二氧化碳排放 $23\times10^4 t/a$，减少一氧化氮排放 $1775\times10^4 t/a$，减少二氧化硫排放 $5700\times10^4 t/a$。

3.18.28.12 新矿内蒙古恒坤焦炉煤气制 LNG 工厂

新矿内蒙古能源有限责任公司由山东新汶矿业集团投资注册，隶属于世界 500 强企业，山东能源权属的新矿集团内蒙古能源有限公司是中国炼焦行业协会的会员单位。内蒙古恒坤化工有限公司的新矿内蒙古恒坤焦炉煤气制 LNG 工厂由中国化学工程集团所属中化二建集团有限公司(简称"二公司")参建。该工厂位于鄂托克前旗上海庙工业园区，利用恒坤化工焦炭生产线产生的焦炉煤气为原料制 LNG。工厂由新矿集团与英国戴维公司合作开发，采用英国戴维公司的技术，并结合中国科学院理化技术研究所的深冷分离技术，使用焦炉煤气净化—甲烷化—深冷液化的组合工艺。工厂总投资 4.3 亿元，于 2011 年 10 月开工建设，2012 年完成投资 1.4 亿元，成为国内第一家焦炉煤气制 LNG 工厂，所产的 LNG 将面向全国销售，项目同时配套 1 座罐容为 $5000 m^3$ 的低温储罐。一期工程 $130\times10^4 t/a$ 捣固焦、$1.2\times10^8 m^3/a$ 焦炉煤气制 LNG 工厂已投入生产。二期项目于 2013 年 4 月 12 日开工，2014 年底建成投产，总投资 15 亿元。二期工程建成，使内蒙古恒坤化工有限公司年产焦炭可达 $260\times10^4 t$，年收入 35 亿元，利润 5 亿元，将成为上海庙能源化工基地主要的化工企业。

3.18.28.13　内蒙古兴洁LNG储备工厂

内蒙古兴洁天然气有限公司是由中国石油旗下华北油田华港燃气集团出资51%，河北盛腾化工有限公司出资49%设立的国有控股公司，是一家集LNG生产、储存、销售于一体的企业。建设的兴洁LNG储备工厂位于乌兰察布市兴和县城关镇兴旺角工业园区，以陕京四线作为气源保障，概算投资为10.12亿元，处理天然气$200\times10^4m^3/d$，加工LNG $40\times10^4t/a$。该工厂采用了世界上最先进的德国林德先进液化工艺技术，实现了国内单列液化装置规模最大的目标，还运用低温BOG压缩机将储罐返回气增压再液化，降低了液化所需能耗，比国内同等规模的LNG工厂节能10%。同时，工厂采用变频调节技术和大型绕管换热技术，提高了装置的适应性。德国TGE全包容LNG储罐采用预应力混凝土全包容，大大提高了安全性，有效缩小了内外部间距要求，减少占地面积，保证储液安全。该工厂早在2013年8月份就已经开工建设，基础设施及主体工程完工之后，由于气源问题及中国石油内部政策调整，2016年起该工厂处于停滞阶段，2017年8月12日工厂正式全面复工，2018年10月21日顺利通过交工验收和试运行安全条件评审。

内蒙古兴洁LNG储备工厂投产后，可实现年产值20亿元，为周边及内蒙古东部市场、河北北部市场及北京、天津等地提供能源保障，将极大缓解华北地区冬季保供压力。

内蒙古兴洁LNG项目

3.18.28.14　正泰易达LNG项目

正泰易达LNG项目位于鄂尔多斯市伊金霍洛旗江苏工业园区，总规划占地面积约$38.36\times10^4m^2$，工程分两期进行，总投资为36亿元。一期工程建设日处理$300\times10^4m^3$液化煤层气装置及相关配套设施，二期工程在一期工程的基础上再增加1套$300\times10^4m^3$的液化煤层气装置及相关的L-CNG加气站项目。一期工程总投资18亿元，主要产品是LNG，主要气源来自附近中国石化的大牛地气田，项目建成后，可日处理$300\times10^4m^3$LNG，年产70

×10⁴t LNG。项目于 2017 年 5 月 19 日开工建设，完成了厂区的办公区域和生活区域以及所有的土建工程，2018 年开始进行厂区附属设施以及配套工程建设，7 月份开始调试，8 月 15 日正式投产。正泰易达 LNG 项目的目标消费市场为鄂尔多斯本地、山西及河北市场，由于项目由中国石化供气，气源相对稳定，将会在冬季为内蒙古地区提供更为稳定的保供液源。

3.18.28.15 鄂尔多斯市派思能源 LNG 项目

鄂尔多斯市派思能源项目位于鄂托克旗木肯淖尔镇清洁能源化工产业园，G109 国道 941 段南侧。项目总投资为 13.67 亿元，占地面积为 $30×10^4 m^2$，分三期建设，总设计产能为 $720×10^4 t/a$ LNG。一期工程设备日处理量为 $110×10^4 m^3$ 天然气。项目于 2016 年 10 月 10 日开工建设，施工进展顺利，并于 2018 年 9 月投产。项目气源来自中国石化东胜气田，目标市场为周边地区以及山西、河北等省份。

鄂尔多斯市派思能源 LNG 项目

3.18.28.16 包头市寰达新能源 LNG 工厂

包头市寰达新能源有限责任公司成立于 2010 年 9 月，地址位于内蒙古包头市土默特右旗新型工业园区 110 国道南，地理位置优越交通便利。该公司专业从事 LNG 生产、运输、销售，占地面积约 $13.33×10^4 m^2$。公司的一期日处理 $30×10^4 m^3$ 天然气液化调峰项目，投资 9537 万元，采用混合制冷剂制冷工艺，利用原料天然气经净化、液化、储存等物理流程生产 LNG。公司已建成日处理 $80×10^4 m^3$ 天然气液化装置，并顺利投产。包头市寰达新能源 LNG 工厂生产所用天然气来自长庆气田生产的天然气，通过长—呼复线管道及相应支线输送至厂区。该工厂作为城市管网的调峰配套公益设施，主要作为城市管道供气补充气源，富余气量还可供应运输汽车、企业等用气户。在国家大力倡导使用新型低污染能源趋势下，LNG 正成为最有潜力的传统能源替代品，该工厂生产过程无不可控污染，属绿色环保项目。

包头市寰达新能源 LNG 工厂

3.18.28.17　杭锦旗亨东天然气项目

杭锦旗亨东天然气项目位于鄂尔多斯市杭锦旗锡尼镇阿斯尔嘎查村，设计日处理能力为 $60\times10^4m^3$ 天然气。该项目由兴圣天然气投资建设，气源为中国石化东胜气田，装置于 2018 年 12 月供暖季初期投产，可以较稳定地保障本项目用气，并在一定程度上缓解华北地区冬季用气压力。本项目目标消费市场与兴圣工厂一致，为周边、山西及河北北部。值得一提的是，杭锦旗亨东天然气项目所在的杭锦旗锡尼镇阿斯尔嘎查村位于内蒙古自治区鄂尔多斯市杭锦旗东南部，是一个以蒙古族为主体、以农牧业为主要产业的地区。该地区的天然气资源丰富，被誉为中国北方的一座气库。杭锦旗亨东天然气项目的建设，不仅可以满足周边地区的用气需求，还可以促进当地经济发展，提高当地居民的生活水平。同时，该项目的建设也符合国家能源政策，对于推动中国清洁能源的发展具有积极意义。

3.18.28.18　包头市新兴盛能源 LNG 项目

包头市新兴盛能源有限责任公司是一家专业从事天然气液化、储存和销售的企业。公司拥有先进的天然气液化技术和设备，致力于提高天然气的利用效率，推动清洁能源的发展。该公司位于内蒙古自治区包头市土右旗萨拉齐镇东二环路西侧，总占地面积为 $6.26\times10^4m^2$，其中一期项目占地面积为 $2.7\times10^4m^2$，已建成日处理 $30\times10^4m^3$ 天然气液化项目，扩建工程装置日处理天然气 $50\times10^4m^3$（$-30℃$，$2.0\sim2.5MPa$），每天可生产 $-161.04℃$、$10kPa$ 的 LNG 362t（折合 $479m^3/d$）。两期全部建设完工后，总的处理规模将达到 $80\times10^4m^3$。

3.18.28.19　鄂尔多斯市赛普 LNG 项目

鄂尔多斯市赛普能源有限责任公司成立于 2018 年 2 月，专注于液化天然气的生产和销售。公司规划建设的鄂尔多斯市赛普 LNG 项目日处理量为 $200\times10^4m^3$，占地面积达 $20\times10^4m^2$，总投资为 7 亿元。该项目已获得政府许可，项目用电也得到当地供电部门的同意。

政府和中国石化协调供气指标,确保项目顺利实施。项目于 2018 年 8 月开工建设,并于 2020 年建成投产。内蒙古自治区鄂尔多斯市境内拥有丰富的天然气资源,是中国北方重要的清洁能源生产基地之一。赛普能源有限责任公司将利用先进的天然气液化技术和设备,为周边地区提供清洁能源,缓解当地能源压力,同时为环境保护做出贡献。

鄂尔多斯市赛普 LNG 项目

3.18.28.20 乌兰察布市蒙新能源 LNG 项目

乌兰察布市蒙新能源有限责任公司成立于 2014 年 1 月 9 日,注册资金 8000 万元,是一家以 LNG 项目投资及 LNG 终端使用技术推广咨询与服务、LNG 利用相关配套设施的生产、销售、维修、运营管理的能源企业。该公司投资建设处理量为 $30\times10^4 m^3/d$(日产 200t)的天然气液化项目和附属日供气量 $10\times10^4 m^3$ 的 CNG 自备母站,即蒙新能源 LNG 项目,其气源由西部天然气公司长呼复线管道旗下分输站供气。该项目占地面积约 $9.33\times10^4 m^2$,总投资为 1.347 亿元,已经建成处理天然气量为 $30\times10^4 m^3/d$ 项目,以及办公宿舍楼 4133.96 m^2、中控车间、制氮车间、压缩车间、储罐装车区 4864.83m^2,消防等安全配套设施 313.86m^2。

3.18.29 宁夏回族自治区 LNG 项目

3.18.29.1 宁夏深燃众源 LNG 项目

宁夏深燃众源 LNG 项目位于宁夏回族自治区吴忠市盐池县,投资金额为 5.48 亿元。该项目一期设计产能为 $100\times10^4 m^3/d$,配套建设了 2 个 5000 m^3 的 LNG 储罐。自 2014 年 3 月 20 日起开始进气试运行,调试过程较为顺利,开工产能接近 $100\times10^4 m^3/d$。2014 年 4 月 1 日,项目开始正式出液并对外销售,经营模式由陕西众源绿能天然气有限责任公司统一对外销售。由于与陕西省榆林市定边县的 LNG 项目相距仅 20km,定价略低于定边项目。二期设计产能为 $200\times10^4 m^3/d$,项目气源均来自中国石油长庆油田,并配套建设了总罐容

为 $3\times10^4m^3$ 的 LNG 储罐，计划总投资 7.8 亿元，2022 年建成投产，LNG 总产能达到日处理天然气 $300\times10^4m^3$、年产 LNG 60×10^4t，将成为西北乃至全国陆上规模较大的 LNG 生产加工企业和基地。

宁夏深燃众源 LNG 项目

3.18.29.2 宁夏哈纳斯 LNG 工厂

宁夏哈纳斯液化天然气有限公司(简称哈纳斯 LNG 工厂)位于银川经济技术开发区二区宝湖西路 56 号，占地面积为 $171733.6m^2$，总投资 19.7 亿元。该工厂于 2012 年 7 月正式投产运营，年产 100×10^4t LNG，是中国运行最高效、最可靠的 LNG 工厂之一。哈纳斯 LNG 工厂主要从事 LNG 生产、储运、销售、加注站服务以及分布式能源开发利用等业务，为用户提供便捷、高效、经济的能源解决方案。工厂实现了国际先进技术与卓越运营管理的有效结合，成为行业标杆。

3.18.29.3 宁夏凯添能源 LNG 项目

宁夏凯添能源 LNG 项目设计产能为 $30\times10^4m^3/d$，项目已于 2014 年 11 月建成投产。该项目由宁夏凯添能源开发有限公司负责投资建设和运营管理。项目概算总投资为 3.1 亿元，总占地面积为 $66666.7m^2$，位于银川德胜工业园区三区。该项目的建设旨在满足宁夏及周边地区的天然气需求，促进地方经济发展。同时，该项目也将为宁夏凯添能源开发有限公司提供更多的清洁能源，有助于推进清洁能源的开发和利用。

3.18.29.4 宏兴新能源 LNG 项目

宁夏宏兴新能源 LNG 项目位于黄河东岸的银川开发区红墩子工业园，征地面积为 $333333.3m^2$，设计产能为 $20\times10^4t/a$，于 2013 年 6 月开建。该项目集 LNG 储罐建设、全厂土建工程、安装工程以及主材采购为一体，合同金额超过亿元。同时，该项目还建设了管网，为红墩子工业园区和即将建设的银东新城提供工业、民用、商用天然气供给。整体项目两年完成，建成投产后将对银川市滨河工业园区加快能源结构调整有着积极的意义。LNG 是清洁能源，运输方便，环保性能好，无污染排放。该项目建成使用后，能够替代燃油 24×10^4t，替代燃煤 39×10^4t，减排二氧化碳 13×10^4t，可以给滨河工业园区乃至周边地区提供稳定安全的清洁能源，对一次能源消费结构的调整、节能减排和环境保护将发挥积极的作用。

3.18.29.5 宁夏华汉能源 LNG 项目

宁夏华汉能源 LNG 项目是由宁夏富宁投资集团有限公司和新奥燃气发展有限公司合作开发的日处理 $60\times10^4m^3$ 的天然气液化项目。该项目建设于银川经济技术开发区Ⅱ区，预计项目总投资为 2.6 亿元，计划分两期建设。首期投资为 1.6 亿元，设计规模为日处理天然气 $30\times10^4m^3$，日产 LNG 210t，于 2009 年 2 月建成投产。项目首期建成投产后，随即以同等规模进行二期工程建设，预计投资 1 亿元。两期工程完成后，将达到日处理天然气 $60\times10^4m^3$，年产 LNG 14×10^4t 的总体规模。该项目不仅为当地提供了清洁能源，还有效减少了环境污染。

3.18.29.6 吴忠市 LNG 项目

宁夏长明天然气开发有限公司隶属于大型国有控股 A+H 股上市公司中集集团，是中集安瑞科控股有限公司旗下能源化工板块的成员企业。该公司依托国家管网西气东输二号线管道气源，以天然气全产业链模式运营，总部位于银川市，在吴忠市太阳山开发区运营着 $30\times10^4m^3/d$ 的天然气液化工厂和吴忠市 LNG 应急储气调峰站，拥有太阳山开发区燃气特许经营权，并在青铜峡市、盐池县、平罗县和太阳山等地投资运营 LNG 车用加气站数座。2022 年 1 月，宁夏长明天然气开发有限公司的 $50\times10^4m^3/d$ 天然气液化装置(储气调峰配套)技术改造项目已通过宁夏回族自治区企业投资项目备案，项目投产后可增加年产能至 16×10^4t LNG。该项目的实施将有助于提高公司的产能和市场竞争力，为当地经济发展做出更大的贡献。

吴忠市 LNG 项目

3.18.29.7 乌海 LNG 项目

乌海 LNG 项目总体布局为"两厂一线"。2011 年 4 月，项目开始建设；2012 年 8 月，乌海市千里山 LNG 工厂和西来峰 LNG 工厂一期净化装置建成投产；同年 9 月，全长 223.8km 的乌海—银川长输管线全线贯通投产，开始为宁夏石化输送焦炉煤气，替代天然气作为生产化肥的原料。乌海 LNG 项目在规划设计建设的多个方面体现了首创性，包括最大规模焦炉煤气制 LNG 项目、规模达 $15.6×10^4m^3/h$ 的焦炉煤气净化装置、规模达 $10×10^4m^3/h$ 的焦炉煤气甲烷化装置以及首条长距离富氢焦炉煤气输送管道。然而，西来峰 LNG 工厂在 2014 年 1 月 6 日首次运行出产 LNG 后，却遭受焦炭产业调整影响，经历了乌海焦化企业大多关停或减产后，原料气严重供给不足的"严冬"。经过近 1 年时间低负荷运行，最终于 2015 年 1 月 1 日被迫停产，设备进入长期停运。2018 年 7 月 16 日，"集结号"再次吹响，西来峰 LNG 工厂复产检修调试工作正式启动。全面复产后，工厂每年可回收利用焦炉煤气 $30×10^8m^3$，生产出 $6.4×10^8m^3$（约 $50×10^4t$）LNG 替代柴油，每年可减排二氧化碳 $46×10^4t$、一氧化氮 3550t、二氧化硫 11400t。

乌海 LNG 项目

3.18.30 新疆维吾尔自治区 LNG 项目

3.18.30.1 新疆广汇 LNG 项目

新疆广汇 LNG 项目分为四期工程，由新疆广汇液化天然气发展有限责任公司负责 LNG 的生产、运输和市场开拓等工作。该公司注册资金为 2.5 亿元，由新疆广汇实业股份有限责任公司、新疆高新技术开发区管理委员会和上海通达能源股份有限责任公司共同出资组建，并从比利时和德国引进技术和采购设备。项目已于 2002 年 6 月正式启动，首期装置于 2003 年 12 月投产，生产能力为 $150×10^4m^3/d$，是当时我国最大的 LNG 生产基地。

3.18.30.2　哈密 LNG 项目

哈密 LNG 项目为了实现绿色发展，采用了国内先进的天然气压缩技术，将来自管道的天然气净化，去除里面的二氧化碳、硫化氢及水分，检测合格后进行液化，液化后的天然气进入储罐储存，之后通过运输罐车将 LNG 输送到各站点，供民用汽车或城市燃气供热使用。该项目日处理能力为 $200×10^4 m^3$，计划在满负荷状态下的产能为 1500t，年产 LNG $50×10^4$ t。西气东输二线配套年产 $50×10^4$ t LNG 工厂及配套设施工程，以天然气液化为主的绿色清洁能源供应为目标，建成投产后，将成为国内单体最大的 LNG 工厂，形成以绿色低碳环保能源供应为核心的产业发展格局。项目将保障新疆及全国市场的能源需求，逐步成为国家天然气应急储备调峰站，肩负国家天然气应急调峰重任。同时，项目的建设还将解决离城市较远的村镇燃气供应问题，有效改善大气环境质量。

哈密 LNG 项目

3.18.30.3　哈纳斯 LNG 项目

哈纳斯 LNG 项目占地面积为 $166666.67 m^2$，年生产能力为 $80×10^4$ t LNG，总投资为 12.7 亿元，是中国陆上最大的 LNG 工厂。该项目由法国德希尼布公司 EPCM 总承包，主压缩机由美国空气公司提供，储罐由英国威索公司总设计，法国 SPIE 石油和天然气技术咨询服务公司负责技术人员招聘、培训工作，马来西亚亚拉米斯公司负责生产运营管理服务。该项目于 2012 年 7 月 18 日正式投产运营，成为国内最大、最先进的 LNG 项目，日处理天然气 $300×10^4 m^3$，年产优质 LNG $80×10^4$ t，日供 2200t，可为 5500 台车辆提供一天的原料供应，已占据国内约 12% 的市场份额。

3.18.30.4　哈密淖毛湖项目

广汇能源在哈密淖毛湖地区投资了 507.96 亿元，建设了 $120×10^4$ t/a 甲醇、$7×10^8 m^3$/a LNG 项目、$1000×10^4$ t/a 煤炭分质清洁利用项目、$40×10^4$ t/a 荒煤气制乙二醇项目、$4×10^4$ t/a 二甲基二硫联产、$1×10^4$ t/a 二甲基亚砜项目、$60×10^4$ t/a 煤焦油加氢项目及配套

哈纳斯 LNG 项目

全长 480km 的淖柳公路，配合广汇物流已建成的红淖铁路，形成了以广汇能源为主体的自治区和现代煤化工产业基地及出疆能源通道。

3.18.30.5 广汇鄯善项目

广汇鄯善液化天然气公司是国内经营规模最大的陆基 LNG 生产供应商之一，该公司于 2003 年 9 月投资 15.75 亿元在鄯善建设广汇鄯善项目，年产 $5\times10^8 m^3$ LNG。该项目的清洁能源主要作为城市燃气管网的调峰、城市交通以及特殊工业用户，源源不断地销往全国约 46 个城市，广汇鄯善项目是广汇能源在新疆鄯善县的重要液化天然气(LNG)生产基地，曾一度因为原料气价格上涨和设备老化问题而面临停产。然而，广汇能源在近期宣布，计划重启该项目。这一重启计划不仅标志着鄯善 LNG 工厂的复产，还计划将日生产能力提升至 $100\times10^4 m^3$ 以上，从而大幅增加广汇能源的产能。广汇鄯善项目自 2004 年投产以来，一直是广汇能源的重要组成部分。该项目的液化天然气产品主要用于新疆地区的中重型车辆燃料和居民用气供应。随着近几年广汇能源在哈萨克斯坦的天然气项目取得进展，广汇鄯善项目的气源供应得到了更有力的保障，这也为此次重启提供了坚实的基础。

3.18.30.6 吉木乃 LNG 项目

吉木乃 LNG 项目位于吉木乃县，投资 2.2 亿元建设年产 $5\times10^8 m^3$ LNG 项目。2010 年获得国家发改委对跨境天然气管道的批复，2011 年完成输气管线的建设。吉木乃 LNG 项目于 2011 年 5 月开始进行长周期设备安装，8 月底开始单机调试，并于 11 月底正式投产。2011 年继续追加投资 4 亿元。

3.18.30.7 新疆博瑞能源 LNG 项目

新疆博瑞能源 LNG 项目位于新疆库尔勒市轮台县轮南镇，设计处理 LNG $30\times10^4 m^3/d$。该项目于 2011 年 7 月 27 日正式投产出液，并于 2011 年 8 月 15 日达到设计日产能。项目总投资为 2.27 亿元，气化率为 1400m³/t。该项目采用先进的混合制冷技术、压缩机、塔体工艺等主体设备均为国内研发生产，并引入了全新的经营理念，采用监督加总承包的管理模式，在减少中间环节的同时，降低了生产成本。该项目的建成投产为优化南疆能源结构、改善民生工程提供了资源保障，对进一步推进南疆地区重卡"以气代油"进程、贯彻落实昆仑能源在南疆的发展战略起到关键作用。

3.18.30.8 新疆洪通天然气液化项目

新疆洪通天然气液化项目位于新疆巴音郭楞蒙古自治州库尔勒市经济技术开发区洪通工业园内，设计总产能为 $100×10^4m^3/d$，共分两期建设，每期设计产能均为 $50×10^4m^3/d$，同时配套建设 1 个容量为 $5000m^3$ 的 LNG 储罐。该项目气源来自中国石油新疆塔里木油田，并与中国石油塔里木油田石化分公司签订了长达 30 年的稳定供气协议，年供气量约 $13.5×10^8m^3$。

3.18.30.9 沙雅赛普 LNG 工厂

沙雅赛普 LNG 工厂位于中国新疆维吾尔自治区沙雅县，是一个重要的液化天然气(LNG)生产和处理工厂。沙雅赛普能源有限公司是由成都赛普能源有限公司投资控股的企业，专门从事天然气回收利用和工业尾气排放处理等清洁能源技术的开发与推广应用。该公司在沙雅县顺北油气田运营一座日回收处理 $40×10^4m^3$、日产 LNG300t 的 LNG 工厂。该工厂旨在提升中国西部地区的能源供应能力，并推动区域经济发展。工厂的主要目标是建设一座大型 LNG 工厂，通过液化天然气的生产和处理，为中国西部及周边地区提供稳定的天然气供应。

沙雅赛普 LNG 工厂

3.18.30.10 新疆利华 LNG 项目

新疆利华绿原新能源有限责任公司日液化产量为 $50×10^4m^3$ 的天然气液化项目建设地点位于铁门关市库西工业园区 29 团母站旁。该项目采用 MRC 天然气液化技术及相关系统进行天然气液化，具体内容包括：1 套日处理量为 $50×10^4m^3$ 的液化项目的工艺包设计[净化装置及辅助工程(除导热油系统)按 $100×10^4m^3$ 设计]；地勘；储罐系统(2 座

5000m³ 常压储罐）；一期工程建设为二期预留接口位置。

3.18.31 香港特别行政区 LNG 项目

2016 年 5 月初，中电控股有限公司宣布计划在香港海域建设香港首个海上 LNG 接收站。为考虑环保和香港土地资源稀缺，这次中电控股有限公司计划建设 FSRU 浮式接收站。经过三年的努力，香港政府最终同意了这一计划。2018 年，日本商船三井与香港签署了初步协议，为香港海上 LNG 接收站提供一艘 FSRU，并签订了码头运营和维护服务的长期合同。接收站的码头设计为双泊位，可供一艘浮式储存和再气化装置的船只（储气船）和一艘 LNG 运输船停泊。储气船内的 LNG 经过再气化后，通过两条独立的海底天然气输气管道输送至龙鼓滩发电厂和南丫发电厂的气体接收站。公司与香港 LNG 接收站有限公司、青山发电有限公司、香港电灯有限公司签订了总承包合同，合同总金额为 46.91 亿港元，约合人民币 42.83 亿元。合同分为三个包，其中 A 包为设计、建造、安装导管架型双泊位码头，金额 18.74 亿港元；B 包为敷设连接 A 包码头和发电厂的海底天然气运输管道，及设计、采购、建造发电厂接收站工程，金额 21.76 亿港元；C 包为敷设连接 A 包码头和发电厂的海底天然气运输管道，金额 6.41 亿港元。该接收站在 2020 年实现的收入占合同总金额的 35%。接收站于 2020 年 4 月开工，并于 2022 年 3 月 31 日完工。码头设计使用年限为 50 年，是常规海上 LNG 接收站的两倍以上，并能承受每年 490 万次、每次最大 2400t 的船舶靠泊撞击力。

香港海上 LNG 接收站

3.18.32 澳门特别行政区 LNG 项目

澳门天然气有限公司于 2015 年向珠海市政府提出建设直湾岛 LNG 接收站的项目建议。2016 年，珠海市政府将该项目正式纳入"珠海市国民经济十三五规划纲要"和"珠海市海洋经济发展十三五规划"，并在 2018 年 8 月正式启动项目落地程序。直湾岛 LNG 接收站项目是澳门天然气有限公司股东在投资天然气产业链中的重要环节，与在天然气上游市场投资的加拿大、美国、印度尼西亚及中东四个项目互为依托。该项目集 LNG 接卸、储运、输配功能为一体，主要包括直湾岛上的 LNG 接收站工程、配套码头工程以及三条连接直湾岛至香港、澳门和广东省区域市场及主要用户的高压海底管道。项目一期设计LNG接转能力为$500×10^4$t/a,其中包括$380×10^4$t气化外输、$50×10^4$t液态外运、$70×10^4$t吨船舶加注。工程建设计划分两个阶段,首阶段实现接卸周转能力为$300×10^4$t/a;次阶段接卸周转能力为$200×10^4$t/a。项目于2019年底开工,并于2023年前建成投产。根据粤港澳大湾区天然气市场的发展情况,远期规模可达到$2000×10^4$t/a。由于直湾岛紧邻国际航道,该项目不仅可以向周边地区供应天然气,还可发展大规模船舶LNG加注业务,为各型LNG动力船舶提供加注服务。同时,项目还可利用直湾岛LNG接收站产生的充裕电力和冷能,发展"数据中心"和"冷链仓储"等延伸产业。

3.19 本章小结

随着世界LNG工业的快速发展,以及东亚地区经济的蓬勃复苏,亚洲地区的日本及韩国在20世纪80年代后逐渐成为大规模进口使用LNG的亚洲国家。同时,亚洲的卡塔尔、马来西亚、文莱、印度尼西亚等也是重要的LNG产出国,其中,卡塔尔一直是全球LNG出口最多的国家之一。近年来,日本进口LNG总量一直维持在$8000×10^4$t/a,进口总量排名全球第一,而韩国进口量接近$5000×10^4$t/a,进口量仅次于日本和中国。2022年后,中国首次超过日本,成为全球LNG进口最多的国家。大规模引进LNG新能源,研究开发LNG新技术,投资建设大型LNG接收站,引进发展LNG产业链,全力发展LNG现代工业已成为亚洲各国关注的焦点。

本章主要针对亚洲LNG生产应用具有代表性的日本、韩国、印度尼西亚、卡塔尔、印度、土耳其、阿联酋、泰国、文莱、新加坡、孟加拉国、巴基斯坦、约旦、以色列、科威特、阿曼、阿拉伯联合酋长国、马来西亚、中国等亚洲国家的LNG接收站、LNG工厂或LNG重点项目的生产建设现状等进行了系统介绍,并重点介绍了各个接收站、工厂或项目的投资背景、发展现状、年终产量、市场行情、销售渠道、对本国经济的支撑作用、对世界LNG贸易的影响等情况,以及各国LNG产业发展现状,包括大型LNG工厂,LNG产业现状、进出口贸易、气化液化现状、生产能力现状等。

参 考 文 献

[1] 常旭宁,郭保玲,赖建波,等.韩国LNG薄膜储罐技术的发展[J].石油工程建设,2022,48(3):68-72.

[2] 常旭宁,赖建波,郭保玲,等.日本LNG薄膜罐技术发展[J].煤气与热力,2022,42(3):43-46.

[3] 陈曦,厉彦忠,王强,等.LNG汽车的应用优势及存在的问题[J].石油与天然气化工,2002(6):289-291.

[4] 佚名.韩国生产技术研究院提供LNG储罐焊接技术支持[J].轧钢,2022,39(3):84.

[5] 胡皓琼.日本LNG进口受到威胁——德路里运价及数据分析(2022.8)[J].中国航务周刊,2022(36):42-43.

[6] 赖元楷.LNG燃料汽车的发展前景[J].天然气工业,2005(11):104-106,157-158.

[7] 李缙.美国自由港液化天然气厂原料气产量大幅下降[J].油气田地面工程,2023,42(10):88.

[8] 李泽强,司景萍.LNG汽车的应用分析及推广建议[J].公路与汽运,2015(3):21-23,47.
[9] 刘宏伟,高洁.LNG汽车现状及发展瓶颈(二)[J].专用汽车,2012(8):66-67.
[10] 陆争光,高振宇,皮礼仕,等.中国LNG产业发展现状、问题及对策建议[J].天然气技术与经济,2016,10(5):1-4,81.
[11] 马晓芳.LNG汽车行业发展现状分析[J].环渤海经济瞭望,2018(3):51-52.
[12] 钱平.LNG运输船市场迎来竞争新格局?[N].中国船舶报,2023-12-27(3).
[13] 苏欣,杨君,袁宗明,等.我国LNG汽车研究现状[J].天然气工业,2006(8):145-148,177.
[14] 完颜泽,张虎俊,王朗.全球LNG贸易网络特征及中国LNG进口现状分析[J].中国矿业,2022,31(7):1-13.
[15] 王林.全球LNG供需处于"脆弱平衡"状态[N].中国能源报,2024-07-08(5).
[16] 王伟明.中国LNG市场发展趋势及建议[J].国际石油经济,2020,28(9):65-71.
[17] 魏景赋,李雅婷.全球LNG贸易网络特征及其团块分布研究[J].中外能源,2021,26(9):1-11.
[18] 文习之,刘春明,孙文.日本和韩国液化天然气进口探析[J].国际石油经济,2020,28(1):49-58.
[19] 杨沐岩.官员访澳难解日本天然气供应难题[N].中国能源报,2023-10-16(6).
[20] 杨沐岩.日本受困LNG供应紧张[N].中国能源报,2023-06-26(12).
[21] 张德久,徐敏.中国LNG产业发展现状、问题及对策[J].石化技术,2019,26(5):24-25.
[22] 张清云.卡塔尔LNG产业前景分析及对中国油气公司启示[J].当代石油石化,2023,31(12):22-27.
[23] 张晓萌,李武.我国LNG汽车发展前景的探讨[J].汽车工业研究,2009(9):23-25.
[24] 周游,张佳佳,张良恺,等.2024年国际天然气市场分析与趋势预测[J].北京理工大学学报(社会科学版),2024,26(2):76-83.

第4章 大洋洲 LNG 发展概览

澳大利亚天然气探明储量为 $110000\times10^8m^3$，居亚太地区首位，其中西澳占据 82%。2017 年 LNG 总产能达到 5420×10^4t。2020 年，澳大利亚对中国的 LNG 运输上涨了 7.3%，达到 $3070\times10^4t/a$。这同时推动 2020—2021 年澳大利亚对北亚的 LNG 出口创下了 7240×10^4t 的纪录。在澳大利亚对北亚总价值 389 亿澳元的 LNG 贸易中，中国就包揽了约 156 亿元。近年来澳大利亚 LNG 项目蓬勃发展，除了 6 个已经建成的 LNG 项目以外，还有 9 个 LNG 项目处于规划与在建阶段。2021 年全部项目建成后，总产能达到 $1.2\times10^8t/a$，目前已超越卡塔尔成为世界第一大 LNG 出口国。昆士兰有三个 LNG 项目进入生产状态，雪佛龙的惠斯通（Wheatstone）和高更（Gorgon）两个项目已投产。埃克森美孚的澳洲 CNG 项目已于 2014 年第二季度启动。2017 年澳大利亚天然气产值为 3000 亿美元。2020—2021 年，LNG 出口为澳大利亚带来 440 亿美元的收入。澳大利亚太平洋 LNG 项目（以下简称 APLNG）为中国石化在澳大利亚投资的唯一一个 LNG 项目，该项目位于昆士兰州的柯蒂斯岛，原料气为煤层气，澳洲能源有限公司（Origin）负责上游气源和输气管道的建设和运行，康菲公司负责 LNG 工厂的建设、运行、管理。项目初期修建两条液化生产线，液化技术采用康菲公司的流程，每条生产线产能为年产 450×10^4t。之后再修建两条液化生产线，最终达到年产 1800×10^4t LNG。2011 年 4 月，中国石化收购太平洋 LNG 项目股份的 15%，参股该项目，并与太平洋 LNG 项目签署为期 20 年、每年进口 430×10^4t LNG 的购买协议。2012 年 7 月，中国石化斥资 11 亿美元增持太平洋 LNG 项目股份至 25%。此外，中国石化承诺从太平洋 LNG 项目进口 LNG 最终达到 $760\times10^4t/a$。中国石化在该项目投资总额为 850 亿美元。2017 年，澳大利亚最大煤层气生产商——箭头能源公司（Arrow Energy Company）宣布启动苏拉特（Surat）盆地亿吨天然气田开发项目，该天然气田是澳大利亚西北部最大的未开采气田之一，天然气储量 $1416\times10^8m^3$，而中国石油拥有箭头能源公司一半的股份，这表明中国石油将通过该项目开发扩大天然气进口。依系 LNG 项目的陆上处理设施是澳大利亚正在进行的最大建设项目之一。该陆上工厂位于北领地达尔文，可年产 980×10^4t LNG，生产 $176\times10^4t/a$ LPG，峰值时每天生产超过 1.5×10^4bbl 凝析油。该装置由两套 LNG 液化装置组成。

4.1 澳大利亚高更 LNG 项目

高更（Gorgon）LNG 项目耗资 54 亿美元，是澳大利亚现今产量和投资最大的 LNG 项目，位于西澳西海岸 80~125mile 的巴罗岛，天然气储量丰富，约为 $11300\times10^8m^3$。该项目于2009年12月正式开工，2016年3月竣工。这是澳大利亚第四次LNG出口发展。高更LNG项目由雪佛龙运营，可生产1560×10⁴t/a的LNG，使用寿命约为40年。雪佛龙持有该项目47.3%的控股权，而埃克森美孚和壳牌各持有25%的股份。其余权益由大阪燃气(1.25%)、东京燃气公司(1%)和JERA公司(0.417%)持有。西澳政府于2007年9月收到该项目的初步环境批准，并于2009年8月获得最终批准。2016年3月第一条生产线投产，2016年10月第二条生产线投产，2017年4月第三条生产线投产。东京燃气公司、大阪燃气、九州电力公司、韩国天然气公司和中国石油等多家亚洲能源公司均与该项目签署了采购协议。其中，中国石油在2014—2034年将购买约8080×10⁴t的LNG，占合同总量的29.7%。

澳大利亚高更LNG项目

该项目的国内LNG供应于2016年12月开始。高更LNG项目的陆上设施包括1个1560×10⁴t/a的LNG工厂，1个300TJ/d的国内天然气处理厂，1个2.1km的LNG码头。LNG工厂拥有3个520×10⁴t/a的LNG加工液化装置、3个酸性气体去除装置液化装置和2个18×10⁴m³的LNG储罐。

4.2 澳大利亚依系LNG项目

澳大利亚依系(Ichthys)LNG项目储量约3620×10⁸m³，由日本国际石油开发公司(INPEX，76%)和道达尔公司(Total，24%)合资运作。该项目投资430亿美元，拥有两条年产420×10⁴t的液化生产线，可生产840×10⁴t/a的LNG及160×10⁴t/a的液化石油气。根据已签署的采购协议，该项目LNG产品主要供应给日本多家电力公司，合同期内总供应量为8090×10⁴t，占项目总产量的68%；台湾中油公司合同期内获得2490×10⁴t的LNG，占项目总产量的21%；道达尔公司将获得余下的11%的LNG，共计1280×10⁴t，该项目在2018年投产。

澳大利亚依系 LNG 项目

4.3 澳大利亚太平洋 LNG 项目

澳大利亚太平洋(Ustralia Pacific)LNG 项目位于昆士兰州柯蒂斯岛，成立于 2008 年 10 月。项目最初由澳洲能源有限公司(Origin)和康菲公司联合运作，2011 年中国石化进入该项目，获得 15%的股份，澳洲能源有限公司与康菲公司各占 42.5%的股份。项目总投资 370 亿美元，包含两条年产量为 420×10^4 t 的生产线，分别于 2016 年和 2017 年的 1 季度投入使用。该项目 LNG 产品主要销售给日本、中国、韩国等国家，中国石化已与澳大利亚太平洋 LNG 项目签订购销协议，为期 20 年。

澳大利亚太平洋 LNG 项目

4.4 澳大利亚昆士兰柯蒂斯 LNG 项目

昆士兰柯蒂斯 LNG 项目位于澳大利亚昆士兰州格莱斯顿的柯蒂斯岛，由英国天然气集团(BG Group)旗下的澳大利亚子公司昆士兰天然气公司(QGC)开发。澳大利亚昆士兰柯蒂斯 LNG 项目，采用煤层气作为原料气。项目最初由英国天然气集团(BG 公司)组建，2009 年中国海油(10%)和东京燃气公司(Tokyo Gas,2.5%)参股后成为合作伙伴，总投资

340亿美元。该项目拥有两条生产线，产能为 $850×10^4t/a$，分别于 2014 年中期以及 2015 年下半年正式投产。目前，该项目已与中国海油、东京燃气公司、日本中部电力公司以及英国天然气集团签署了采购协议，其中中国海油为最大的买家，合同总量达 $6930×10^4t$，占总产量的 51%。该项目主要是在柯蒂斯岛的华北湾开发一个 LNG 工厂，占地面积约 $270×10^4m^2$。最初拥有 2 套 LNG 液化装置的产能为 $850×10^4t/a$，后拥有 3 套 LNG 液化装置后，产能延长至 $1200×10^4t/a$。该工厂还拥有气体预处理设施，包括 1 个氮气排放装置和 2 个封闭式 LNG 储罐，每个储罐的容量为 $14×10^4m^3$。

澳大利亚昆士兰柯蒂斯 LNG 项目

4.5 澳大利亚格拉德斯通 LNG 项目

澳大利亚格拉德斯通(Gladstone)LNG 项目原料气为煤层气。原料气主要来自桑托斯公司运营的 Fairview、Roma 和 Arcadia 三个气田，项目是由桑托斯公司(Santos，30%)、马来西亚国家石油公司(Petronas，27.5%)、道达尔公司(Total，27.5%)和韩国天然气公司(15%)共同组建，由桑托斯公司运营。该项目与昆士兰柯蒂斯 LNG 项目为邻，拥有 2 条液化生产线，设计产能为 $780×10^4t/a$，分别于 2015 年 1 月和 10 月正式投产，总投资 300 亿美元。2018 年，该项目与韩国天然气公司和马来西亚国家石油公司签署购销协议，每年分别购买总产量的 43%和 57%的 LNG。

澳大利亚格拉德斯通 LNG 项目

4.6 澳大利亚西北大陆架 LNG 项目

西北大陆架(North West Shelf) LNG 项目位于西澳大利亚州的鲁普半岛，于 1989 年投产。2004 年 7 月，为配合西北大陆架合营项目，巴拉半岛建成第四条生产线，将天然气年产量从 $750×10^4$t 提高到 $1170×10^4$t。2008 年第五条生产线投产后，项目 LNG 总产能达到 $1650×10^4$t/a，是澳大利亚最大的 LNG 生产项目之一。该项目的 6 个股东为伍德赛德、必和必拓、雪佛龙、英国石油公司、日本三菱三井合资公司和壳牌，分别持有约 16.7% 的股份，由伍德赛德(Woodside)公司运营。2003 年，该项目与韩国签订了每年 $50×10^4$t，共计 7 年的中期供销合同。2006 年与中国广东省签订了 $330×10^4$t/a，合同期为 25 年的供销合同，总价值约 25 亿澳元。自 1989 年以来，该项目已经交付了 5000 多批 LNG 货物。2017 年，澳大利亚最大的石油和天然气公司伍德赛德制订了计划，将其较小的冥王星 LNG 终端与 Burrup 半岛的西北架 LNG 终端连接起来，西北大陆架 LNG 出口到亚洲。2017 年，该设施每年出口约 $1630×10^4$t。截至 2017 年，澳大利亚是仅次于卡塔尔的第二大 LNG 出口国，每年出口近 $4400×10^4$t。

澳大利亚西北大陆架 LNG 项目

西北大陆架天然气田是 1971 年发现的，位于澳大利亚西北部海岸线以外约 130km 的近海，拥有十几个油气田，天然气储量 $6230×10^8$m^3，是澳大利亚最大的天然气田。西北大陆架岸上天然气加工厂就在巴拉半岛上，靠近丹皮尔镇和卡拉萨镇，占地面积为 $200×10^4$m^2。该项目拥有 1 个 LNG 加工厂，4 条 LNG 生产线，1 套油气分离装置。西北大陆架天然气通过海底管道输送到加工厂后，先冷却到 -138℃，再冷却到 -168℃，然后输入到每个 $26×10^4$m^3 容积的储液罐，等待装船外运。

4.7 澳大利亚普鲁托 LNG 项目

普鲁托(Pluto) LNG 项目处理来自冥王星和邻近 Xena 气田的气体。该项目位于西澳大利亚州卡拉萨西北 190km 处，位于卡那封盆地北部。由伍德赛德公司运营，股权为 90%，其他股份由东京天然气公司(5%)和日本关西电力公司(5%)持有。项目总投资约为 150 亿澳元，规划为 3 期。冥王星 LNG 项目原定于 2010 年开始生产，由于巴鲁普(Burrup) LNG 园区完工的延误，该油田的第一批天然气于 2012 年 3 月进入处理液化装置，年产量为 430

×10⁴t，主要出口国家为日本、韩国和中国。开发该项目的成本也增加了9亿澳元，达到了149亿澳元(157.8亿美元)。由于缺乏足够的储量，第二期和第三期的扩建计划暂时搁置。该项目拥有1套490×10⁴t/a的LNG液化装置、2个总容量为24×10⁴m³的LNG储罐和3个储量为13×10⁴m³的凝结水罐。普鲁托LNG项目的运行由冥王星支持中心进行远程监控，自2012年开始运营以来，已交付了400多批LNG货物。2018年12月开始国内天然气供应，通过丹皮尔至班伯里天然气管道进行投产。

澳大利亚普鲁托LNG项目

4.8 澳大利亚惠斯通LNG项目

澳大利亚惠斯通(Wheatstone)LNG项目产量为1270×10⁸m³，总投资350亿美元。该项目由雪佛龙公司运营，拥有64.1%的股份，剩余股份由阿帕奇公司(13%)、东京电力公司(8%)、科威特海外石油勘探公司(7%)和壳牌公司(6.4%)拥有。

澳大利亚惠斯通LNG项目

惠斯通LNG项目是澳大利亚最大的资源开发项目之一，也是澳大利亚第一个LNG中心。惠斯通的陆上设施位于西澳大利亚州皮尔巴拉海岸昂斯洛以西12km处。该项目包括2套总容量为890×10⁴t/a的LNG液化装置和一座国内天然气厂，于2011年底获得批准，于 2016 年 7 月投产。该项目生产 91% 的 LNG 主要供应日本市场，分别与东京电力公司、九州电力公司、中部电力公司以及东北电力公司等公司签订购销协议，采购总量为 1388×10^{4}t。迄今为止，它已获得数十亿美元的服务合同，包括许多澳大利亚公司的合同。该项目与戈尔贡项目一起，巩固了雪佛龙作为亚太地区领先的天然气供应商和 LNG 运营商的地位。在满负荷生产的情况下，该项目可以占亚太地区未来 LNG 总产量的 6% 左右。海上设施从惠斯通、伊阿戈、朱利马尔和布鲁内洛气田收集天然气。除了 LNG 外，该工厂还可以生产 200TJ/d 的国产天然气，使雪佛龙澳大利亚公司成为西澳大利亚州国内天然气的主要供应商。

4.9　澳大利亚序曲浮式 LNG 项目

澳大利亚序曲浮式 LNG 项目位于布鲁姆东北偏北约 475km 的勘探盆地，该项目是当时世界上在建的最大浮式 LNG 项目。气源为 Prelude 气田和 Concerto 气田，天然气储量约为 850×10^{8}m^3。项目的主要股东有壳牌(67.5%)、国际石油开发帝石控股公司(17.5%)、韩国石油公司(10%)和海外石油投资公司(5%)，总投资 120 亿美元。该项目采用了壳牌开发的浮式 LNG 技术，在 2011 年完成最终投资决定，并完成主要建设。在 2017 年投产，LNG 年产能力达到 360×10^{4}t。该项目采用的浮式 LNG 装置长 488m，宽 74m，超过 60×10^{4}t 级排水量，预计船寿命为 25 年。该浮式 LNG 船有 3 套 LNG 处理液化装置，用于处理气体并将其液化至 -162°C，还具有 7 个海上船用装载臂，包括 4 个 LNG 装载臂和 3 个 LPG 装载臂。浮式 LNG 设施生产的 LNG、LPG 和冷凝水直接装入油轮进行运输。

澳大利亚序曲浮式 LNG 项目

4.10　澳大利亚布劳斯浮式 LNG 项目

澳大利亚布劳斯浮式 LNG 项目位于西澳大利亚北部的布劳斯海洋盆地区域，距离布鲁姆(Broome)海岸北 425km。布劳斯项目分为海上气田、陆上 LNG 工厂、海底管线和一个中央处理装置。海上气田有三块：1971 年发现的 Torosa 气田、1979 年发现的 Brecknock 气田和 2000 年发现的 Calliance 气田，约有 4360×10^{8}m^3 的天然气储量和 4.17×10^{8}bbl 凝析气。伍德赛德石油公司是最大股东也是运营商(30.6%)，其他合作伙伴有壳牌(27.0%)、英国石油公司(17.33%)、日本三菱三井合资公司(14.4%)以及中国石油(10.67%)。该项目初始计划采用在陆地建设 LNG 厂的方案，后经评估发现成本较高，加上环保组织反对，于是改用浮式 LNG 建设方案。2016 年该项目的前端工程设计结束后，伍德赛德公司宣布，鉴于目前世界经济形势低迷，油价过低，放弃浮式 LNG 方案。据中国石油国际投资（澳大利亚）公司的数据，布劳斯浮式 LNG 规划产能为 $1200×10^4$ t/a，投资成本约 300 亿澳元。

澳大利亚布劳斯浮式 LNG 项目

4.11 澳大利亚日出浮式 LNG 项目

澳大利亚日出（Sun rise）LNG 项目位于达尔文西北约 450km 的东帝汶海域，天然气储量约为 $1450×10^8 m^3$。该项目的主要股东有伍德赛德公司（33.44%）、康菲公司（30%）、壳牌（26.56%）和大阪天然气公司（10%）。伍德赛德公司经过前期评估，认为东帝汶经济不发达、有经验的工人较少、基础设施匮乏、没有当地依托，若采用陆地建设 LNG 工厂的方式，费用较高，因此力主通过浮式 LNG 方案来开发该项目。但是东帝汶政府认为浮式 LNG 方案大部分工作量发生在第三国，对于东帝汶的经济和就业贡献有限，同时东帝汶政府担心浮式 LNG 船在海上容易成为恐怖分子的攻击目标，因此坚决反对浮式 LNG 方案。伍德赛德公司和东帝汶政府进行了多轮协商，但是未就日出项目开发方案达成一致，该项目暂缓开发。

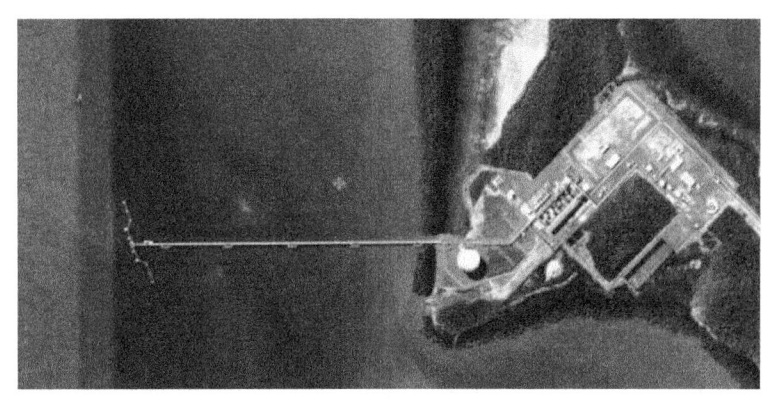

澳大利亚日出浮式 LNG 项目

4.12 澳大利亚依稀 LNG 项目

澳大利亚依稀(Ichthys)LNG 项目位于布鲁姆北部 440km 的 Browse 海洋盆地，天然气储量约为 $3620\times10^8 m^3$。由日本国际石油开发公司(Inpex)运营，股权为 62.245%，其他合作伙伴有道达尔公司(30%)、台湾中油股份有限公司(2.625%)、东京天然气(1.575%)、大阪天然气(1.2%)、日本关西电力公司(1.2%)、中部电力公司(0.735%)和东邦燃气公司(0.42%)。项目总投资达 340 亿美元。该项目开采的天然气通过一条长度为 889km 的管道运至达尔文陆上工厂进行加工生产。项目于 2012 年做出最终投资决定，LNG 产能为 $890\times10^4 t/a$，2018 年 5 月完成了所有陆上和海上设施的调试，并开始生产。2019 年 11 月，该设施的第 100 批 LNG 货物进行运输。客户包括东京电力公司($105\times10^4 t/a$)、东京燃气公司($105\times10^4 t/a$)、关西电力公司($80\times10^4 t/a$)、大阪燃气公司($80\times10^4 t/a$)、九州电力公司($30\times10^4 t/a$)、国际石油开发帝石控股公司($90\times10^4 t/a$)、CPC 株式会社($175\times10^4 t/a$)、中部电力公司($49\times10^4 t/a$)和东邦天然气公司($28\times10^4 t/a$)。日本公用事业公司购买了该项目 LNG 总产量的 70%。该项目主要设施包括 2 套 LNG 液化装置、产品储罐、冷凝水和液化石油气厂，1 座 500MW 的联合循环发电厂和 1 个产品装载码头。使用 2 套 LNG 液化装置将天然气冷却至 $-162°C$，以获得 LNG，进而通过产品装载码头运输。通过海上油田的相应管道，将液化过程中产生的凝析油和 LPG 直接出口。

澳大利亚依稀 LNG 项目

4.13 澳大利亚士嘉堡 LNG 项目

澳大利亚士嘉堡(Scarborough)气田发现于 1979 年，位于 Carnarvon 盆地，距离海岸线 220km，天然气储量约 $2270\times10^8 \sim 2830\times10^8 m^3$。项目初始由埃克森美孚和必和必拓公司组成 50∶50 的联合体共同开发，由埃克森美孚公司运营。埃克森美孚倾向于采用浮式 LNG 方案来开发该项目，但因油价偏低，经济性很难保证而暂缓。2016 年，伍德赛德公司宣布购买必和必拓公司士嘉堡项目 50%的股份，并准备将该项目的天然气经海底管线为其西北大陆架和普鲁托项目供气。2021 年，该项目的最新的预计成本为 120 亿美元(合 162 亿澳元)，较此前预期增加 5%。其中，63 亿美元则用于陆上部分的建设，较此前增加了 3%，其余的 57 亿美元用于海上气田部分的建设,较此前增加了 8%。天然气产量将从 $650\times 10^4 t/a$ 增加到 $800\times 10^4 t/a$,必和必拓公司拥有其中 25% 的股权。

澳大利亚士嘉堡 LNG 项目

4.14　澳大利亚波拿巴浮式 LNG 项目

澳大利亚波拿巴(Bonaparte)浮式 LNG 项目位于达尔文以西,天然气储量约为 $425\times 10^8 m^3$,由法国燃气苏伊士集团(GDF Suez,60%)和桑托斯(Santos,40%)两家共同建设。项目原计划建设产能为 $200\times 10^4 t/a$ 的浮式 LNG 装置,其所需天然气原料来自 Petrel 气田、Tern 气田和 Frigate 气田。2013 年进行前端工程设计,2014 年进行最终投资决定,计划于 2018 年投产,但在 2014 年 6 月,该项目宣布由于非技术原因放弃浮式 LNG 技术,考虑采用别的方案来开发。

澳大利亚波拿巴浮式 LNG 项目

4.15　澳大利亚卡拉萨 LNG 项目

澳大利亚卡拉萨(Karratha)LNG 项目是西澳大利亚州最大的工厂之一,位于珀斯以北

1260km 的西澳大利亚州，每年为日本和韩国市场生产约 1200×10⁴t 的 LNG，并提供西澳大利亚州国内市场所需天然气的 65%。该项目由西北大陆架风险投资公司（NWSV）运营，拥有 4 套液化装置。2007 年 4 月，伍德赛德能源公司宣布在卡拉萨天然气厂进行第五阶段扩建，其中包括增加第五套液化装置，以及其他基础设施，包括酸性气体回收装置（该场地的第三个分馏装置），5 个液化装置码头延伸支线和装载设施，2 个新的燃气轮机发电机组。

澳大利亚卡拉萨 LNG 项目

4.16 澳大利亚达尔文 LNG 项目

1995 年，在达尔文西北约 500km 处的帝汶海发现了 Bayu-Undan 油田，这为在达尔文港的维克汉姆角建造 LNG 工厂的想法埋下了种子。2002 年，与东横电机和东江天然气签署了出售 300×10⁴t/a 的 LNG 协议。2003 年 6 月，在北领地建造了第一座 LNG 工厂。2005 年，建设完成了 1 条 502km 的海底管道，为该工厂供应天然气。2006 年 1 月，澳大利亚达尔文 LNG 项目成为澳大利亚第二家投入使用的 LNG 项目，该项目的主要股东有康菲石油（56.94%）、埃尼（10.99%）、桑托斯（11.50%）、英佩克斯（11.38%）和东京帝汶海资源（9.19%）。

澳大利亚达尔文 LNG 项目

4.17 本章小结

近年来位于大洋洲的澳大利亚 LNG 项目蓬勃发展,包括全球知名的西北大陆架(North West Shelf)、惠斯通(Wheatstone)和高更(Gorgon)等项目,总产能达到 1.2×10^8 t/a,目前已超越卡塔尔成为世界第一大 LNG 出口国。本章主要针对大洋洲 LNG 生产应用具有代表性的澳大利亚的 LNG 重点项目或 LNG 工厂的生产建设现状等进行了系统介绍,并重点介绍了各个项目的投资背景、发展现状、年终产量、市场行情、销售渠道、对本国经济的支撑作用、对世界 LNG 贸易的影响等情况,以及各国 LNG 产业发展现状,包括大型 LNG 工厂、LNG 产业现状、进出口贸易、气化液化现状、生产能力现状等。

参 考 文 献

[1] 杜贵超,仓辉,胡双全,等.澳大利亚油气资源潜力及油气合作前景[J].海峡科技与产业,2016(2):72-73.
[2] 钱伯章.澳大利亚出口 LNG 增长以满足需求[J].天然气与石油,2007,25(4):44.
[3] 施靖.澳大利亚将成为全球最大 LNG 出口国[J].中国石油石化,2016(11):11.
[4] 田建波,左胜杰.澳大利亚 LNG 项目:面临的挑战与发展前景[J].国际石油经济,2008(2):13-18.
[5] 汪巍.中澳液化天然气合作趋势与拓展[J].国际工程与劳务,2016(1):68-70.
[6] 王新红,姚震.澳大利亚 LNG 项目现状及面临的挑战[J].国际石油经济,2012(10):69-75.
[7] 谢治国,马胜利.澳大利亚煤层气制 LNG 项目开发及其面临的挑战[J].国际石油经济,2010(7):48-56.
[8] 杨海川.澳大利亚液化天然气市场研究[J].煤气与热力,2016,36(8):12-15.
[9] 尧乐.亚太地区的 LNG 项目[J].海运情报,2003(5):7-9.
[10] 姚震,吕东梅.西澳大利亚液化天然气项目现状及前景[J].国际石油经济,2016(11):38-44.
[11] 姚震,赵月峰,王新红,等.澳大利亚浮式液化天然气项目现状及发展前景[J].国际石油经济,2013(11):63-68.

第5章 南美洲 LNG 发展概览

南美洲的能源结构传统上以化石燃料为主，特别是石油和天然气。LNG 的引入为这一结构带来了新的可能性。中南美地区由于经济发展使得电力需求不断增加，加之多数国家着力于推行能源结构调整，近年来该地区加大了天然气等清洁能源的利用，成为新兴的 LNG 消费区。2013 年阿根廷 LNG 进口总量达 472×10^4t、巴西达 415×10^4t、智利达 261×10^4t，进口最多的是墨西哥，达 567×10^4t。墨西哥及中南美地区 2013 年 LNG 进口量达 1965.7×10^4t，较 2012 年增长 37.1%，增加 490×10^4t，成为全球 LNG 进口量的主要增长区域之一。在南美地区，受强降雨、高库存和发电领域天然气需求减少等因素影响，南美天然气需求"异军突起"。受干旱天气影响，南美水力发电大幅萎缩，各国利用气电补充电力缺口，推升天然气需求。2021 年，南美地区天然气需求约 $1550\times10^8 m^3$，增量为 $110\times10^8 m^3$。从 LNG 进口看，南美 LNG 进口量为 1765×10^4t，同比上升 67%，而上年下降 16.2%。其中，巴西 LNG 进口同比增长 204%，阿根廷同比增长约 99.2%，智利同比增长约 24%。巴西 2023 年 LNG 进口量较 2022 年大幅下降了 58.6%；而受玻利维亚管道气进口量下降等因素影响，阿根廷 2023 年 LNG 需求上升，较 2022 年增长了 24.6%。南美吸引了大量美国等地的 LNG 船货，造成欧亚市场供应紧张。

阿根廷是南美洲 LNG 发展的重要国家之一。近年来，阿根廷政府积极推动 LNG 产业的发展，旨在通过出口天然气来增加国家的外汇收入。该国拥有丰富的天然气资源，尤其是在 Vaca Muerta 页岩气田，这为其 LNG 出口奠定了基础。阿根廷的 LNG 战略包括建设新的液化设施和扩建现有设施，以支持天然气的液化和出口。另外，阿根廷还在改造其 LNG 接收和再气化设施，以适应不断变化的市场需求，这些努力不仅增强了阿根廷在全球能源市场中的竞争力，还促进了该国能源基础设施的现代化。

巴西在 LNG 市场中的角色也在不断增强。作为南美洲最大的经济体之一，巴西对能源的需求非常庞大。巴西政府认识到 LNG 在满足国内需求方面的潜力，并且正在大力投资于 LNG 进口设施，以缓解能源供应的压力。巴西主要依靠其 LNG 接收站来进口液化天然气，这些接收站分布在主要沿海城市，如里约热内卢和萨尔瓦多。为了提高能源安全和可靠性，巴西政府还计划在未来几年内建设新的 LNG 接收站。此外，巴西还在探索将 LNG 用于发电和工业用途，以进一步提高能源效率。

智利也是南美洲 LNG 市场的重要参与者。该国在 2010 年开始进口 LNG，并迅速建立了相关的基础设施。智利的 LNG 市场主要集中在其主要的接收站，包括昆特罗（Quintero）和梅吉隆斯（Mejillones）。智利利用 LNG 来满足国内对能源的需求，尤其是在冬季需求高峰期间。智利政府还在计划扩大其 LNG 接收能力，并探索更多的能源进口选项，以保证能源供应的稳定性。

南美洲 LNG 市场的发展面临多重挑战。首先，基础设施建设需要大量投资，尤其是在液化和接收设施的建设和运营方面。其次，国际市场的价格波动也会对 LNG 的经济性产生影响。然而，这些挑战同时也伴随着机遇。随着全球对清洁能源的需求增加，南美洲的 LNG 资源可能会在国际市场上获得更大的市场份额。

南美洲的 LNG 市场未来有望继续增长。随着能源需求的增加和对环境保护的重视，LNG 将成为该地区能源供应的重要组成部分。各国政府和企业将继续投资于 LNG 基础设施建设，以提升供应能力和效率。此外，随着技术的进步和市场的成熟，LNG 的价格可能会变得更加稳定，从而进一步促进其在南美洲的普及。总的来说，南美洲的 LNG 市场正处于快速发展之中，这不仅为该地区的能源安全和经济增长提供了新的动力，也为全球能源市场注入了更多的活力。

5.1 哥伦比亚 LNG 项目

哥伦比亚赫格（Hoegh）LNG 接收站拥有浮式储存和再气化装置（FSRU）"赫格·格蕾丝（Hoegh Grace）"，装置被安装在哥伦比亚卡塔赫纳港的一个码头。该接收站于 2016 年 12 月与葡萄牙公司（SPEC）签订长期租船合同开始商业运营。赫格 LNG 接收站已经在卡塔赫纳设立了当地办事处，以确保该集团第六个 FSRU 项目的运营阶段平稳过渡。"赫格·格蕾丝"根据与托克的合同被聘为 LNG 运输船，合同期限到 2016 年 9 月。"赫格·格蕾丝"由韩国造船商现代重工于 2016 年建造，容量为 $17×10^4 m^3$，船长 294.1m，宽 46m，配备 Mark Ⅲ 膜密封系统和瓦锡兰现代 DFDE 发动机。

哥伦比亚赫格 LNG 接收站

5.2 秘鲁 LNG 项目

秘鲁 LNG 工厂成立于 2003 年 3 月，是南美洲第一家液化厂，也是秘鲁唯一的天然气液化厂,位于圣维森特德卡涅特镇和钦查镇之间,也位于利马以南约160km处。该项目国际财团包括美国亨特石油公司(50%),韩国鲜京公司(20%),西班牙莱普索尔公司(20%)和日本丸红公司(10%)。秘鲁LNG工厂出口项目的运营商是亨特石油的子公司。该工厂的容量为每年445×10⁴t,生产涵盖了协议中规定的420×10⁴t LNG。项目的总投资额为38亿美元,包括液化厂(15亿美元)、相关的海洋管道设施以及开发和融资成本。秘鲁LNG工厂每年可产生收入约3.1亿美元。在施工阶段,创造了大约3万个直接和间接就业机会。该工厂拥有2个LNG储罐,每个储罐的容量为13×10⁴m³,主要设施及功能为原料气接收、液体分离、气体计量和减压,以及从原料气中去除二氧化碳和水。设备和公用设施包括气体脱水装置、碳吸收装置以及制冷和液化设施,2个LNG储罐等。

秘鲁LNG工厂

5.3 巴西LNG项目

5.3.1 巴西塞尔希培浮式LNG接收站

巴西塞尔希培(Sergipe)浮式LNG接收站,也称为巴拉—杜斯科凯鲁斯(Barra Dos Coqueiros)FSRU,是一个运营中的浮动储存和再气化装置,停泊在巴西塞尔希培州附近。该接收站的码头运营商和终端所有者为塞尔希佩电力中心公司(CELSE),LNG再气化能力为560×10⁴t/a。接收站包括1516MW联合循环塞尔希培港电站的设计、建设和运营,以及一条33km的输电线路和相关设施——包括浮式储存和再气化装置(FSRU)、海底天然气管道、进水口和流出管。接收站总成本约为13亿美元,美洲开发银行的融资金额为2.38亿美元。塞尔希培浮式LNG接收站于2020年2月投入使用,是巴西第一个私营LNG接收站,补充了由国有巴西国家石油公司运营的三个现有接收站——瓜纳巴拉湾LNG接收站、巴伊亚LNG接收站和佩塞姆LNG接收站。截至2021年4月,该接收站归新堡垒能源公司(New Fortress Energy)所有,继新堡垒收购原接收站业主美国天然气资产公司(Hygo Energy Transition)之后,与高拉(Golar)LNG与私募股权公司(Stonepeak Infrastructure Partners)成立各占50%股份的合资公司高拉能源公司(Golar Power)。2022年10月,巴西天然气和电力公司(Eneva SA)收购了塞尔希培FSRU和相关塞尔希培港发电站的100%所有权。

巴西塞尔希培浮式 LNG 接收站

5.3.2 巴西瓜纳巴拉湾 LNG 接收站

巴西瓜纳巴拉湾（Guanabara）LNG 接收站由巴西国家石油公司拥有，是里约热内卢州的一个海上浮式 LNG 接收站。接收站运营商和终端所有者为巴西国家石油公司，年接收能力为 560×10^4 t/a。截至 2019 年 8 月，该接收站是巴西国家石油公司在巴西大西洋沿岸拥有的三个 LNG 接收站之一，另外还有巴伊亚 LNG 接收站和佩塞姆 LNG 接收站。巴西国家石油公司终端从特立尼达和多巴哥、尼日利亚、卡塔尔、西班牙和美国等多个国家进口 LNG。

巴西瓜纳巴拉湾 LNG 接收站

该接收站于 2009 年在"Golar Spirit"和"Golar Winter"船上开始运营。初始阶段，该接收站每天有能力向巴西东南部的发电厂供应 $14\times10^4 m^3$ 的天然气，包括"Governador Leonel Brizola"和"Aureliano Chaves"发电站。2014 年，巴西国家石油公司与美国卓越能源公司（Excelerate Energy）签订合同，增加了一个名为"Experience"的浮式储存和再气化装置（FSRU），将接收站的储存能力增加到 $17\times10^4 m^3$，再气化和运送能力增加到每天 $2250\times10^4 m^3$，美国能源公司为当时的巴西提供了 50% 的 LNG 再气化能力。

该接收站目前包括 2 个独立的泊位，每个泊位都配备了停泊 FSRU 和跨码头配置的补给船。一条15km长的管道将天然气从瓜纳巴拉湾码头输送到巴西东南部的天然气管网。2016年6月，巴西国家石油公司将瓜纳巴拉湾LNG接收站与塞阿拉州的佩塞姆LNG接收站以及与这两个接收站相关的热电厂一起出售。近年来，国内需求下降、国内产量增加和外汇支出限制等因素导致了巴西LNG接收站产能利用率不足。2017年初，瓜纳巴拉湾LNG接收站终止了与"Golar Spirit"FSRU的现有租约，但没有明确宣布接收站更换船只的未来计划。2018年10月，"Golar Spirit"被重新分配到巴伊亚LNG接收站，使瓜纳巴拉湾LNG接收站无限期闲置，瓜纳巴拉湾LNG接收站自2018年以来没有接收到LNG。

5.3.3 巴西巴伊亚LNG接收站

巴西巴伊亚(Bahia)LNG接收站，也称为TR-BA再气化终端，是位于巴伊亚州德托多斯桑托斯的一个运营LNG接收站。巴伊亚LNG接收站由巴西国家石油公司拥有和运营，包括一个海上码头，该海上码头的设施用于部署浮动储存和再气化装置(FSRU)船，以及LNG供应船。一条45km长的管道将码头与2个陆上站点连接起来，即圣弗朗西斯科多孔德减压站和圣塞巴斯蒂昂多帕塞流量控制站。来自巴伊亚LNG接收站的天然气通过"GASENE"天然气管道进入巴西的国家分销管网，"GASENE"天然气管道是供应巴西大西洋沿岸1387km的管网。该接收站的建设于2012开始，在2014年初完成。截至2019年8月，巴伊亚LNG接收站是巴西国家石油公司在巴西大西洋沿岸运营的三个LNG接收站之一，另外还有瓜纳巴拉湾LNG接收站和佩塞姆LNG接收站。巴西国家石油公司接收站从特立尼达和多巴哥、尼日利亚、卡塔尔、西班牙和美国等多个国家进口LNG。

巴西巴伊亚LNG接收站

2019年12月，巴西国家石油公司开始接受私营公司对巴伊亚LNG接收站租赁权的投标。2021年3月，巴西国家立法机构批准了一项新的天然气法，使私营公司更容易使用LNG基础设施，包括未充分利用的巴伊亚LNG接收站。截至2021年3月，壳牌、托克、加斯布里奇和Panergy已获准通过巴伊亚LNG接收站进口LNG。

巴西国家石油公司预先批准竞争租赁权的其他公司包括英国石油公司(BP)，道达尔公司，雷普索尔公司，巴西能源公司(Eneva)公司，英国康帕斯公司(Compass)，美国卓越能源公司(Excelerate Energy)和海运公司(Golar Power)等。前两轮LNG接收站租赁权招标分别于2020年7月和2021年3月结束，戈拉尔在第一轮后被取消资格。2021年6月，巴西国家石油公司表示，已取消美国能源公司对该LNG接收站租赁的投标资格。在巴西国家石油公司第二次尝试出售租约时，美国能源公司是唯一一家竞标的公司，美国能源公司的出价最终被接受。2021年12月，美国能源公司从巴西国家石油公司手中接管了巴伊亚LNG接收站的运营，成为该国新天然气法颁布后第一家进入巴西天然气分销市场的私营公司。美国能源公司支付了1880万美元购买了为期两年的租约（至2023年12月），并立即安装了$1.7×10^4m^3$卓越红杉LNG接收站的FSRU，再气化能力为$500×10^4t/a$。

5.3.4 巴西阿苏港 LNG 接收站

2020年，克莱佩达尔石油公司（KN）成为巴西阿苏港（Acu Port）LNG接收站的运营商，负责液化天然气接收站的平稳运行，包括码头及其上安装的天然气管道和燃气计量站的技术和商业运营，合同期限为13年。巴西阿苏港天然气发电厂项目是在巴西最大的港口之一阿苏港，由巴西普鲁莫物流公司（Prumo Logistica，46.9%）、西门子公司（Siemens，33%）和英国石油公司（BP，20.1%）拥有的合资企业阿苏港天然气综合体（GNA）实施，包括2个总容量为3MW的天然气发电厂和每天容量为$21×10^4m^3$的LNG进口接收站，其中LNG进口接收站年接收能力为$560×10^4t/a$。西门子公司负责设备的供应和发电厂的运营，由英国石油和天然气贸易公司供应LNG。阿苏港LNG接收站于2021年开始运营，用于阿苏港天然气综合体火力发电厂。

巴西阿苏港 LNG 接收站

5.3.5 巴西佩塞姆 LNG 接收站

巴西佩塞姆(Pecém)浮式储存和再气化装置(FSRU)是巴西塞阿拉州的一个浮式 LNG 接收站，位于巴西塞阿拉州佩塞姆港的 2 号码头。这是巴西第一个灵活的 LNG 再气化接收站，每天能够将 $7\times10^4m^3$ 的 LNG 输送到瓜马雷—佩塞姆(GASFOR)天然气管道。佩塞姆 LNG 接收站主要为 Termoceará 发电站和 Fortaleza 发电站供电。截至 2019 年 7 月，该接收站是巴西国家石油公司在巴西大西洋沿岸运营的三个 LNG 接收站之一，另外还有瓜纳巴拉湾 LNG 接收站和巴伊亚 LNG 接收站。巴西国家石油公司的接收站从特立尼达和多巴哥、尼日利亚、卡塔尔、西班牙和美国等多个国家进口 LNG。佩塞姆港口综合体公司(CIPP)于 2023 年 2 月宣布，巴西国家石油公司独家使用 2 号码头的合同将于 2023 年底到期，为另一家公司在 2 号码头建立再气化业务开辟了道路。还有另外两家公司表示有兴趣在佩塞姆建立一个新的 LNG 接收站。壳牌已签订合同，从 2026 年开始向 Ceiba Energy 的 Portocém 电站供应天然气，且一直在考虑与 Ona Corp 建立合作伙伴关系，在佩塞姆港建造一座每天 $1300\times10^4m^3$ 的再气化厂。2022 年初，英国石油公司一直在推行自己的计划，以开发一个位于佩森的 LNG 中心，目的是为 2.2MW 的 Termopecém 电站供应天然气。佩塞姆 LNG 接收站是一家私人接收站，因此佩塞姆港口综合体公司可以从 2024 年 1 月开始自由与任何一家公司谈判达成协议。佩塞姆港口有足够的空间，可容纳 2 个独立的码头。截至 2023 年 7 月，佩塞姆 LNG 接收站设施的未来仍处于不确定状态。

巴西佩塞姆 LNG 接收站

5.4 智利 LNG 项目

5.4.1 智利昆特罗 LNG 接收站

智利昆特罗(Quintero)LNG 接收站是智利瓦尔帕莱索的 LNG 接收站，接收站位于智利瓦尔帕莱索地区昆特罗湾的隆库拉海滩。该接收站向智利公用事业公司、工业客户和 8.1×10^4 个住宅及商业用户供应 LNG。昆特罗 LNG 接收站是南半球第一个陆基 LNG 接收站，是智利国家石油公司(Enap, 20%)，西班牙国家电力公司(Endesa Chile, 20%)，阿根廷天然气公司(Metro Gas，20%)和 Terminal de Valaparaíso(40%)的合资企业。

智利昆特罗 LNG 接收站

在 2000 年中期通过阿根廷管道进口天然气急剧下降之后，智利寻求 LNG 作为发展其能源多样性和安全的手段，同时减少对阿根廷的依赖。2006 年，智利国家石油公司与英国天然气集团 BG 合作开发 LNG 接收站，英国天然气集团最终出售了合作开发 LNG 接收站的股份。该码头耗资高达 12 亿美元，经环境评估后于 2005 年 11 月获得智利环境理事会(CONAMA)的批准，于 2006 年开始建设。昆特罗 LNG 接收、储存和再气化终端自 2009 年开始运营，到 2015 年达到 153×10⁴m³ 的全部容量。自 2015 年以来，该接收站每年接收 40~50 艘船来自世界各地的 LNG，包括特立尼达和多巴哥、阿尔及利亚、卡塔尔、赤道几内亚、美国和墨西哥。芝加哥桥梁钢铁公司(CB&I)负责昆特罗 LNG 接收站的建设工程。该接收站有 2 个 16×10⁴m³ 的 LNG 储罐，每天可输出 1000×10⁴m³ 天然气，并具有完整的 LNG 装船设施。2020 年 12 月，在原生产线上并联安装了 1 条容量为 2×10⁴m³/h 的 HDPE 海水排放管道，以提高系统的可用性和可靠性。

5.4.2 智利梅吉隆斯 LNG 接收站

智利梅吉隆斯(Mejillones)LNG 接收站位于智利北部的安托法加斯塔地区，由智利梅吉隆斯运营，是一家合资公司，由苏伊士能源公司(Suez Energy，63%)和智利国有铜矿公司(Codelco，37%)拥有。该接收站产能为 150×10⁴t/a，造价约 500 万美元。2019 年 8 月，智利国有铜矿公司以 1.935 亿美元的价格将其在接收站 37% 的股份出售给 Ameris Capital AGF 基金。梅吉隆斯 LNG 接收站的主要目的是满足埃斯康迪达(Escondida)等采矿业务的能源需求，埃斯康迪达由必和必拓、埃尔阿布拉(El Abra)、智利矿业公司(Collahuasi)、盎格鲁美洲(Anglo American)、英国斯特拉塔公司(Xstrata)和智利国有铜矿公司等拥有。该接收站还向智利北部的发电厂供应天然气，包括梅吉隆斯发电站和托科皮亚(Tocopilla)发电站。该接收站由西班牙石油工程公司建造，于 2010 年开始运营，并在 2013 年完成扩建，由 1 个浮动存储单元(FSU)和 2 个陆上储罐组成。

智利梅吉隆斯 LNG 接收站

5.5 阿根廷 LNG 项目

5.5.1 阿根廷探戈浮式 LNG 接收站

阿根廷探戈(Tango)浮式 LNG 接收站建于 2017 年,处理能力为 $3\times10^4 m^3/d$,LNG 生产能力为 $6\times10^8 m^3/a$。2022 年 5 月,圣多纳托米兰尼斯(米兰)从比利时航运公司(Exmar)收购了拥有浮式液化设施的阿根廷探戈浮式 LNG 接收站。该接收站将由刚果共和国的埃尼集团使用,作为 Marine XⅡ 区块天然气开发项目活动的一部分,符合埃尼集团利用天然气股权资源的战略。此外,阿根廷探戈浮式 LNG 接收站的高灵活性和机动特性可加快生产启动时间,有利于埃尼集团对气体的开发利用。阿根廷探戈浮式 LNG 接收站完成了 Marine XⅡ 区块的基础设施和连接工程,于 2023 年下半年在刚果开展生产活动,全面投入运营后,其产量将超过 $3\times10^4 t/a$($4\times10^8 m^3/a$)。

阿根廷探戈浮式 LNG 接收站

5.5.2 阿根廷埃斯科瓦尔 LNG 接收站

阿根廷埃斯科瓦尔(Escobar)LNG 接收站是阿根廷布宜诺斯艾利斯的 LNG 接收站,该接收站是阿根廷第二个投入使用的 LNG 接收站。埃斯科瓦尔 LNG 接收站的合作伙伴为阿根廷国家石油公司(YPF,50%)和阿根廷国家能源公司(Enarsa,50%),年接收能力为 $380×10^4$ t。埃斯科瓦尔 LNG 接收站在冬季需求旺盛的时期提供峰值容量,并为该地区提供额外的天然气供应和运输。埃斯科瓦尔 LNG 接收站于 2011 年 5 月投入使用,拥有 1 个 $15×10^4 m^3$ 浮式储存和再气化装置(FSRU)、1 条分销管道、1 个停泊塔和 1 个码头。该接收站连接到为阿根廷北部提供天然气的 TGN(Transportadora Gas del Norte)管网。2020 年,船舶交通和再气化能力的优化增加了该接收站每月接收 LNG 运输船的数量。还拥有卡车装载设施,以解决小型和微型 LNG 运输。该接收站投资额介于 1.4 亿~1.8 亿美元,码头工程、采购和施工(EPC)合同授予特雷维集团,管道(EPC)合同授予得兴集团。

阿根廷埃斯科瓦尔 LNG 接收站

5.5.3 阿根廷布兰卡湾 LNG 接收站

2019 年 7 月,阿根廷国家石油公司(YPF)向麦克德莫特国际公司授予了前端工程设计(Pre-FEED)合同,用于建造一个年产 $500×10^4$ t 的 LNG 接收站,以便从瓦卡穆尔塔(Vaca Muerta)出口天然气。该接收站的可行性将取决于瓦卡穆尔塔管道系统的建设,但瓦卡穆尔塔管道系统于 2020 年被阿根廷新政府否定,使得阿根廷布兰卡湾 LNG 接收站的确切位置尚未具体说明。

截至 2022 年 5 月,阿根廷政府再次考虑在阿根廷布兰卡湾(Bahia Blanca)建造一个陆基 LNG 液化和出口接收站,每天的容量为 $1500×10^4$ ~ $2000×10^4 m^3$,将通过内斯特基什内尔天然气管道向瓦卡穆尔塔供应天然气。

2022 年 9 月,马来西亚国家石油公司和阿根廷国家石油公司签署了一份谅解备忘录(MOU),共同开发该接收站。开发该接收站所需的初始投资估计为 10 亿美元,在运营的第一年产量为 $500×10^4$ t,最终攀升至每年 $2500×10^4$ t。虽然没有指定该项目的开始日期,

阿根廷布兰卡湾 LNG 接收站

但马来西亚国家石油公司和阿根廷国家石油公司估计需要十年时间才能完全开发。欧洲客户受俄罗斯天然气供应中断的影响，所以 LNG 被视为未来几年欧洲主要天然气能源的供应形式，且必须从接收站经 LNG 船转运，并气化后使用。

2023年3月，阿根廷国家石油公司和马来西亚国家石油公司宣布，他们已经与巴伊亚布兰卡港签署了拟议接收站的暂定土地租赁协议，是否签订长期特许权协议将取决于两家公司在接下来六个月内进行的技术、经济、海事、土壤和环境的评估。计划要 LNG 出口接收站与其他配套基础设施一起开发，包括上游天然气生产，专用管道以及营销和运输服务。据估计，位于巴伊亚布兰卡港的该接收站总投资可能高达 50 亿美元。

5.6 本章小结

由于厄尔尼诺现象可能会带来干旱，严重依赖水力发电的哥伦比亚、巴西等南美国家近年来大幅增加了 LNG 的进口量，以保证其发电业务能正常运行。本章主要针对南美洲国家 LNG 生产应用具有代表性的哥伦比亚、秘鲁、巴西、智利、阿根廷等几个南美洲国家的 LNG 重点项目或 LNG 工厂的生产建设现状等进行了系统介绍，并重点介绍了各个项目的投资背景、发展现状、年终产量、市场行情、销售渠道、对本国经济的支撑作用、对世界 LNG 贸易的影响等情况，以及各国 LNG 产业发展现状，包括大型 LNG 工厂，LNG 产业现状、进出口贸易、气化液化现状、生产能力现状等。

参 考 文 献

[1] 崔华. 近期液化天然气航运市场[J]. 国际船艇，2006(3)：21-22.
[2] 彭澎，程诗奇，陈闪闪，等. 全球液化石油气运输网络贸易社区特征及其演化分析[J]. 自然资源学报，2020，35(11)：2687-2695.
[3] 史斗. 天然气：21世纪的能源[J]. 地球科学进展，1998，13(3)：251.
[4] 史宇峰. 南，北美洲国家天然气市场面临着挑战：南美洲国家天然气市场正经历着曲折的发展历程，北美洲国家迫切需要找到新的资源[J]. 世界石油工业，2004，11(6)：50-53.
[5] 王宜强，赵媛. 世界天然气流动节点格局演化及其资源效应[J]. 资源科学，2020，42(8)：1630-1642.

第6章 非洲 LNG 发展概览

非洲是最早从事天然气液化事业的主要地区之一。20 世纪 70 年代,在利比亚、阿尔及利亚等地开展应用了单级混合制冷剂液化流程(SMR),简化了级联式液化流程中所用的复杂设备,先后构建了多个大型天然气液化工厂。目前,非洲地区天然气探明储量约为 $129000\times10^8 m^3$,略低于北美地区的 $152000\times10^8 m^3$,但大幅高于欧洲地区的 $32000\times10^8 m^3$。此外,受经济发展水平、地缘政治等因素制约,与中东和北美等地区相比,非洲地区油气勘探程度相对较低,特别是在非洲北部沙漠和环非洲海域等区域。近 10 年来,国际石油公司对非洲地区油气勘探投入持续加大,一批规模较大的整装气田被发现,如 2019 年道达尔公司在南非海上奥特尼夸盆地(Outeniqua)发现的布鲁尔帕达(Brulpadda)气田,可采储量约 $5685\times10^4 t$ 油当量;2020 年发现的卢佩德(Luiperd)深水大气田,可采储量 $1.25\times10^8 t$ 油当量。所以,非洲依然是全球 LNG 的主要生产供应地区之一。

6.1 尼日利亚 LNG 项目

尼日利亚邦尼岛 LNG 项目是尼日利亚的第一个 LNG 项目,也是尼日利亚唯一的 LNG 工厂。该项目的财团包括壳牌公司(Shell,25.6%)、尼日利亚国家石油公司(NNPC,49%),道达尔公司(Total,15%)和意大利埃尼集团(ENI,10.4%)。1999 年随着第一套和第二套天然气液化装置投入生产,邦尼岛开始出口 LNG。2002 年第三套天然气液化装置的投产使工厂生产能力达到 $1800\times10^4 t$,2007 年出口 $1680\times10^4 t$。2008 年邦尼岛 LNG 项目引进第四套、第五套、第六套天然气液化装置,使其 LNG 的年生产能力提高至 $2200\times10^4 t$。2020 年 5 月,拥有该项目约 40% 股份的大宇工程建设成为 EPC 承包商,耗资 50 亿美元,建造位于哈科特港以南约 40km 的尼日尔三角洲邦尼岛的邦尼岛 LNG 项目第七套天然气液化装置。目前,尼日利亚邦尼岛 LNG 项目每年生产 $3000\times10^4 t$ LNG,产量提高了 35%。

尼日利亚邦尼岛 LNG 项目

6.2 阿尔及利亚 LNG 项目

6.2.1 阿尔及利亚阿尔泽 LNG 项目

阿尔及利亚阿尔泽(Arzew/Bethioua)LNG 接收站由 13 套液化装置组成，位于阿尔及利亚的奥兰，总产能为每年 $2080 \times 10^4 t$，由阿尔及利亚国家石油公司(Sonatrach)拥有。2023 年 3 月，阿尔及利亚国家石油公司宣布将投资约 10 亿美元用于能源转型项目，包括该接收站和阿尔及利亚国家石油公司斯基科达(Skikda)液化天然气接收站的火炬气回收项目。

阿尔及利亚阿尔泽 LNG 项目

阿尔泽 GL1-Z 接收站于 1978 年开始运营，由哈西鲁迈勒油田(Hassi R'Mel)供应天然气。该接收站拥有 6 套液化装置，LNG 生产能力为 $800 \times 10^4 t/a$，预计到 2030 年，保持在 $800 \times 10^4 t/a$ 的水平。阿尔泽 GL2-Z 接收站也拥有 6 套液化装置，建于 1981 年，LNG 生产能力为 $820 \times 10^4 t/a$。

阿尔泽 GL3-Z 接收站是一个新的单一液化装置，产能为 $470 \times 10^4 t/a$，于 2008 年启动，2014 年 11 月完工，耗资 28 亿欧元，约合 38 亿美元。工程、采购和施工(EPC)合同由意大利公司 Saipem 和日本千代田公司的合资企业执行。

阿尔泽 GL4-Z 接收站有 3 套 $50 \times 10^4 t/a$ 的液化装置，总产量为 $150 \times 10^4 t/a$，建于 1964 年。阿尔泽 GL4-Z 接收站是世界上第一个液化天然气出口接收站，使阿尔及利亚成为世界上第一个出口液化天然气的国家。

自 1964 年第一个接收站开始运营以来，阿尔及利亚出口液化天然气已有 60 多年的历史。阿尔及利亚的液化天然气出口在 2005 年达到顶峰，此后一直呈下降趋势。这种下降归因于几个因素，包括本地和国际因素。阿尔及利亚的液化天然气行业从 2005 年的 $25.68 \times 10^8 m^3$ 出口量减少到 2013 年的 $15 \times 10^8 m^3$。然而，从 2014 年到 2018 年，出口呈现部分复苏，每年在 $150 \times 10^8 \sim 170 \times 10^8 m^3$ 之间，2018 年的最低值为 $135 \times 10^8 m^3$。近年来，出口量

稳定在每年 $140\times10^8 \sim 160\times10^8 \mathrm{m}^3$ 的范围内。

2023 年，阿莱格里亚自 2010 年以来首次超过尼日利亚，成为非洲最大的 LNG 进口国，位居非洲第一。阿尔及利亚主要向土耳其(超过 $430\times10^4 \mathrm{t/a}$)、法国($320\times10^4 \mathrm{t/a}$)、意大利($180\times10^4 \mathrm{t/a}$)、西班牙($140\times10^4 \mathrm{t/a}$)和中国($40\times10^4 \mathrm{t/a}$)出口 LNG。

6.2.2 阿尔及利亚斯基科达 LNG 项目

1956 年，在阿尔及利亚发现了巨大的哈西鲁迈勒油田(Hassi-R'Mel)，并于 1961 年开始产出天然气。该油田不仅是阿尔及利亚最大的油田，也是世界上最大的油田之一。1972 年，阿尔及利亚的国有石油和天然气公司(Sonatrach)启动了斯基科达(Skikda)LNG 工厂建设，用来出口 LNG 和石油等。该工厂建在阿尔及利亚东北部地中海斯托拉湾的斯基克达，位于阿尔及尔以东 500km 处，分 3 个阶段建造，第一阶段涉及 3 套液化装置，每套容量约 $100\times10^4 \mathrm{t/a}$。德希尼布签订了使用 TEAL 液化工艺建造工厂的合同。1981 年，经历了六年的延迟，斯基科达 LNG 工厂的第二阶段完成。Prichard Rhodes 签订了合同，共建造了 3 套液化装置，采用 Prichard 的 PRICO 技术，每套容量为 $125\times10^4 \mathrm{t/a}$，建造在设施的另一端，与前套液化装置隔开。在 20 世纪 90 年代，该工厂的 6 套液化装置都进行了改造，设施的生产能力提高到 $768\times10^4 \mathrm{t/a}$。

阿尔及利亚斯基科达 LNG 项目

6.3 安哥拉 LNG 项目

安哥拉 LNG 项目位于索约，其目的是使更多的天然气商业化，减少天然气无效排放。此外，LNG 液化站的运营商安哥拉液化天然气公司，计划开发一些先前发现的非伴生天然气田。安哥拉液化天然气公司由多个国际能源公司组成，包括安哥拉国家石油公司(22.8%)、雪佛龙公司(36.4%)、道达尔公司(13.6%)、英国石油公司(13.6%)和埃尼集团(13.6%)。安哥拉 LNG 是一个综合天然气利用项目，包括海上和陆上项目，这些将使安哥拉海上区块的天然气资源商业化，并促进未来天然气产业的发展。

安哥拉 LNG 项目

2007 年 12 月，经过多年的规划，安哥拉 LNG 项目最终做出了投资决定。该项目涉及在罗安达以北 350km 的沿海城镇索约附近建造 1 条年产能为 $68\times10^8m^3$ 的单条 LNG 液化装置，液化石油气和凝析油的储存及海上装载设施。安哥拉 LNG 项目每天消耗约 $2830\times10^4m^3$ 的天然气，使用寿命为 30 年。该项目耗资 40 亿美元，是安哥拉历史上最大的单笔投资，于 2012 年第 1 季度投产。安哥拉 LNG 项目天然气资源量为 $2970\times10^8m^3$。安哥拉 LNG 项目在运营初期的主要供应来源是油田，有助于减少天然气燃烧并促进石油生产。另外，该项目将受益于康菲石油—柏克德全球 LNG 合作，使用康菲石油优化的 Cascade LNG 工艺，从海上气田的原料中生产 LNG，还将加工丙烷和丁烷液化石油气以及凝析油，并将根据天然气供应、销售和再气化协议，每天为安哥拉国家石油公司提供高达 $354\times10^4m^3$ 的天然气，供国内市场使用。

6.4 埃及 LNG 项目

6.4.1 埃及杜姆亚特 LNG 接收站

埃及杜姆亚特（Damietta）LNG 接收站包括建设 LNG 工厂和储存设备，该接收站总费用约 1400 万美元，生产能力为 $490\times10^4t/a$，从而成为当时世界上最大的单套 LNG 液化装置之一。该接收站将出口埃及部分已探明的天然气，从而鼓励埃及与欧洲和美国之间的贸易。因此，该接收站可为埃及带来可观的外汇收入。杜姆亚特 LNG 接收站和相关海洋设施位于杜姆亚特港内，这是一个成熟的工业基地。为此，杜姆亚特港务局将港口扩建了约 $120\times10^4m^3$ 容量，由于规模和技术复杂性，该接收站必须按照埃及法律要求进行环境评估。

埃及杜姆亚特 LNG 接收站

6.4.2 埃及伊德库 LNG 接收站

埃及伊德库(Egyptian)LNG 接收站，位于埃及亚历山大以东约 50km 处，由两条天然气液化装置组成，总 LNG 产能为每年生产 720×10^4t。虽然埃及伊德库 LNG 接收站出口设施于 2005 年投入使用，但国内由于缺乏足够的天然气产量，其运营水平一直低于其铭牌产能。然而，随着国内天然气产量的激增，能够向全球市场出口高达 100×10^8m³ 产量。埃及液化天然气公司(ELNG)拥有该接收站场地 2 套 LNG 液化装置的所有权，而其子公司埃及天然气液化项目运营公司(ELNG-OPCO)负责液化装置和公共设施的运营。埃及液化天然气公司是两家国有公司的合资企业，即埃及通用石油公司(EGPC)和埃及天然气控股公司(EGAS)，以及包括壳牌公司、马来西亚国家石油公司和苏伊士环能(Engie)在内的三个国际利益相关者。

埃及伊德库 LNG 接收站

布海拉天然气液化公司(EBNGL)是壳牌公司(35.5%)、马来西亚国家石油公司(35.5%)、埃及天然气控股公司(12%)、埃及通用石油公司(12%)和苏伊士环能(现在是道达尔的子公司,5%)的合资企业,拥有埃及伊德库 LNG 接收站的第一套液化装置。第二套液化装置的所有权由伊德库天然气液化公司(INGL)持有,该公司包括壳牌公司(38%),马来西亚国家石油公司(38%),埃及天然气控股公司(12%)和埃及通用石油公司(12%)。埃及伊德库 LNG 接收站在 2019 年底达到其全部产能。2002 年 1 月,文莱液化天然气公司(BLNG)与苏伊士环能签署了一项为期 20 年的采购协议,从该地区供应天然气,随后开始在伊德库 LNG 接收站建造第一条 360×10^4 t/a 的 LNG 液化装置,估计投资金额为 11.2 亿美元。2005 年 5 月,从埃及 LNG 液化装置运送了第一批 13×10^4 m³ LNG。在伊德库天然气液化公司与英国天然气集团(BG)达成协议,于 2003 年 9 月出售第二套液化装置的所有产品之后,接收站开始开发第二套 360×10^4 t/a 的液化装置。第二套液化装置的建设涉及约 96500 万美元的投资,第二套液化装置的第一批货物于 2005 年 9 月运输。

6.4.3 埃及苏梅德浮式 LNG 接收站

埃及苏梅德(Sumed BW)浮式 LNG 接收站,也称为 FSRU BW Singapore。"BW Singapore"号是一艘建于 2015 年的 FSRU,由韩国三星重工建造,驻扎埃及苏哈纳 LNG 接收站旁边,可以储存 17×10^4 m³ LNG,再气化能力为每年 50×10^8 m³,开始年份是 2015 年。同时,这艘 FSRU 也可以用作 LNG 船。总部位于新加坡的天然气运输巨头新加坡航运公司(BW),其 FSRU BW Singapore 已搬迁到埃及苏梅德的港口,继续与埃及天然气控股公司(EGAS)签订合同,是埃及在艾因苏赫纳港(Ain Sokhna)的第二个进口接收站。

埃及苏梅德浮式 LNG 接收站

6.5 利比亚 LNG 项目

利比亚马萨埃尔布雷加是地中海上一个安静的渔村,由于布雷加综合体的发展,将该地区变成了一个繁华的港口和利比亚石油与天然气的主要枢纽。埃索(现为埃克森美孚)提议建立一座 LNG 接收站(即马萨埃尔布雷加 LNG 接收站),以利用苏尔特盆地油田的天然气。接收站建设的几次延误将商业运营的开始时间推到了1971年。该接收站是世界上第一个使用APCI单一混合制冷剂(SMR)技术的接收站，使利比亚成为世界上第三个出口LNG的国家。马萨埃尔布雷加LNG接收站由4套天然气液化装置组成，总容量为每年320×10^{4}t。1980年，对利比亚实施制裁削弱了该接收站的出口，导致了埃索退出该接收站，也阻止了利比亚升级成从给气中剥离液化石油气的LNG技术，从而将其LNG出口限制在西班牙天然气运输公司(Enagas)。2005年，由于制裁放松，苏尔特石油公司(国家石油公司的子公司)与壳牌公司签署了一份价值6.43亿美元的合同，用于恢复和扩大马萨埃尔布雷加LNG接收站。利比亚内部政治动荡，2011年的利比亚内战，导致该建筑群遭到严重破坏。壳牌公司于2011年5月退出该国，此后该接收站一直处于停运状态。

利比亚马萨埃尔布雷加LNG接收站

6.6 赤道几内亚LNG项目

赤道几内亚LNG接收站建在比奥科岛西北侧的蓬塔欧罗巴，靠近赤道几内亚首都马拉博。该接收站的天然气参与者有马拉松石油公司(Marathon Oil)、诺贝尔能源公司(Noble Energy)和赤道几内亚国家石油公司(GEPetrol)，赤道几内亚LNG接收站根据2007年底签署的销售协议出售给英国天然气集团(BG)的子公司BGM。2010年5月，赤道几内亚宣布其估算增加了两倍，达到1270×10^{8}m^3。随着天然气估算的增加，政府在2016年之前开始建造第二套液化装置，另外，安排从尼日利亚和喀麦隆进口管道，以建造第三套液化装置。该接收站赢得了从最初概念到最终投资决策最快LNG接收站的殊荣，施工于2007年完成，2007年5月首次交付LNG。马拉松石油公司控制着该接收站60%的股份，赤道几内亚国家石油公司持有25%的权益。2006年8月，美国柏克德工程公司(Bechtel)获得了第二套LNG液化装置的前端工程和设计(FEED)合同，FEED的工作范围为潜在的每年440×10^{4}t。第二套LNG液化装置包括原料气计量、液化、制冷、乙烯储存、蒸发气体压缩、产品输送储存和LNG产品计量。赤道几内亚有潜力成为区域天然气枢纽，为赤道几内亚海上大量搁置天然气资源和几内亚湾其他重要天然气资源商业化提供手段。这种天然气可以通过多套 LNG 综合体转化为 LNG，并运往大西洋盆地的消费市场。第二套 LNG 液化装置的建设将依赖于与周围天然气资源所有者签订的长期天然气供应协议，与赤道几内亚、尼日利亚和喀麦隆的天然气资源持有者进行合作，以确保必要的天然气供应。

赤道几内亚 LNG 接收站

6.7 莫桑比克 LNG 项目

6.7.1 莫桑比克科洛尔浮式 LNG 接收站

莫桑比克科洛尔(Coral)浮式 LNG 接收站产能为 $340×10^4$ t/a，是世界上首个超深水浮式 LNG 接收站，也是非洲第一大、世界第二大浮式 LNG 接收站，水深超过 2000m，集成了当今世界最前沿的深海 LNG 技术，以"水下生产系统+浮式 LNG 船"的模式开发，具有规模大、投资大、高难度、高风险、业务链长、建设期长等特点。该接收站由意大利埃尼公司、中国石油、美国埃克森美孚公司、莫桑比克国家石油公司、葡萄牙高浦能源公司和韩国天然气公司共同建设和运营。其中，中国石油持有 20% 权益，是该接收站海外单体投资最大股东。当地时间 2022 年 11 月 13 日，科洛尔浮式 LNG 接收站实现首船 LNG 发运，标志着这个世界级超深海浮式 LNG 接收站实现全产业链运营，这是非洲东部海上外销的首船 LNG，莫桑比克由此正式进入 LNG 出口国行列。

6.7.2 莫桑比克鲁伍马 LNG 接收站

2019 年 5 月 14 日，莫桑比克鲁伍马合资公司(Rovuma Venture)宣布，莫桑比克政府日前批准了鲁伍马 LNG 接收站的开发计划。该公司将从位于莫桑比克海上 4 区区块的鲁伍马盆地的深水 Mamba 油田生产、液化和销售天然气，其中有两个区块与邻近的 1 区区块接壤。4 区区块由莫桑比克鲁伍马合资公司(MRV)运营，这是一家由埃尼公司、埃克森美孚公司和中国石油天然气集团公司(CNPC)组成的合资公司，在 4 区区块勘探和生产特许权合同中持有 70% 的股份，葡萄牙 Galp、韩国天然气公司和莫桑比克国家石油公司各持

科洛尔浮式 LNG 接收站

有10%的股份。埃克森美孚公司将代表莫桑比克鲁伍马合资公司主导天然气液化及相关设施的建设和运营，埃尼公司将主导上游设施的建设和运营。该项目1号和2号生产线100%液化天然气产能的销售和采购协议已提交给莫桑比克政府审批，这两条生产线每年将生产LNG超过$1500×10^4$t。目前为止，英国石油公司已经购买了该接收站天然气100%的股权，这是一项为期20年的交易。在此期间，该接收站将为莫桑比克带来巨大的资金收入。

6.8 本章小结

非洲地区近年来增大LNG产能，新建多个LNG接收站，显著提高了该地区LNG生产能力。其中，埃尼集团在莫桑比克北部海域附近的科洛尔(Coral)浮式LNG接收站，产能为$340×10^4$t/a，是非洲地区第一个浮式LNG接收站，也是全球第一个深水浮式LNG接收站。尼日利亚国家石油公司与埃尼集团、道达尔、壳牌等国际石油巨头共同投资的尼日利亚LNG项目第七条液化生产线产能为$770×10^4$t/a，投产后将使该国LNG年产能提升35%至$3000×10^4$t/a。

本章主要针对非洲LNG生产应用具有代表性的尼日利亚、阿尔及利亚、安哥拉、埃及、利比亚、赤道几内亚等几个非洲国家的LNG重点项目或LNG接收站的生产建设现状等进行了系统介绍，并重点介绍了各个项目的投资背景、发展现状、年终产量、市场行情、销售渠道、对本国经济的支撑作用、对世界LNG贸易的影响等情况，以及各国LNG产业发展现状，包括大型LNG接收站、LNG产业现状、进出口贸易、气化液化现状、生产能力现状等。

参 考 文 献

[1] 何均龙. 安哥拉LNG项目管理模式研究[D]. 成都：西南交通大学，2011.

[2] 廉抗利. 非洲的机遇[J]. 国外石油动态, 2000(22): 1-13.

[3] 娄承. 非洲的石油和 LNG 产能上升[J]. 中国石油石化, 2006(8): 13.

[4] 娄承. 非洲将占世界石油增量的三成[J]. 中国石油石化, 2006(12): 12.

[5] 陆如泉, 迟艳波, 韩晓林. 展望非洲油气勘探开发市场[J]. 国际石油经济, 2007, 3: 7-10.

[6] 潘杰, 孙润平, 王振杰, 等. 新形势下中非油气合作建议[J]. 中外能源, 2024, 29(2): 7-12.

[7] 谢力. 非洲的重要发现(2000.7—2001.7)[J]. 国外石油动态, 2001(20): 8-9.

[8] 张春宇, 唐军. 中国与中东非洲地区天然气合作现状及发展建议[J]. 国际石油经济, 2013, 21(10): 39-44.

[9] 张刚. 外国石油公司在非洲的竞争趋势分析[J]. 国际石油经济, 2008, 3: 7-11.

[10] 张抗, 庞名立. 世界 LNG 生产现状与前景[J]. 国际石油经济, 2005, 13(10): 55-59.

[11] 张抗. 世界液化天然气发展现状与展望[J]. 当代石油石化, 2006, 14(4): 31-34.

[12] 张星. 欧洲转向非洲寻求天然气[J]. 中国石油和化工产业观察, 2022(5): 80.

第7章 北美洲 LNG 发展概览

1914年，戈弗雷·洛厄尔·卡博特（Godfrey Lowell Cabot）获得了第一个有关天然气液化、储存和运输的美国专利，同年在美国的西弗吉尼亚州建起了世界上第一家液化甲烷工厂，进行甲烷液化生产。1941年在美国克利夫兰建成了世界第一套工业规模的 LNG 装置，液化能力为 8500m³/d。从 20 世纪 60 年代开始，LNG 工业得到了迅猛发展，规模越来越大，基本负荷型液化能力在 $2.5×10^4$ m³/d。首个单级混合制冷剂液化流程是由美国空气产品和化学品公司（APCI）设计开发，该流程采用了氮气与烃类（甲烷、乙烷、丙烷等）混合制冷剂单级循环，循环中采用了缠绕管式换热器作为主液化装备。美国博莱克威奇（BVP）设计的 PRICO 流程也属于单级混合制冷剂液化流程。1997年，菲利普斯（Phillips）石油公司开发优化级联式 LNG 工艺，并应用于大西洋（Atlantic）LNG 集团在特立尼达（Trinidad）天然气液化装置，在进料量和气体组成方面有较大变化时能保持装置操作稳定。2001年，美国天然气工艺研究院（GTI）受到美国能源部资助开发了产能为 4～40m³/d 的 LNG 装置。该装置采用氮气、甲烷、乙烷、异丁烷、异戊烷混合制冷剂液化流程。经净化后的原料天然气进入主换热器冷却至 -45～-72℃，去重烃分离器返回到主换热器，经换热冷却到 -150～-159℃后将液化成 LNG，在常压下输出至 LNG 储罐。混合冷剂由氮气、甲烷、乙烷及其他 C_5 以下烃类组成。

7.1 美国 LNG 项目

美国是世界第一大天然气生产国和消费国，并正在成为世界重要的天然气出口国。2019 年 5 月，已成为世界第三大 LNG 出口国，预计 2025 年将成为世界第一。2018 年，美国天然气产量和消费量分别为 $8318×10^8$ m³、$8171×10^8$ m³，天然气的净出口量为 $166×10^8$ m³，其中 LNG 的出口量为 $284×10^8$ m³，位居世界第四，排名卡塔尔、澳大利亚和马来西亚之后。美国天然气产量、消费量均创历史纪录，价格虽然也经常发生季节性波动，但总体保持在低位。2019 年和 2020 年，美国天然气产量和消费量仍将持续增长，出口量，尤其是 LNG 的出口量将有较大幅度的增加，天然气价格会继续走低。路易斯安那州萨宾帕斯 LNG 出口设施的产能增加以及马里兰州凹点 LNG 设施开始商业运营，使美国 LNG 的出口规模持续扩大。随着墨西哥湾沿岸的卡梅伦 LNG、自由港 LNG 和佐治亚州的埃尔巴岛 LNG 设施的投产，LNG 将成为美国天然气出口的重要组成部分。美国 LNG 的出口量为 $306.79×10^8$ m³。美国能源信息署公布，2019 年美国 LNG 的出口量上升到 $526.8×10^8$ m³（$51×10^8$ ft³/d），2020 年上升到 $702.41×10^8$ m³（$68×10^8$ ft³/d），是 2018 年出口量的

2倍以上。2018年，美国LNG的进口量为$20.66×10^8 m^3 (2×10^8 ft^3/d)$，管输天然气的进口量为$800.54×10^8 m^3 (77.5×10^8 ft^3/d)$。美国能源信息署公布，2019年和2020年，美国LNG的进口持平，均为$22.72×10^8 m^3 (2.2×10^8 ft^3/d)$，管输天然气的进口量将下降到$724.1×10^8 m^3 (70.1×10^8 ft^3/d)$和$702.41×10^8 m^3 (68×10^8 ft^3/d)$，主要原因是阿巴拉契亚盆地天然气产量的增加、管输能力的扩大将取代美国中西部市场从加拿大进口的天然气。

7.1.1 美国厄尔巴岛LNG接收站

美国厄尔巴岛(Elba Island)LNG接收站位于美国佐治亚州萨凡纳附近，建在一个占地面积为$3.4×10^6 m^2$的私人岛屿上，是将一个已存在的LNG进口和再气化终端转换为每年可出口$250×10^4 t$的LNG设施。该接收站由南方液化天然气公司(Southern LNG)运营，该公司是埃尔帕索公司(El Paso Corporation)的子公司。该接收站从特立尼达和多巴哥以及埃及接收LNG，并向南方液化天然气公司的消费者供应再气化后的LNG。该接收站在20世纪80年代一度处于停产状态，2001年因对LNG需求增加及预计加拿大天然气进口减少而重新投入使用。该接收站还包括对现有厄尔巴快车(EEC)管道的修改。这个耗资16亿英镑(20亿美元)的出口项目始建于2016年11月，第一个液化装置于2019年10月投入使用，并在同年调试了另外两个装置。厄尔巴岛LNG接收站设有三个双壁钢制LNG储罐，总容量达$120×10^4 bbl$。该接收站的其他设施包括一个配备停泊和系泊船只的卸货码头及LNG卸货臂，LNG船只可通过萨凡纳港的深水通道进入该码头。

美国厄尔巴岛LNG接收站

7.1.2 美国湾点LNG接收站

美国湾点(Cove Point)LNG接收站位于美国马里兰州陆斯比附近的切萨皮克湾西岸，其历史可追溯至1972年，当时该接收站被批准用于进口LNG并将其再气化供国内使用。1978—1980年间，该接收站从阿尔及利亚进口天然气，但由于天然气价格的急剧上涨，该接收站随后停止运营。1994年，接收站改造液化和储存设施，并于2003年恢复进口活动。

多年来，其存储容量已从 $2.21\times10^8\mathrm{m}^3$ 扩展到现在的 $4.13\times10^8\mathrm{m}^3$。美国湾点 LNG 接收站是一个双向设施，提供进出口功能，天然气来源于马塞勒斯页岩。经过多次的延误，道明能源于 2018 年 3 月出口了首批 LNG 货物，成为美国第二个运营的 LNG 出口接收站。该接收站已与盖尔印度公司签订长期合同，并与日本住友及东京天然气公司成立了一家合资企业。

美国湾点 LNG 接收站

7.1.3 美国萨宾帕斯 LNG 接收站

美国萨宾帕斯(Sabine Pass)LNG 接收站位于美国路易斯安那州卡梅伦教区，占地面积为 $3.5\times10^6\mathrm{m}^2$。这是世界上最大的接收站和再气化终端，具有每天 $1.13\times10^8\mathrm{m}^3$ 的总发送容量和 $4.76\times10^8\mathrm{m}^3$ 的存储容量，由切尼尔能源公司(Cheniere Energy)拥有和运营。之后，该接收站进行了扩建，包括增加第六套液化装置，新装置于 2023 年投入生产，将 LNG 出口总产能提升至 $2700\times10^4\mathrm{t/a}$。萨宾帕斯 LNG 接收站在运营初期向巴西出口了首批 LNG，并且在 2016 年 3 月，印度 LNG 公司(Gail)成为美国 LNG 的首个亚洲买家。此外，萨宾帕斯的 LNG 接收站得到了金融机构大量的融资支持，其中第一至第四条设施的融资额高达 203.75 亿美元，涉及包括韩国开发银行、瑞穗、渣打、劳埃德和法国农信等多家美国本土和国际金融机构。

美国萨宾帕斯 LNG 接收站

7.1.4 美国科珀斯克里斯蒂 LNG 接收站

尼尔能源的子公司科珀斯克里斯蒂液化天然气公司的科珀斯克里斯蒂 LNG 接收站于 2018 年 11 月开始启用,该接收站位于美国得克萨斯州圣帕特里西奥县的拉昆塔海峡,科珀斯克里斯蒂湾东北部,占地面积约 $4.05 \times 10^6 m^2$。接收站分三个阶段开发,第一阶段在 2018 年 11 月启用。液化厂接收的原料气来自距离接收站约 60km 的鹰滩页岩(Eagle Ford)。前两个阶段建造 3 列液化装置,每列装置液化能力为 $4.5 \times 10^4 t/a$,第三阶段将建造 7 列中型液化装置及相关管道结构。通过对三条运营中生产线的建造,科珀斯克里斯蒂 LNG 接收站的年生产能力从 $217 \times 10^8 m^3$ 增加到 $247 \times 10^8 m^3$,增长 14%。科珀斯克里斯蒂 LNG 接收站在 2022 年之前达到 $2300 \times 10^4 t/a$ 的产能。设施内的 3 个储罐各能储存 $160 \times 10^4 m^3$ 的 LNG。

美国科珀斯克里斯蒂 LNG 接收站

7.1.5 美国墨西哥湾岸区 LNG 接收站

费尔伍德集团的子公司德尔芬液化天然气公司在美国路易斯安那州卡梅伦教区开发一个深水港口和浮动 LNG 出口接收站,即墨西哥湾岸区 LNG 接收站。这是该国首个浮动 LNG 接收站,预计耗资 70 亿美元。该接收站于 2017 年 6 月获得美国能源部(DOE)批准,允许将 LNG 出口至与美国没有自由贸易协定(FTA)的国家。最终投资决定于 2018 年做出,而调试在 2021—2022 年进行。接收站的年出口能力约为 $1300 \times 10^4 t$,有潜力扩展至 $2100 \times 10^4 t$。该接收站将利用现有海底管道系统,从路易斯安那州卡梅伦教区的现有平台运输 LNG 至 4 艘停泊在墨西哥湾的距岸约 80.5km 的浮动 LNG 船(FLNGV)。在美国墨西哥湾的其他 LNG 出口接收站包括克里斯蒂(Corpus Christi)LNG 接收站、自由港(Freeport)LNG 接收站,以及位于休斯敦水道东侧的密西西比河三角洲水系的科珀斯克里斯蒂(Sabine Pass)LNG 接收站、金港(Golden Pass)LNG 接收站、卡尔卡修通道(Calcasieu Pass)LNG 接收站、卡梅伦(Cameron)LNG 接收站,以及摩根点(Morgen Point)接收站、尼德兰(Nederland)接收站和马丁接收站(Martin Terminal)。

美国墨西哥湾岸区 LNG 接收站

7.1.6 美国安诺瓦 LNG 接收站

美国安诺瓦(Annova)LNG 接收站是一个位于得克萨斯州布朗斯维尔港的 LNG 出口码头接收站，占地面积为 $2.95\times10^5 m^2$，产能为 $695\times10^4 t/a$。该接收站已获批每年从安诺瓦 LNG 布朗斯维尔港(Brownsville)接收站出口 $102\times10^8 m^3$ 天然气，相当于每天 $2800\times10^4 m^3$。安诺瓦 LNG 接收站表示，获批的出口产能为 $695\times10^4 t/a$，在运营初期投产 $650\times10^4 t/a$，之后视运营条件和商业需求增产。这个耗资 30 亿美元的接收站由埃克斯隆公司(Exelon)，布莱克和维奇公司(Black&Veatch Corporation)和基威特能源集团(Kiewit Energy Group)共同开发，其中埃克斯隆公司拥有控股权并运营该接收站。美国联邦能源监管委员会(FERC)于 2018 年 12 月发布了该接收站的环境影响声明(EIS)草案，并在 2019 年 11 月授予建设和运营许可。2020 年 2 月，美国能源部(DoE)授权该接收站向非自由贸易协定国家(非 FTA 国家)出口 LNG。安诺瓦 LNG 接收站每天通过州内管道接收 $2500\times10^4 m^3$ 的原料气，进行预处理后，原料气将在 6 个液化装置上处理。产生的 LNG 将储存在 2 个 $16\times10^4 m^3$ 容量的单容式 LNG 储罐中，并从储罐中抽取至海上转运设施，使用低温管道装载至 LNG 运输船上。

美国安诺瓦 LNG 接收站

7.1.7　美国 Eagle LNG 接收站

美国 Eagle LNG 接收站，又称杰克逊维尔（Jacksonville）LNG 接收站，位于佛罗里达州杰克逊维尔，出口 LNG 量为 $14×10^8 m^3/a$，相当于每天 $4000×10^4 m^3$。该接收站会将一小部分 LNG 出口，而其余的 LNG 将供应美国市场，用作航运燃料。2020 年 1 月，总部位于休斯敦的 Eagle LNG 选择了俄克拉荷马州的 Matrix 服务公司来负责其在杰克逊维尔的小型 LNG 出口设施的设计、采购、制造和施工，总投资额为 5.42 亿美元。杰克逊维尔的 LNG 出口设施建设有 3 条小型液化链，每条液化链的产能为 $33×10^4 t/a$，总液化能力为 $100×10^4 t/a$。该设施可使用小型远洋船舶将 LNG 运输出口到当前使用重燃料油或柴油发电的加勒比国家。

美国 Eagle LNG 接收站

7.1.8　美国里奥格兰德 LNG 接收站

美国里奥格兰德（Rio Grande）LNG 接收站是位于美国得克萨斯州的一个重大投资接收站，预计耗资超过 11 亿英镑（约 7 亿美元），是该州最大的私人投资之一。该接收站已获批在得克萨斯州卡梅伦县布朗斯维尔（Brownsville）航道北岸出口 LNG，出口能力为 $3730×10^8 m^3/a$（每日约 $1.02×10^8 m^3$）。该接收站由 Next Decade 公司开发，在布朗斯维尔港建设一个占地面积为 $4×10^6 m^2$ 的液化设施，总额定产能为 $2700×10^4 t/a$，设有 4 座储罐，每座容积为 $18×10^4 m^3$。该 LNG 接收站由 6 条液化装置组成，每条的产能至少为 $450×10^4 t$，伴随设施包括气体预处理装置，涵盖酸性气体去除、汞去除、天然气液体去除和脱水。里奥格兰德接收站还设有 4 个卡车装货区，每天可为得克萨斯州南部的汽车加油站装载多达 15 辆 LNG 卡车供国内使用，还有 2 个装载泊位用于向国外市场出口 LNG。每个 LNG 泊位配备 2 个 20in 的海上装卸臂，能同时接收 2 艘单体容量高达 $18.5×10^4 m^3$ 的 LNG 船。

7.1.9　美国得克萨斯 LNG 接收站

美国得克萨斯 LNG 接收站是一个在美国得克萨斯州布朗斯维尔港开发的年产 $400×10^4 t$ 的 LNG 出口接收站，由得克萨斯 LNG 公司开发和运营。该接收站将分为两个阶段进

美国里奥格兰德 LNG 接收站

行，每个阶段的产能为 $200×10^4$t。前端工程和设计(FEED)研究于 2016 年完成。得克萨斯 LNG 公司于 2013 年 12 月获得了布朗斯维尔港的项目用地，并于 2014 年 6 月获得美国能源部(DOE)的批准，允许向自由贸易协定(FTA)国家出口 LNG。接收站的概念研究和初步工程已于 2014 年下半年完成，同年底启动了 FEED 研究。得克萨斯 LNG 公司在 2014 年获得了第三方的股权投资。FERC 的预申请程序于 2015 年 5 月启动，最终在 2016 年 3 月宣布。2020 年 2 月，得克萨斯 LNG 接收站获得美国能源部的批准，允许向非自由贸易协定国家出口 LNG。该接收站的主要设施包括 1 个气体预处理设施和 2 个各具 $200×10^4$t 产能的液化装置。这个接收站每天可从美国天然气系统接收高达 $1700×10^4 m^3$ 的原料气。地理位置优越，可获得得克萨斯州西部的二叠纪盆地和南部的鹰滩页岩(Eagle Ford)油田的天然气资源。原料气将在气门站入口以 4.24MPa 的压力接收，并传输至现场预处理设施进行水、二氧化碳及其他较重碳氢化合物的去除，包括天然气液体(NGL)。处理后的气体在液化装置中进一步处理生产 LNG，存储在 2 个容量为 $21×10^4 m^3$ 的 LNG 储罐中。LNG 储罐通过低温管道与 LNG 运输船坞相连。码头的停泊设施能够容纳容量高达 $18×10^4 m^3$ 的 LNG 运输船。

美国得克萨斯 LNG 接收站

7.1.10　美国普拉克明斯 LNG 接收站

美国普拉克明斯(Plaquemines)LNG 接收站已获批在路易斯安那州普拉克明斯开发,并于 2023 年正式投产,总投资额达到 85 亿美元。该接收站的出口量每年可达 $350\times10^8m^3$(每日约 $9600\times10^4m^3$)。普拉克明斯 LNG 接收站的产能为 $200\times10^4t/a$,与在路易斯安那州卡梅伦县(Cameron Parish)正在建设的卡尔卡西厄通道(Calcasieu Pass)LNG 接收站相似。该接收站配备了先进的基础设施,包括 18 个液化模块,分布在 2 个阶段中,每个阶段包含 2 个模块化单混合制冷剂(SMR)LNG 装置。此外,该接收站还将设有 4 个全封闭的 LNG 储存罐,每个容量为 $20\times10^4m^3$,以及 3 个装载泊位的海洋设施,以便于全球 LNG 运输。普拉克明斯 LNG 接收站在建设阶段创造大约 2200 个就业机会,建成后可创造 250 个直接就业岗位和 728 个间接就业岗位。该接收站获得了重要的长期销售协议的支持,包括与波兰石油和天然气公司(Pgnig)、中国石化、中国海油、壳牌和法国电力等全球主要能源公司的第一阶段合同,以及与埃克森美孚、马来西亚国家石油公司(Petronas)和新堡垒能源的第二阶段合同。该接收站的第三个设施正在进行营销,并已与埃克森美孚和新堡垒能源签订了 2 个销售和采购协议。

美国普拉克明斯 LNG 接收站

7.1.11　美国金港 LNG 接收站

美国金港(Golden Pass)LNG 接收站位于得克萨斯州萨宾帕斯附近,是卡塔尔石油公司(持股 70%)和埃克森美孚(持股 30%)的合资企业。该接收站于 2003 年 11 月启动,耗资 10 亿美元,并于 2010 年开始运营。该接收站的年处理能力为 1560×10^4t,相当于每日约 $5700\times10^4m^3$ 的 LNG。2022 年 5 月 25 日,美国能源部授权金港 LNG 接收站从得克萨斯州的出口接收站向未与美国签订自由贸易协定(FTA)的国家出口 LNG,包括中国和日本等亚洲国家,出口额度高达每日 $6200\times10^4m^3$,LNG 出口量超过 $1600\times10^4t/a$。此外,金港 LNG 接收站由康菲石油公司和马拉松石油公司控制,并设立 3 条生产线。

美国金港 LNG 接收站

7.1.12 美国圣胡安 LNG 接收站

美国圣胡安 LNG 接收站是一个浮动 LNG 再气化接收站，位于波多黎各近海附近，产能为 50×10^4 t/a，由新堡能源公司（New Fortress Energy）全资拥有。该接收站最初预计于 2020 年投入运营，为波多黎各电力局（PREPA）的燃气发电厂供电，然而，在能源经济与金融分析研究所（IEEFA）进行调查后，发现圣胡安 LNG 接收站的合同流程存在违规行为，开发商在未经美国联邦能源监管委员会（FERC）授权的情况下建造了该设施，声称其不在《天然气法》第 3 条的管辖范围内。2020 年 6 月，美国联邦能源监管委员会向该公司发出命令，要求其在 30 天内说明为何认为圣胡安 LNG 接收站设施不受《天然气法》第 3 条管辖。2021 年 3 月，环保组织呼吁波多黎各电力局加快采用可再生能源基础设施，并敦促美国联邦能源监管委员会重新审视圣胡安 LNG 接收站的许可程序，考虑将其关闭。波多黎各电力局官员表示，与柴油发电相比，使用天然气的策略节省了资金，同时也降低了排放。

7.1.13 美国木兰 LNG 接收站

美国木兰（Magnolia）LNG 接收站是在路易斯安那州查尔斯湖港的卡尔卡修航道附近开发，占地面积为 46.5×10^4 m^2。该接收站由木兰 LNG 公司（MLNG）负责开发和运营，位于美国墨西哥湾沿岸。该出口接收站的设计产量为 880×10^4 t/a LNG，包括 4 列液化装置，每列的处理能力为 220×10^4 t/a。此外，主要基础设施还包括 2 个容量为 16×10^4 m^3 的全封闭 LNG 储罐，以及一个能够容纳 18×10^4 m^3 LNG 运输船的船舶装载设施。液化装置、LNG 储罐及控制管理大楼的结构将由直径为 24in 的预制混凝土桩支撑。同时，LNG 装载平台、系泊和停放船只的基础将分别由直径为 96in、54in 和 48in 的开放式钢管桩组成。

圣胡安 LNG 接收站

美国木兰 LNG 接收站

7.1.14 美国德尔芬 LNG 接收站

美国德尔芬 LNG 接收站建成后成为该国首个浮式 LNG 接收站，总耗资 70 亿美元。此接收站于 2017 年 6 月获得能源部(DOE)批准，可将 LNG 出口至目前与美国未签订自由贸易协定(FTA)的国家。其出口能力约为 1300×10^4 t，未来可能扩展至 210×10^8 t。在建设期间，将创造 200 个工作岗位。但由于需求破坏导致客户不愿签订足够的长期交易来资助这个耗资数十亿美元的设施，该接收站已推迟了原定于 2020 年和 2021 年开始建设决定。该接收站将利用现有海底管道系统,从路易斯安那州卡梅伦教区的现有平台向停泊在墨西哥湾约 80.5km 处的 4 艘浮动 LNG 船(FLNGV)输送 LNG,每艘船舶的产能约为 350×10^4t/a LNG,建造预计耗资约 20 亿美元,并最终决定在 2026 年左右投入使用。2022 年 1 月,美国 LNG 公司开发商德尔芬 LNG 公司宣布做出最终投资决定(FID),以推进其位于路易斯安那州附近墨西哥湾的浮式 LNG 出口接收站。德尔芬 LNG 接收站将使该国能够向目前依赖煤炭和石油等有害碳氢化合物的国家提供清洁燃烧的天然气,同时避免建设陆上液化或储存设施,以减少对现有环境和人口造成干扰。相比陆上接收站通常需求的 20 年运营合同,FLNGV 提供了 10~15 年合同的灵活性。

美国德尔芬 LNG 接收站

7.1.15 美国卡尔卡西厄通道 LNG 接收站

美国卡尔卡西厄通道(Calcasieu Pass)LNG 接收站是一个年产 100×10^4t LNG 的出口接收站,由全球 LNG 创业集团的子公司开发,该公司位于美国路易斯安那州的环球投资集团卡尔卡修通道。该接收站于 2019 年 2 月获得美国联邦能源监管委员会(FERC)的最终批准,同年 2 月开始场地建设工程,耗资 58 亿美元。最终投资决策(FID)及财务结算于 2019 年 8 月完成。该接收站出口设施于 2022 年投入运营,设计运营寿命为 25 年。卡尔卡西厄通道 LNG 接收站出口设施包括 9 个液化区域,每个液化区域产量为 120×10^4t/a,此外设有 3 个 20×10^4m³ 的 LNG 储罐,建设采用模块化方法,每个液化块配备 2 列各 62.6×10^4t/a 的 LNG 液化装置。2019 年 3 月,该接收站获得美国能源部(DOE)批准向非自由贸易协定(FTA)国家出口 LNG,包括澳大利亚、加拿大、以色列、约旦、韩国、墨西哥、阿曼、巴拿马和新加坡。卡尔卡西厄通道 LNG 接收站是全球建造速度最快的大型绿地设施之一,从最终投资决定到 LNG 生产仅用了 29 个月。该接收站将使美国的 LNG 日出口能力增加到约 3.77×10^8m³。

7.1.16 美国 Gasfin LNG 接收站

美国 Gasfin LNG 接收站是由 Gasfin Development USA 在美国路易斯安那州卡尔卡修河沿岸开发的中型 LNG 液化和出口接收站。该接收站旨在满足全球 LNG 市场的需求,特别

美国卡尔卡西厄通道 LNG 接收站

是非自由贸易协定(FTA)国家。Gasfin LNG 接收站已向美国能源部(DOE)申请长期、多合同授权，允许其出口高达 150×10^4 t/a LNG，期限为 20 年。Gasfin LNG 接收站的基础设施包括 1 个液化设施和相关的储存与再气化设备。该接收站的设计优化了 LNG 的供应链，使中小型天然气市场能够更经济高效地接入全球 LNG 供应链。Gasfin LNG 接收站的液化能力为每年 300×10^4 t，并支持离岸、近岸和陆上位置的液化、储存和再气化需求。该接收站将利用现有的海上管道和新建的基础设施，将 LNG 从美国出口到全球市场。美国 Gasfin LNG 接收站还拥有一个单泊位码头，可容纳 17.4×10^4 m³ 的中型 LNG 运输船。

美国 Gasfin LNG 接收站

7.1.17 美国猴子岛 LNG 接收站

美国猴子岛(Monkey Island)LNG 公司位于路易斯安那州的卡梅伦郡，由南加州电话公司创立，这是一家成功运营了 26 年的私营美国公用事业公司，该公司总部位于得克萨斯州休斯敦,其执行团队正在路易斯安那州卡梅伦教区的猴子岛上开发天然气液化设施和 LNG 出口接收站,即猴子岛 LNG 接收站。该接收站将利用低温技术,液化约 5900 ×10^{4}m^3/d 的天然气,生产约 1575×10^{4}t LNG 用于全球出口。猴子岛 LNG 接收站设有 3 列液化装置,每列使用空气产品和化学品公司丙烷预冷混合制冷剂技术(APCI C3MR™),每列的生产能力为 525×10^{4}t/a LNG。该接收站还包括 2 个容量约为 18×10^{4}m^3 LNG 储罐。

美国猴子岛 LNG 接收站

7.1.18 美国卡梅伦 LNG 接收站

美国卡梅伦(Cameron)LNG 接收站是一个产能为 1350×10^{4}t/a LNG 的出口设施,位于美国路易斯安那州,耗资 100 亿美元建设。该接收站的天然气是通过卡梅伦洲际管道系统上一条长 34km、直径 42in 的新管道扩建获得的,该接收站与佛罗里达天然气传输(FGT)和干线天然气管道互连。该接收站由卡梅伦 LNG 公司开发,这是一家由 Sempra LNG 和 Midstream(持股 50.2%)、道达尔(16.6%)、Mitsui(16.6%)和 Japan LNG Investment (16.6%)共同拥有的财团公司。接收站于 2014 年 6 月获得美国联邦能源监管委员会 (FERC)的批准,美国能源部(DOE)分别于 2012 年 1 月和 2015 年 4 月授予 2 项单独授权,允许向拥有自由贸易协定(FTA)的国家分别出口 LNG 1200×10^{4}t 和 295×10^{4}t。此外,2014 年 9 月,DOE 还授权向非 FTA 国家出口 LNG 1200×10^{4}t。接收站的第一阶段包括 3 个年产 450×10^{4}t 液化装置,一个新的 16×10^{4}m^3 的全封闭 LNG 储罐,以及为卡梅伦 LNG 进口设施建造的 3 个相同容量的现有储罐,进口设施还包括制冷剂和冷凝水产品储罐及卡车装载区。2015 年 9 月,卡梅伦 LNG 接收站提交了项目第二阶段开发的环境评估报告,以增加第四列和第五列产量为 498×10^{4}t/a 的 LNG 液化装置,包括 2 列年产 498 ×10^{4}t 的 LNG 装置,一个 16×10^{4}m^3 储罐,2 套蒸发气体压缩机组,2 座液氮储罐,以及一个柴油和一个冷凝水储罐。现有的进口接收站海洋设施包括 2 个 LNG 船泊位、LNG 装载臂和其他相关基础设施,正在用于 LNG 出口业务。

美国卡梅伦 LNG 接收站

7.1.19 美国基奈 LNG 工厂

美国基奈(Kenai)LNG 工厂综合体的运输 LNG 进出口设施,已有 40 年运营历史,主要将 LNG 运往日本。建成时,这个工厂是世界上最大的 LNG 工厂。基奈 LNG 工厂于 1969 年开始运营,40 多年来一直是美国唯一的 LNG 出口工厂。该工厂包括码头和装载设施,通过油轮将 LNG 运送给客户。2011 年,康菲石油公司宣布停止从基奈出口 LNG,并保留该工厂以备将来使用。但由于市场条件变化,该工厂于 2012 年初恢复生产 LNG,并在一年内向亚洲客户出口了 4 批货物。该工厂的出口许可证于 2013 年 3 月 31 日到期,此后处于闲置状态 1 年多。在许多当地利益相关者的支持下,并考虑到阿拉斯加州的要求,2013 年 12 月,康菲石油阿拉斯加公司(COPA)向美国能源部提交了一份恢复基奈 LNG 工厂设施出口的申请,并于 2014 年 4 月获得批准,允许在 2014—2016 年的两年内出口总计 $1.13 \times 10^8 \mathrm{m}^3$ LNG。

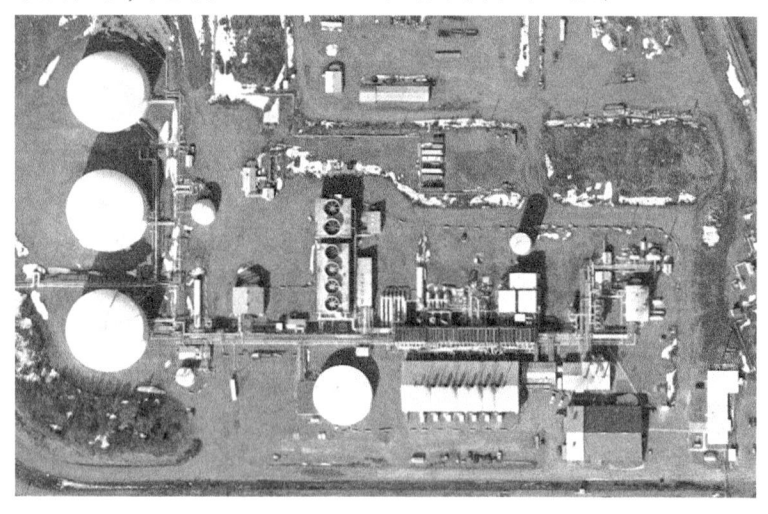

美国基奈 LNG 工厂

7.1.20 美国约旦湾 LNG 工厂

美国约旦湾 LNG 工厂包括一个位于库斯湾的年产 780×10⁴t 的 LNG 出口终端和一条 368km 长的天然气管道,用于将该工厂与美国俄勒冈州的马林天然气中心连接起来。该工厂总成本估计为 100 亿美元。约旦湾 LNG 工厂于 2020 年 2 月收到施工许可证,而码头和管道于 2025 年建成开始运营。该工厂设施将包括 5 列年产 150×10⁴t 的液化装置、2 个总存储容量为 32×10⁴m³ 的 LNG 储罐、燃气计量站、天然气预处理设施以及用于装载 LNG 船的海洋设施。工厂每天将通过 Pacific Connector 天然气管道接收高达 3400×10⁴m³ 的原料气。来自约旦湾 LNG 工厂的 LNG 主要通过每年约 120 艘 LNG 运输船出口到亚洲市场。

美国约旦湾 LNG 工厂

7.1.21 美国拉瓦卡湾 LNG 工厂

美国拉瓦卡湾 LNG 工厂位于得克萨斯州墨西哥湾沿岸。Technica 已被爱克赛德能源公司任命负责利用其浮动液化储存卸载船(FLSO™)技术,进行美国第一个浮式气体液化设施的前端工程设计(FEED)工作。FLSO 具有年产 400×10⁴t LNG 的生产能力,25×10⁴m³ 的 LNG 储存容量,以及一个完全集成的天然气加工厂。凭借这种气体处理能力,FLSO 能够在其入口处处理各种气体成分,使其非常适合几乎任何近岸或近海的应用。对于不需要气体处理或使用管道质量气体作为原料的情况,可以移除处理设备,将液化能力增加到 500×10⁴t/a。FLSO 的长度为 338m,宽度为 62m。

7.1.22 美国泛大陆 LNG 项目

美国泛大陆(Pangea)LNG 项目是一家能源项目和投资公司,参与开发全球 LNG 液化和储存项目,包括东地中海的海上浮式 LNG 液化项目。该公司由世界领先的造船厂之一大宇造船和海洋工程(DSME)主要拥有。作为浮式 LNG 液化和储存项目的开发商,泛大陆 LNG 项目致力于在全球范围内开展项目,将天然气供应商与全球最重要的 LNG 需求市场联系起来。

美国拉瓦卡湾 LNG 工厂

美国泛大陆 LNG 项目

7.1.23 美国东北门户深水 LNG 接收站

美国东北门户深水(Northeast Gate-way)LNG 接收站的产能为 $1400\times10^4\mathrm{m}^3/\mathrm{d}$，峰值产能为 $1700\times10^4\mathrm{m}^3/\mathrm{d}$，并通过未来的增长处理使产能达到 $2300\times10^4\mathrm{m}^3/\mathrm{d}$。该接收站由 Excelerate Energy 全资拥有，位于马萨诸塞湾。东北门户是东海岸 30 多年来开设的第一个 LNG 接收站，也是美国第二个深水 LNG 接收站。这个价值 3.5 亿美元的 LNG 接收站第一批接收了 1 艘从特立尼达运来载有 $2800\times10^4\mathrm{m}^3$ LNG 的船舶，并通过再气化将 LNG 转化为气态。该接收站连接到 Spectra Energy 的 HubLine 管道，该管道通过马萨诸塞州的贝弗利和韦茅斯到达新英格兰市场。这条近 26km 的管道是由 Excelerate 和 Spectra 的联合项目建造的。经过大约 7 个月的建设，Excelerate 于 2007 年 12 月开放了东北门户。

美国东北门户深水 LNG 接收站

7.1.24 美国亚瑟港 LNG 接收站

美国亚瑟港 LNG（Port Arthur LNG Terminal）接收站是美国得克萨斯州建设的一个 LNG 接收站。该出口设施于 2015 年 8 月获得美国能源部批准，可向自由贸易协定（FTA）国家出口 LNG。该接收站在 2018 年中同时获得美国联邦能源监管委员会和能源部对非 FTA 国家的授权，并于 2023 年投入运营。最初的提案涉及第一阶段，包括 2 列液化装备和 2 个 LNG 储罐，总产能为 13×10^4 t/a，且亚瑟港 LNG 接收站一期项目已获得全部必要许可。该一期项目的总资本支出估计为 13 亿美元。第二阶段增加 5 列液化装备和额外的 2×10^4 t/a 生产能力，使总产能达到 500×10^4 t/a。

美国亚瑟港 LNG 接收站

7.1.25 美国查尔斯湖 LNG 接收站

美国查尔斯湖 LNG 接收站位于美国路易斯安那州的查尔斯湖，拥有约 2.55×10^8 m³ 的 LNG 储存和再气化能力。该接收站占地面积为 43×10^4 m³，建设有 LNG 储存设施、2 个深水码头，能够处理最大 21.7×10^4 m³ 容量的船只，以及 1 个深水转弯池。此外，该接收站还包括1套完整的管道基础设施,以前被称为干线LNG项目。查尔斯湖LNG出口终端建设在Calcasieu船舶航道上,其液化能力在满负荷运行时为每年1645×10⁴t。该接收站已获美国能源部批准,可每天出口多达6600×10⁴m³的天然气。液化和出口项目将占用查尔斯湖LNG接收站进口和再气化设施中的额外97×10⁴m²土地,利用已有的基础设施。该接收站将通过现有的与亨利枢纽和能源转移运营的天然气管道网络连接获取天然气供应。亨利枢纽位于路易斯安那州的Erath,连接9条洲际和4条州内管道。查尔斯湖LNG接收站的出口项目将开发包括3列每列550×10⁴t/a的液化设施,每列配备计量和气体处理设施、液化和制冷剂装置、安全和控制系统以及相关基础设施。查尔斯湖LNG接收站还将涉及对现有基础设施的改造和升级,包括建设约28.8km的天然气管道。将敷设一条直径约1.2m的原料气管线,将天然气从现有的天然气输送管道输送到液化设施。此外,该接收站还包括安装1个新的压缩机站,废弃1个压缩机单元,并增设5个新的计量站。同时,对现有设施的3个压缩机站和5个仪表站的站管道进行修改。

美国查尔斯湖LNG接收站

7.1.26 美国埃弗里特LNG接收站

美国埃弗里特LNG接收站是美国运营时间最长的进口接收站,由GDF Suez North America的子公司马萨诸塞州Distrigas(DOMAC)拥有和运营。截至2013年,该接收站为新英格兰地区提供了约20%的天然气需求。埃弗里特LNG接收站的储罐能储存足够的LNG供马萨诸塞州使用1天,用于供暖和照明。接收站的基本负荷发送能力为每天1980×10⁴m³,峰值发送能力达到2830×10⁴m³/d。它也是美国唯一一个仍在定期进口LNG的接收站,2016年占美国LNG进口总量的83%,2017年占87%。在近两年,埃弗里特LNG接收站从特立尼达和多巴哥进口的LNG占比达到100%,因为安吉集团(Engie)与大西洋LNG生产设施签订了长期合同。

7.1.27 美国佩努埃拉斯LNG接收站

美国佩努埃拉斯(Penuelas)LNG接收站,也称为EcoEléctrica LNG接收站,是波多黎各佩努埃拉斯的一个LNG进口接收站,主要股东为西班牙天然气公司持股47.5%,安吉集

美国埃弗里特 LNG 接收站

团(Engie)持股35%,日本三井物产持股15%,OCO合作伙伴持股2.5%。该接收站的创建始于1995年,自2000年起开始运营,产能为200×10^4t/a。2008年6月,EcoEléctrica公司开始对LNG接收站改造项目进行环境影响评估,内容包括建设和运营天然气管道设施。自2022年起,EcoEléctrica公司开始提供卡车装载服务。EcoEléctrica公司在波多黎各南部海岸佩努埃拉斯的蓬塔瓜亚尼利亚还经营1个LNG再气化接收站,储罐容量为16×10^4m^3。该接收站拥有高于地面的储存设施,能够容纳3790m^{3}的液体LNG。储存设施内有4个再气化装置,每个装置每天可再气化864×10^4m^{2}的天然气,其中2个始终处于活动状态,2个作为备用装置。

美国佩努埃拉斯 LNG 接收站

7.1.28 美国 Cove Point LNG 接收站

美国 Cove Point LNG 接收站位于马里兰州卢斯比的切萨皮克湾,是美国最大的 LNG 进口接收站之一,同时也具备 LNG 出口能力。该接收站位于巴尔的摩以南,于2018年底开始出口,每天可出口超过 $2830\times10^4m^3$ 的 LNG。Cove Point LNG 接收站由 Dominion Energy(拥有 50% 的股份), Brookfield Asset Management(持有 25% 的股份), Berkshire Hathaway(持有 25% 的股份)共同持股。该接收站于 1978 年开始运营,产能为 $1370\times10^4t/a$。该接收站的财务结算于 2018 年 3 月完成,商定了 3 亿美元的债务融资,总成本估计在 4.3~8 亿美元之间。参与贷款的财团包括 21 家国际商业银行,其中日本三菱 UFJ、瑞穗银行、日本三井住友、摩根大通和丰业银行提供了最大的 2.5 亿美元贷款。2020 年 5 月,沃伦·巴菲特的伯克希尔哈撒韦能源公司宣布将收购 Cove Point LNG 接收站出口、进口和储存设施 50% 的股份。交易完成后,伯克希尔哈撒韦能源公司将运营 Cove Point LNG 接收站,Dominion Energy 将继续持有 25% 的股份,Brookfield Asset Management 将继续持有剩余的 25% 股份。该交易在监管部门批准后,于 2020 年第四季度完成。

美国 Cove Point LNG 接收站

7.1.29 美国自由港 LNG 接收站

美国自由港(Freeport)LNG 接收站是位于得克萨斯州自由港的 LNG 出口接收站。其所有者包括扎克里·黑斯廷斯、大阪燃气、陶氏化学公司、全球基础设施合作伙伴和自由港 LNG 公司。康菲石油公司购买了自由港 LNG 产能的三分之二,陶氏化学购买了其余三分之一。该接收站于 2005 年开始建设,2008 年竣工,产能为 $1320\times10^4t/a$。出口码头的建设于 2014 年底开始,前三条生产装置为金塔纳岛码头设施增加了约 $1500\times10^4t/a$ 的名义液化能力。2019 年 2 月,出口码头的建设正在进行中,1 号液化装置已开始预调试。到 2020 年 2 月,自由港 LNG 接收站已开始运输货物,标志着出口码头正式投入运营。4 号液化装置于 2024 年完成调试并投入使用。2022 年 6 月,液化设施 LNG 储罐附近的管架发生火灾和爆炸。据报道,该液化设施内释放了估计 $3400m^3$ 的 LNG,所幸没有人员受伤。该液化设施已脱机,美国管道和危险材料安全管理局表示,在重新启动之前必须采取纠正措施。

美国自由港 LNG 接收站

7.2 墨西哥 LNG 项目

7.2.1 墨西哥阿尔塔米拉 LNG 接收站

墨西哥阿尔塔米拉（Altamira）LNG 接收站是位于墨西哥塔毛利帕斯州的 LNG 进口接收站，是墨西哥第一个 LNG 接收站，于 2006 年 8 月开始运营。该接收站的建造旨在满足墨西哥东北部工业部门发电厂的天然气需求，包括阿尔塔米拉 V（Altamira V）电站。最初，该接收站是荷兰皇家壳牌（50%）、法国道达尔公司（25%）和日本三井物产（25%）的合资项目。建成时，其 LNG 进口来源包括尼日利亚、特立尼达和多巴哥，以及埃及。2011 年，壳牌公司、道达尔公司和三井物产将阿尔塔米拉 LNG 接收站的股份出售给荷兰公司孚宝（Vopak，60%）和西班牙公司恩加斯（Enagas，40%）。阿尔塔米拉 LNG 接收站包括 2 个 $1.56×10^4 m^3$ 的 LNG 储罐、每天峰值发送能力为 $1400×10^4 m^3$ 的再气化设施，以及连接到塔毛利帕斯州现有管道系统的管道。2017 年 4 月，由于天然气运输管道网（NET）的维护，美国的天然气进口降至 2015 年 6 月以来的最低水平。为弥补管道关闭时的天然气供应缺口，墨西哥国家石油公司（Pemex）开始从路易斯安那州通过阿尔塔米拉 LNG 接收站进口 LNG。

7.2.2 墨西哥科斯塔阿祖尔 LNG 接收站

墨西哥科斯塔阿祖尔（Costa Azul）LNG 接收站包括一个海港和天然气加工中心，位于墨西哥下加利福尼亚州恩塞纳达以北 24km 处。该接收站于 2008 年 5 月开始运营，是北美太平洋沿岸第一个 LNG 接收站，每天能够处理和再气化 $2800×10^4 m^3$ 的天然气。LNG 运输船能够容纳 $22×10^4 m^3$ 的 LNG，可以停靠在沿海的深水港卸载 LNG。来自接收站的天然气用于发电，并通过管道输送到工厂。该接收站还提供一条 78km 长的支线管道，该管道向北延伸，与墨西哥—美国边境附近的罗萨里托天然气管道相连。森普拉能源公司（Sempra

墨西哥阿尔塔米拉 LNG 接收站

Energy）是墨西哥国家石油公司（Pemex）港口的合作伙伴。阿尔萨夫利亚（Al Safliya）是第一艘在科斯塔阿祖尔码头停靠和卸载的船只，它从卡塔尔运输了 $21×10^4 m^3$ 的 LNG。

墨西哥科斯塔阿祖尔 LNG 接收站

7.2.3 墨西哥曼萨尼约 LNG 接收站

墨西哥曼萨尼约（Manzanillo）LNG 接收站是位于墨西哥科利马州的 LNG 进口、储存和再气化接收站，由日本三井物产（37.5%）、韩国三星（37.5%）和韩国天然气公司（25%）合资拥有。该接收站约耗资 9 亿美元，于 2012 年开始运营。该接收站能够接收和储存高达 $30×10^4 m^3$ 的 LNG，并为墨西哥国家电力公司（CFE）再气化和供应高达每日 $1560×10^4 m^3$ 的天然气。来自曼萨尼约 LNG 接收站的天然气供应曼萨尼约的曼努埃尔·阿尔瓦雷斯·莫雷诺电站，并通过 310km 长的瓜达拉哈拉天然气管道运往瓜达拉哈拉和墨西哥中部其他地区的客户。由于其地理位置，曼萨尼约 LNG 接收站是墨西哥使用最多的 LNG 接收站。历史上，该接收站主要由秘鲁的 LNG 出口供应。然而，巴拿马运河的扩建大大减少了货船的航行时间，并扩大了曼萨尼约的客户群。自 2016 年以来，曼萨尼约 LNG 接收站已收到来自美国、特立尼达和多巴哥以及阿尔及利亚的 LNG 货物。

墨西哥曼萨尼约 LNG 接收站

7.2.4 墨西哥皮奇林格 LNG 接收站

2018 年，新堡垒能源公司（New Fortress Energy）获得了下加利福尼亚南方港务局（APIBCS）的一份为期 25 年的合同，用于在皮奇林格（Pichilingue）港开发、建设和运营一个 LNG 接收站。该接收站旨在帮助提高下加利福尼亚州的发电能力，并减轻该地区对停电的困扰，所以，主要为下加利福尼亚南方电站以及由墨西哥联邦电力委员会运营的另外两个电站（CTG 拉巴斯和 CTG 下加利福尼亚南方）供电。墨西哥皮奇林格 LNG 接收站使用从得克萨斯州输送到墨西哥的天然气。2019 年 11 月，该接收站开始施工，并于 2020 年第三季度开始运营。然而，截至 2021 年 3 月，该接收站尚未完工。2021 年 6 月，据报道，在收到能源监管机构（CRE）关于 LNG 再气化、储存和分配的三份许可后，新堡垒能源即将开始运营皮奇林格 LNG 接收站。2021 年 7 月，新堡垒能源宣布该接收站开始商业运营。

墨西哥皮奇林格 LNG 接收站

7.3　加拿大 LNG 项目

加拿大卡纳波特（Canaport）LNG 接收站是 2006 年底在新不伦瑞克省圣约翰开始建造的最先进的 LNG 接收和再气化接收站。卡纳波特 LNG 接收站是雷普索尔 YPF（Repsol YPF）和欧文石油（Irving Oil）共同拥有的加拿大联合能源项目。该接收站于 2009 年第二季度开始运营，是加拿大第一家 LNG 再气化厂，向加拿大和美国国内市场供应天然气。该接收站的初始分配能力为每天 $2800\times10^4m^3$ 天然气，峰值容量为 $124\times10^8m^3/a$，当市场需要额外的天然气供应时，可扩展到 $207\times10^8m^3/a$。卡纳波特 LNG 接收站耗资 7.56 亿加元。雷普索尔 YPF 于 2007 年初通过了不伦瑞克管道以及美国海事和东北管道系统的扩建协议，该管道长 145km，于 2009 年完工，可将天然气从卡纳波特 LNG 接收站运输到加拿大和美国东北部市场。卡纳波特 LNG 接收站项目于 2009 年 6 月完工。另外，卡纳波特 LNG 接收站于 2007 年 9 月宣布的 LNG 储罐于 2010 年 4 月完工，第三个储罐的容量为 $16\times10^4m^3$。

加拿大卡纳波特 LNG 接收站

7.4　多米尼加 LNG 项目

多米尼加安德烈斯 LNG 接收站是位于多米尼加共和国圣多明各的 LNG 接收站，于 2003 年 2 月投入使用。该接收站总投资 4 亿美元，包括 LNG 接收站、安德烈斯（AES Andrés）发电站和现有发电厂的管道扩建。安德烈斯向芝加哥桥梁与铁公司（CB&I）授予了 LNG 进口接收站的一次性工程、采购和施工合同。该接收站包括 1 个 $16\times10^4m^3$ 的 LNG 储罐和 3 个卸货臂，能够以 $1\times10^4m^3/h$ 的速度卸载 LNG 船。该接收站为工业、运输和发电行业的客户提供天然气，包括相邻的安德烈斯发电站和由多米尼加电力合作伙伴在西部 34km 处的洛斯米纳电站（DPP Los Mina）。2015 年 8 月，AES 宣布将在安德烈斯 LNG 接收站提供 LNG 加注，并已开始修建接收站，以便将 LNG 重新装载到容量在 $1\times10^4m^3$ 之间的船舶上。2020 年 12 月，AES 向浦项工程发出通知，要求在圣多明各的安德烈斯 LNG 接收站建造第二个 LNG 储罐，新储罐的存储容量为 $12\times10^4m^3$，将位于现有储罐旁边。另外，接收站扩建项目还安装了额外的蒸发器和2个卡车装卸区。2020年，该接收站向巴拿马和牙买加提供再出口，并通过ISO集装箱向圭亚那再出口。于2023年完成的扩建计划将使安德烈斯LNG接收站的存储容量从 $16×10^4 m^3$ 增加至 $28×10^4 m^3$。

多米尼加安德烈斯LNG接收站

7.5　巴拿马LNG项目

巴拿马北海岸(Costa Norte)LNG接收站由美国电力公司科隆(AES Colon)和巴伊亚投资公司(Inversiones Bahía)在巴拿马科隆建造。这将成为巴拿马的第一个LNG进口设施，位于巴拿马城以北约60km的巴拿马运河入口处。该接收站的产能为 $150×10^4 t/a$，预计投资11.5亿美元。美国电力公司的子公司负责接收站的开发，而大西洋天然气公司(Gas Natural del Atlántico)负责火力发电厂的建设。该接收站于2016年5月举行了奠基仪式，于2018年5月开始运营，包括LNG接收站、发电厂和相关基础设施的开发。接收站设施包括一个带有216m长栈桥的LNG码头，1个50m×35m的平台，以及1个进水口和出水口结构。预计总燃料储存容量为 $18×10^4 m^3$。接收站将包括一个码头和相关管道，以便将LNG从船舶转移到储罐。

巴拿马北海岸LNG接收站

7.6 牙买加 LNG 项目

7.6.1 牙买加旧港 LNG 接收站

牙买加旧港(Old Harbour)LNG 接收站于 2016 年宣布为海上浮式储存和再气化接收站，容量为 $170×10^4$t，由美国新堡垒能源公司(New Fortress Energy)拥有和运营，该公司已经在该岛的另一侧运营了蒙特哥湾 LNG 接收站。该接收站将通过一条 5km 长的管道向牙买加公共服务公司(JPS)在旧港建造的新发电厂输送天然气。该接收站建在波特兰湾的西侧，靠近环境保护的山羊群岛。美国新堡垒能源公司在 2018 年 12 月宣布该接收站为可运营，并于 2019 年 7 月在旧港海岸附近委托了 FSRU，在年底前将该设施的天然气产量增加 5 倍。根据美国新堡垒能源公司的市场文件，旧港 LNG 接收站于 2019 年 3 月开始生产，到 2020 年将达到满负荷生产。

旧港 LNG 接收站耗资 8600 万美元，包括 1 个码头，停泊着 1 艘名为"Golar Freeze"的大船，该船将主要固定在码头上，但在暴风雨期间会移动。2019 年 6 月，旧港 LNG 接收站每天生产 $352m^3$ 天然气。2019 年 12 月，这一数字增长到 $1893m^3$，2020 年 3 月增长到 $2816m^3$。原始管道沿着海底向旧港 LNG 接收站延伸 5.79km。该管道连接到牙买加公共服务公司在旧港的 190MW 南牙买加电力中心，该中心将天然气转化为电力。第二条管道通往克拉伦登的洛基角地区。

牙买加旧港 LNG 接收站

7.6.2 牙买加蒙特哥湾 LNG 接收站

牙买加蒙特哥湾(Montego Bay)LNG 接收站是牙买加的一个重要液化天然气(LNG)接收和再气化接收站，由美国新堡垒能源公司(New Fortress Energy)拥有和运营。该接收站位于牙买加的蒙特哥湾，服务于牙买加的北部地区。2016年10月30日，蒙特哥湾LNG接收站正式开始商业运营，成为牙买加能源多样化的重要一步。蒙特哥湾LNG接收站设施包括陆上储存、卡车装载设施、再气化厂和天然气管道，能够为145MW的博古电站（Bogue Power Plant）以及当地工业客户提供天然气。该接收站的建设仅用了15个月，于2016年完成，包括7个储罐，总共可以储存大约$0.7×10^4 m^3$的LNG。此外，接收站还具备ISO容器装载设施，能够将LNG输送给全岛的工业和制造客户。该接收站使牙买加首次能够摆脱对石油的长期依赖，转向使用更加清洁和经济的天然气。美国新堡垒能源公司在2019年达到了一个重要里程碑，成功装载了1000个LNG ISO容器。这个接收站不仅为牙买加的能源供应提供了可靠保障，还在促进当地经济和减少环境影响方面发挥了关键作用。

牙买加蒙特哥湾LNG接收站

7.7 本章小结

北美洲的美国仍将是全球LNG市场的主导者，占整个北美洲新增产能的60%，未来几年，北美洲LNG年液化能力将达到约$2.841×10^8 t$，其中，美国将占总数的近76%。本章主要针对北美洲LNG生产应用具有代表性的美国、墨西哥、加拿大、多米尼加、巴拿马、牙买加等几个北美洲国家的LNG接收站、重点项目或LNG工厂的生产建设现状等进行了系统介绍，并重点介绍了各个接收站、项目或工厂的投资背景、发展现状、年终产量、市场行情、销售渠道、对本国经济的支撑作用、对世界LNG贸易的影响等情况，以及各国LNG产业发展现状，包括大型LNG工厂，LNG产业现状、进出口贸易、气化液化现状、生产能力现状等。

参 考 文 献

[1] 杜敏，徐东，晏飞. 北美液化天然气项目发展前景分析[J]. 国际石油经济，2018，26(2)：38-43.

[2] 郜峰,钱铮,赵喆.全球LNG市场供需发展新特点及新动向[J].国际石油经济,2013(6):26-31.

[3] 黄佳音.北美油气出口项目进展与影响:专访德勤合伙人陆京泽先生与郭晓波先生[J].国际石油经济,2012(10):62-68.

[4] 江南.北美LNG码头的建设[J].海运情报,2005(7):23-24.

[5] 梁坤,张国生,孟昊,等.美国LNG出口潜力及对世界天然气市场影响[J].天然气技术与经济,2018,12(4):1-3.

[6] 梁涛,常毓文,许璐,等.北美非常规油气蓬勃发展十大动因及对区域油气供需的影响[J].石油学报,2014,35(5):890.

[7] 刘征宇.全球主要地区LNG新动向[J].海运情报,2009(10):11-13.

[8] 娄承.LNG项目融资的变化[J].中国石油石化,2005(21):16-16.

[9] 秦锋.北美液化天然气出口前景分析[J].国际石油经济,2013(10):54-59.

[10] 孙岩冰.加拿大LNG,离中国多远?[J].中国石油石化,2011(23):38-39.

[11] 谢治国,侯明扬.国际LNG市场供给过剩隐忧[J].能源,2020(4):79-82.

[12] 许海玉.LNG运输船国际市场的影响因素分析[J].对外经贸,2016(2):39-40.

[13] 许柳青,田春荣.全球LNG新项目进展及市场展望[J].当代石油石化,2014,22(11):23-28.

[14] 张卫华.北美LNG出口:十年之内无实质影响[J].能源,2013(9):63-65.

[15] 朱建文,徐婧,谢治国.加拿大LNG项目现状与前景展望[J].国际石油经济,2014,22(6):70-76.

致 谢

在本书即将完成之际，深深感谢在项目研究及相关技术开发方面给予关心和帮助的老师、同学及同事们。

（1）感谢王明友、王宪、范红星、朱旭、何沛成、王玉军、董巨臣、谢晓涛等在第2章欧洲LNG发展概览方面所做的调研工作，协助完成了对欧洲大型LNG工厂及LNG接收站发展现状的编写。

（2）感谢李达、韩嘉博、田俊、金成楠、吕阳杰、凌晓康、朱梦琴、张振兴、张栋东、丁鹏蕊、周怡欣、胡佳、陈雨萌、刘金香、马婧、乔小玲等在第3章亚洲LNG发展概览方面所做的调研工作，协助完成了对亚洲大型LNG工厂及LNG接收站发展现状的编写。

（3）感谢侯方永、陆源、胡芷晴、李丹宁等在第4章大洋洲LNG发展概览方面所做的调研工作，协助完成了对大洋洲大型LNG工厂及LNG接收站发展现状的编写。

（4）感谢黄庚、王林栋等在第5章南美洲LNG发展概览方面所做的调研工作，协助完成了对南美洲大型LNG工厂及LNG接收站发展现状的编写。

（5）感谢拜聪灵、马钧、成克玉、冯峻垚等在第6章非洲LNG发展概览方面所做的调研工作，协助完成了对非洲大型LNG工厂及LNG接收站发展现状的编写。

（6）感谢俞凯、颉宝健、苏金龙、黄志垚等在第7章北美洲LNG发展概览方面所做的调研工作，协助完成了对北美洲大型LNG工厂及LNG接收站发展现状的编写。

（7）感谢杨嘉琪、李重阳、何铭轩、曹可伟、韩泽昊、李超、徐甜甜等在本书前期编排过程中所做的资料搜集及编排整理等工作。

另外，感谢兰州交通大学众多师生们的热忱帮助，没有你们的辛勤付出，本书难以完成。这本书也是兰州交通大学广大师生们共同努力的劳动成果。